李宜涯著

文史哲學集成

晚唐詠史詩與平話演義之關係

文史哲出版社印行

國家圖書館出版品預行編目資料

晚唐詠史詩與平話演義之關係 / 李宜涯著. --
初版. --臺北市：文史哲, 民 91
面 ： 公分. -- (文史哲學集成 ; 451)
含參考書目
ISBN 957-549-410-5(平裝)

1.胡曾 － 作品研究 2.中國詩 － 唐（618-907）- 評論 3.中國小說 － 評論

821.84　　91001471

文史哲學集成 ⑷⑸⑴

晚唐詠史詩與平話演義之關係

著　者：李　宜　涯
出版者：文　史　哲　出　版　社
http://www.lapen.com.tw
登記證字號：行政院新聞局版臺業字五三三七號
發行人：彭　正　雄
發行所：文　史　哲　出　版　社
印刷者：文　史　哲　出　版　社
臺北市羅斯福路一段七十二巷四號
郵政劃撥帳號：一六一八〇一七五
電話 886-2-23511028・傳真 886-2-23965656

實價新臺幣 四八〇元

中華民國九十一年(2002)二月初版

ISBN 957-549-410-5

自序

從小愛看明清歷史演義小說，每每看完一段精彩的情節，就會出現「有詩爲證」四個字，這時，我總是好奇寫這一類詠史詩的人是誰？很多詩是無名氏所寫，也就不去追究；但只要看到「胡曾」一名時，就會納悶：胡曾是誰？他爲什麼會創作出這種詞白意淺的詠史詩？爲什麼演義小說中的詩，不用李白、杜甫等名家之詩，而用名不見經傳的詩人之詩？有這種納悶，是因爲「胡曾」在演義小說中出現的次數實在很多，除了《三國演義》、《東西漢演義》等書中經常看到，在《東周列國志》這本由蔡元放評點的演義小說中，更是三步一樓，五步一閣，隨處可見。

這個疑問，在我多年前讀碩士班二年級，準備以《元刊五種平話》爲研究主題時，有了初步的解答。記得所長潘重規先生介紹我去拜訪台大中文研究所的臺靜農先生，認爲臺先生應會給我一些指導。到了臺先生溫州街的寓所，只記得臺先生說，他對這個題目並沒有特別的研究，但他拿出一份用鋼筆繕寫，藍色油墨印刷的講義，封面上有他用蒼勁的書法寫著：「講史與詠史詩——張政烺著」，遞給我後，他笑著說：「這篇文章或許對你的研究有一些幫助。」年輕的我，當時頗感失望，因爲內文與研究方向大不相同，只不過中間有提到《元刊五種平話》的地方。但這篇論文卻告訴了我胡曾爲何許人也，爲什麼他會創作出如此多的詠史詩，同時提供了一個我當時沒有想到與注意的觀點，那就是詠史詩和平話小說有相當密切的關係，詠史詩「實可斷爲講史之祖也。」（張政烺語）

民國六十七年取得碩士學位。過了一年，我赴美讀書。因指導教授舒威霖(William R. Schultz)以研究清詩與現代文學著名，我的心中雖偶念著胡曾，但卻順從指導教授的意思，以老舍的小說作爲我第二個碩士論文的主題。胡曾、詠史詩與平話演義小說之間的關係離我似乎愈來愈遠了。

民國八十五年，也是我回國後的第十二年，我再度入博士班，要完成當年在美國中斷之博士研究，這次是博士班的老學生了。當年指導我碩士論文的金榮華老師，如今又成爲我博士論文的老師。當我們在討論論文主題時，胡曾再度出現在我的腦海中。金師立刻表示這是個好題目。他說，博士論文最怕是資料的彙整，人云亦云，沒有新的觀點。而若以晚唐胡曾的詠史詩爲一主軸，擴大探究晚唐詠史詩與平話演義之間的關係，不但可釐清二者之間的主從關係，也可了解通俗文學與雅正文學在中國文學史中各自扮演何種的角色。而這樣的研究方向，是前人所未有的，是值得努力探討的。於是，我就正式以「晚唐詠史詩研究」爲名，展開資料搜集的工作。

在搜集資料的過程中，由於我很明確的知道我是研究以代表通俗文學趣味的敘事型詠史詩爲主，而不是以代表雅正文學的抒懷型詠史詩爲主，因此晚唐著名的詠史詩人，如李商隱、杜牧、溫庭筠皆非我研究的重點，反而只要是與胡曾、周曇、汪遵有關的資料，求之若渴。在相關資料搜集完成後，我訝然發現，晚唐詠史佔全唐詠史詩總數的百分之七十，而胡曾、周曇等人有系統創作的詠史專集，更是動輒百首，詠史詩顯然是在晚唐才眞正的被人有意識的大量創作。但這些詩，在歷來詩論家的眼中，幾乎是一無可取，「卑下」且不入流。這些缺乏好評的詩，卻大量出現在宋元明清的平話與演義小說中，顯然，通俗文學的作者對這些不入流的詩，情有獨鍾。這眞是個有趣的情形，晚唐詠史詩儼然是有兩種截然不同的型態與流派，値得探究。

懷抱著無限的熱情與好奇，開始了我的研究之旅。從宋元講史平話到明清歷史演義，我一本一本的翻看，仔細的找出所有晚唐詩人詠史詩出現的段落，再與這些詩人的詠史詩相對照。工程最大的是在看到《三國演義》、《東周列國志》與《東西漢演義》時，才發現它們曾在當時流傳有許多的版本，不能只以目前流傳的一種版本爲主。但許多當時流傳的版本，多收藏於北京或上海或東京的圖書館中，如果是在十年前，一定難以看到這些祕本，幸好一九九〇年起，上海古籍出版社有計劃的一系列將古本小說一本一本的影印並印刷出版，這使我的研究工作得以完整與周全。

我是在二〇〇〇年的最後一天完成這本有二十多萬字的文稿，在寫下結論的最後一個字時，心中的痛快眞是無言可喻，仰天長嘯三聲，所有的包袱重擔，似乎一掃而空。讀書多年，我是在年過四十後才眞正體會完成一篇長論後的快樂與滿足。

在本書之中，我以實際的比對與分析，清楚的証明了詠史詩並不如張政烺所言：「實可斷爲講史之祖也。」詠史詩與平話的關係僅在於「有詩爲証」的「証明」關係上。講史平話不是爲詠史詩而製作，但詠史詩卻增添平話講史的信實度。至於詠史詩的注文，亦非如張政烺所言爲平話之底本。由於平話與演義小說中引用胡曾詠史詩最多，我也因此以胡曾爲重點，驗証他所寫的詠史詩在通俗文學中所扮演的角色與功能，不僅探究了晚唐這一類型的敘事型詠史詩存在的意義與價值，並從而爲胡曾詠史詩在中國文學史中尋求出一個應有的定位。我想，這些都是本書的特色與成果吧！當然，由於相關資料未必周全，個人的研究也有力所未逮之處，全書若有不足之處，尙祈大雅君子不吝賜教。

謝謝金師榮華教授對我的指導，每當我有疑難之時，他總能明確的告訴我應當如何著手；而他對雅正文學與通俗文學的本質和趨勢的獨到見解，影響了我對晚唐詠史詩有著不同一般的看法，能從通俗文學的方向切入，從而爲晚唐詠史詩尋出另一個源頭，迥異於傳統上詠史詩係源於漢、魏如班固、左思，乃至晚唐杜牧、李商隱等因感懷而爲之的詠史詩的看法。

謝謝中原大學校長張光正教授與人文與教育學院院長林治平教授，他們鼓勵我在職進修，給予我最大的優遇，使我得以有充份的時間完成博士班的課業。他們對我的愛護與提攜，我銘感在心，永難忘懷。

我還要謝謝我的家人，在我讀博士班與寫論文期間，給我無盡的支持與包容。外子成勉任教於中正大學，他動用了一切資源幫助我找資料，他始終以我能繼續進修爲榮，也爲我拿到博士學位而高興。他是推動我不斷往前行的最大力量。女兒家君，兒子家康，在我動工期間，適逢高中聯考，皆能自發讀書，同時還監控我有無認眞「寫功課」。我同時要紀念我的公公王國瑞先生與婆婆王雪英女士，他們待我如女，在我博士班最後三年時相繼去世，臨終之時還要我趕快去寫論文，早日完成學業。

昔日在美國指導論文的舒威霖教授仍常關心我的研究，並爲本書之英文摘要潤色。而文史哲的彭正雄先生，一向爲推動學術出版不餘遺力，此次慨允將我的書稿付梓，都是我要特別感謝的對象。

要感謝的人是何其的多！一路行來，盡是幫助我的人！我何其幸運，也何其慚愧。多年來，我付出的少，得到的多。我是深恩負盡。我的心中，除了感謝，還是感謝！如今將我的論文再加修改，以《晚唐詠史詩與平話演義之關係》爲名出書，盼能對學術界有些微的貢獻，聊以報答所有曾經關心過、幫助過我的親朋好友！謝謝你們！

李宜涯 謹誌於大直儒園

西元二〇〇二年一月八日

晚唐詠史詩與平話演義之關係　目次

第一章 緒論

第一節 研究動機

在中國古典文學研究中，「雅正文學」由於文辭典雅，意境深遠，能展現作者的自我與性情，向為世人重視，學者亦多以「雅正文學」為研究重心。最能顯示「雅正文學」特色的文體是「詩」。至於相對的「通俗文學」，由於是寫給一般民衆看的文學，多使用大衆的詞彙和顧及市井的興趣，基本上是一種商品產物，較不為學者重視。最能代表「通俗文學」的文體則是「小說」。（註一）而如果「詩」在文辭和內容方面走向通俗化，並且被「小說」大量採用，則這種類型的「詩」，就更不被世人重視，且不為學者青睞。

晚唐敘事型詠史詩就是一個很好的例子。

在中國詩歌發展史上，詠史詩是相當特殊的一類。根據明胡應麟《詩藪》有云：「詠史之名，起自孟堅，但指一事。」知詩以詠史為題，始於東漢班固。這種專以古人古事為吟詠對象的詩歌，從建安到兩晉南北朝，從初唐到中唐，都不斷的出現，時有佳作，但眞正蔚為風尙，形成大觀，則始於晚唐。

晚唐時期，詩人幾乎是「有意」的大量創作詠史詩。根據統計，有唐一代約有詠史詩一四四二首，晚唐竟有一〇一四首，佔全唐詠史詩總數的百分之七十。（註二）更有詩人全力創作詠史詩，動輒百首，如胡曾、周曇。歷代古人古事，幾乎都在其吟詠之列。但由於這些大規模「製造」的詠史詩，只著重史事的陳述，缺乏文采、神韻，境界不能與杜牧、李商隱相比，因此，歷來研究晚唐詠史詩的學者，均將目光集中在杜牧、李商隱、溫庭筠等詩人的身上，很少顧及胡曾、周曇等人的敘事型態詠史詩。歷來詩論者，更對胡曾、周曇等人的詩，缺乏好評。晚唐詠史詩儼然形成兩種截然不同的型態與流派。

然而，時被譏刺的胡曾詠史詩，以及與其形式、內容、風格相近的詠史詩，卻大量的出現在宋元講史平話與明清歷史演義等通俗小說之中。在通俗小說中，胡曾則是衆多詠史詩人中最受青睞的一位，其詩在平話與演義中被採用的次數，遠遠超過歷來任何一位知名的詠史詩人。顯然，在市井藝人、通俗小說的作者眼中，胡曾這一類型的詠史詩有其獨特的風格與存在價值；這樣的風格與價值，與一般人認知的正統文學，亦即雅正文學有相當大的差距。但是，差距大不代表意義不足，亦不代表就不值得研究，學者張政烺甚至認爲胡曾詠史詩恐爲「平話小說」的底本；再加上隨著教育普及，許多非文學專業的知識份子不再只對「雅正文學」感到興趣，他們往往更傾向閱讀「通俗文學」，「通俗文學」擁有了大量的閱讀人口，因此，與通俗文學關係密切的晚唐敘事型詠史詩，值得做進一步的研究，以了解其在通俗文學中角色扮演的功能與價值，從而在中國文學史中有一確切的定位。

第二節　研究方法

本書雖以研究「晚唐詠史詩」爲名，但因晚唐詠史詩在歷來學者的研究中，已有相當好的成果，尤其是在杜牧、李商隱等具有代表性的詩人方面，研究論著幾乎車載斗量。因此，本書之論述，主要偏重在探討晚唐另一種類型之詠史詩，即胡曾、周曇等創作出的大量敘事型詠史詩，這種敘事型之詠史詩與通俗文學之間的關係爲何？而在通俗文學中，這些詠史詩又是如何的被大量應用？本書首先比較歷來各家對詠史詩的看法，從而給詠史詩下一個較爲周全的定義，由此定義，歸納出晚唐詠史詩的範疇與流別。同時亦歸納晚唐的政治、社會環境與當時的文壇風氣之特色，以見晚唐詠史詩興盛的原因。

歷來學者對晚唐詠史詩所給予的兩種極端的評價，使詠史詩分爲兩大類型，一是屬於雅正文學範疇的抒懷型詠史詩，一是屬於通俗文學範疇的敘事型詠史詩。針對這兩種類型詠史詩的內涵與特徵及代表性的詩人，本書均予介紹和分析，以突顯兩種類型不同之處，同時肇應本論文研討重點的方向。

爲準確而翔實的達成本研究的主旨，首先，將目前留存的宋元講史性平話一一列出其中的胡曾詠史詩，予以分析比較，以見敘事型詠史詩在平話中扮演的角色與功能，從而證明其是否有可能爲平話之底本？

再就胡曾詠史詩與明清歷史演義之關係探討，著重的是許多不是相當流傳於今日，大家耳熟能詳的演義小說，例如《列國志傳》與《新列國志傳》，這兩本演義是目前盛行的《東周列國志》的「前身」，而胡曾詠史詩在這兩本出現的次數，遠甚於《東周列國志》；三本所採用的胡曾詠史詩亦有不同，從不同的詩中，亦可看出三書編次者的史觀及對胡曾詠史詩的評價。又如《三國演義》，探討的計有三種版本，一是嘉靖本，二是李卓吾評本，三是毛本。三本對胡曾詠史詩的採用均有不同，本書一一比對列出，然後分析比較，以看出敘事型詠史詩在演義小說中扮演的角色、功用與價值爲何。至於《東西漢演義》，更是比對四種不同版本，以了解胡曾詠史詩在這些演義小說中的地位。藉由詳細與完整的比對，敘事型詠史詩在明清歷史演義小說中的功用與意義可得到充分的證明與突顯。

經由對宋、元、明、清通俗演義小說的分析比較，可以發現胡曾這種敘事型詠史詩，流露出十分明顯的通俗文學特點，顯然與杜牧、李商隱等人的詠史詩，應該有著不同的興起背景與因素。由於現存資料的缺乏，本書僅就目前對此問題有所關注和研究的四位學者，其對晚唐敘事型詠史詩源起、形成的看法與論證，予以引述和評論。而在引述和評論的過程中，或許可使後來者對敘事型詠史詩的源流有較不同與深入的看法。

此外，本書亦藉由對唐代史觀之介紹與分析，進而對胡曾敘事型詠史詩史觀的分析，可以看出敘事型詠史詩所透露出的歷史訊息，以及被歷史性的平話、演義小說所利用的原因。

本書最後將歸納研究之結果，以呈現晚唐敘事型詠史詩的特色與意義，為中國文學史中向為學界殊少注意的敘事型詠史詩，打開另一扇研究的窗戶。

第三節　研究回顧

歷來研究詠史詩的博、碩士論文不是很多，在民國七十八年台灣師範大學國文研究所研究生廖振富完成其碩士論文〈唐代詠史詩之發展與特質〉之前，類似的專題研究並不多見，大多為單篇專題論文。本節因此分兩部份介紹過去相關的研究。第一部分以博、碩士論文為主，第二部分則以研究晚唐詠史詩之單篇專題論文為主。

一、與詠史詩相關之博、碩士論文介紹

(一)《李商隱詠史詩探微》

這是文化大學中研究所研究生韓惠京於民國七十六年六月完成的碩士論文。這本論文算是早期研究與詠史詩相關議題的論文，雖然只是以李商隱為個案之專題研究，仍具有參考價值。主要是作者注意到向來以寫愛情詩著稱的李商隱，其在詠史詩的創作方面，更能深切表現他個人的思想內涵以及詩歌的寫作技巧，值得深入探討，從而對唐代其他詩人的詠史作品有更深入的

認識。

作者先給予詠史詩下好定義，認爲是以歷史事件或人物爲歌詠對象而寄託自己觀感的詩篇，然後據此而選取李商隱的詠史詩約六十七首，予以分析討論。

作者發現佔李商隱六百餘首詩之十分之一份量的詠史詩，在形式上以七絕最多，約四十餘首，比例可說相當驚人，其餘以七律、五絕寫成的詠史詩，不過廿首左右。這一點與他擅長以七律形式寫艷情詩，成爲一鮮明對比。

全本論文的重點，仍舊在分辨探析李商隱詠史詩的內涵以及詠史詩的寫作特色。作者以爲，由於義山詠史詩的體裁，多爲七言絕句，他不作史傳體的敘述鋪排，而是充分利用七言絕句的形式，十分精鍊和高度概括地剪裁手法，以畫龍點睛的技巧發揮了比興的優長。而且他把握第三句的轉折關鍵，移步換形，生面別開，引起讀者的聯想，從而感到餘韻悠然，脈絡流轉，在二十八字中，引起波瀾起伏的懸宕感，充分表現李商隱七絕詠史詩的特殊成就。因此，在詠史詩的發展史上，七絕詠史詩的創造，應歸功於李商隱。作者表示，在某種意義上說，義山的詠史詩是兼有小說、詩歌、史論之長的一種詩歌體裁。在中國詩歌文學史上，能用如此短小的詩歌形式，具體的投射現實政治的某一側面，將敘事、抒情、議論和生動的描寫融合在一起的詩人，除了李商隱之外，還沒有第二人。因此，義山詠史詩的表現手法以及風格對後世詩人影響很大。

(二)《唐代詠史詩之發展與特質》

這是台灣師範大學國文研究所研究生廖振富於民國七十八年完成之碩士論文。這也是國內各種討論詠史詩論文或書籍中最深入與完整的一本論文。如同作者所言，在此論文之前，除一二篇專題論文外，有關詠史詩的相關研究，幾付諸闕如，但詠史詩是我國詩歌中極具特色的詩類，如學術界未能加以探討，實有遺珠之憾。

作者之所以選定唐代詠史詩作爲研究的主題，係因六朝詠史詩較爲人所熟知，而唐代詠史詩雖極繁盛，且居於承先啓後的關鍵地位，卻始終未受到應有的重視；由於唐詩中詠史與懷古的交互影響，亦增加問題的複雜性與研究的困難。作者爲彌補這段研究空白，乃有此篇之作。

作者的研究目標有二：一是探討唐代詠史詩的發展歷程，以了解各階段的主要特色，以及演變的重大關鍵所在。二是以文類（genre）的觀點，分別從不同角度探討唐代詠史詩的內涵、作品精神，及藝術特質，歸納、描述其共相與殊相。

至於研究方法，作者是採「分期研究」與「綜合分析」兩大路向。除結論外，全文共分八章。第一章中，作者對「唐代詠史詩」一詞加以界定。他認爲「唐代詠史詩」的認定，應以內容爲衡量標準，而不是從寫作觸發因素之異判別：凡是作品內容以歷史人物事爲主要題材，加以詠贊、敘述、評論，以寄託個人主觀的情志理想，或論斷歷史人事之是非以表現見解者，都是屬於詠史詩。即使它是由實際景物、古跡觸發而作，甚至以懷古爲題，只要具備上述內容，便是詠史，不宜歸入懷古，因爲懷古詩是以消極性的歷史幻滅感爲主調。其必須如此區分的原因是，唐代詠史詩，尤其是中晚唐的寫作，不論是託古懷古，或評論是非，除讀史而詠外，更常因實際景物觸發而來。

第二章的重點爲詠史詩的探源及初步發展；第三章至第五章，是屬於唐代詠史詩發展的分期研究。作者依發展大勢，區分爲繼承期、轉變期、全盛期三階段分章論述，三期所含蓋的時間依序大致爲初盛唐時期、中唐時期、晚唐時期。作者論述著重在各期特徵的掌握，並同時深入析論各期主要詩人的作品。

在第五章〈晚唐詠史詩〉中，作者探討了晚唐詠史詩的特徵內涵，歸納出三點：一以議論爲主調。二是題材具有明顯的共同趨向。詩人筆下最常見的歷史人物是：本朝玄宗、貴妃及前代因荒淫佚遊而誤國亡身的君王，尤其陳後主、北齊後主、隋陽帝等人，更是一再出現；三是有濃厚的歷史滄桑感。至於晚唐詠史詩的形式特徵則爲：一、體式集中於七絕；二、詠史與懷古交互影響；三、創作手法有二種不同形態：一是作者直接議論褒貶，另一是借助場景鋪寫以達意，表面不著議論。前者較普遍通行，但論藝術表現，則以後者爲佳。

作者在分析晚唐詠史名家時，以杜牧、李商隱、溫庭筠三人爲析論重點。至於羅隱、胡曾、汪遵、周曇等大量寫作詠史的詩人，作者認爲「成績欠佳，文學價值甚低」（註三），「只能算是套用詩的外貌，所編寫的歷史教材罷了」（註四），故作者不予討論。

換言之，作者是以文學意境的角度來看詠史詩，並以此來衡量詠史詩的價值。他認爲唐代詠史詩的寫作旨趣有三：託古抒懷、借古諷今、以詩論史。而這其中顯示的意義：詠史詩是我國詩歌抒情傳統的一道主流，其最高理想乃在經由歷史的觀照，而反出映作者主觀的性情懷抱與對現實的關懷，並不在對歷史人事作詳盡的描述，或評斷是非以見新意。

但是，作者並未深入探討何以晚唐會出現如此大量的詠史詩作。同時作者以「雅正文學」的價值觀來看，對於胡曾等人大量「製作」的詠史詩，認爲不具文學意義與價值。而在其結論中卻指出：「總括而言，唐代詠史詩是我國詠史詩發展承先啓後的重大關鍵，其主要貢獻有二：一是題材與內涵的開拓。二是體式與作品風貌的新變。而它對後代的影響，則主要表現在『論史七絕』寫作傳統的開創上。」（註五）作者是以傳統的論詩觀點來看詠史詩的貢獻，故未曾思考到詠史詩對通俗文學之貢獻。除此之外，這本論文兼具深度與廣度，爲其他論文所不及。

(三)《魏晉詠史詩研究》

這是台大中文研究所研究生黃雅歆於民國七十九年五月所撰寫之碩士論文。

作者在文中反覆論證，以歷史人物或事件爲詠嘆的詩作，是在魏晉時期才大量產生。但魏晉時代文士所作「詩史詩」，大抵不脫班固詠史詩作的形式，以囊括史事爲全詩主體，詠嘆部分僅僅點到爲止；直至左思詠史詩的出現，才使詠史詩跨入新的境界，確立了「詠史」一體在文學史上的價值。詠史詩可說是出於魏晉，成於魏晉的一個詩體。而更重要的是，「詠史」一體自確立之後，從唐宋至明清始終行而未墜，迭有開拓。唐代懷古、覽古詩的出現，可視爲詠史詩之同一脈絡；宋詩重議論，詠史詩便展現了哲理色彩；甚至在古典詩詞衰退的元、明二代，詠史詩仍大量的產生。詠史詩在文學史上從來不是主流，但卻一直持續的發展，顯示出某種存在的「需要」，這種「需要」顯示文人與時代、文學與歷史之間的關係。因此，探討詠史詩產生的原因及發展過程，便有著文學史上的意義。

作者討論魏晉詠史詩的誕生機緣，除了時代背景的影響之外，認為與魏晉史學的發達有很大的關係。文史人才往往互通，可見詠史詩之大量出現有跡可尋。作者表示，班固以史家兼詩人作詠史詩，以史事概述加句末贊語，原即史傳之撰寫形式；而魏晉詠史詩亦多沿此形式，應為此期文士多諳史書相關，如作《晉紀》四卷的陸機，著《後漢記》的袁宏等人皆有詠史之作，即如陶淵明亦多覽史著，而有〈詠荊軻〉等詩之作。

作者同時也探討魏晉詠史詩的兩種型態，一是以班固〈詠史〉為典型之詠史詩，一是以史抒情寄意之傳統詠史詩。作者並認為魏晉詠史詩的主題精神，有歌詠逸士、高士之典型，亦有嘆息懷才不遇的志士，至於救急解難的壯士與豪士，亦在詠嘆範圍之內。作者對左思的評價很高，同時將左思的詠史詩以一章之篇幅，分從形式結構、文辭技巧及精神意蘊等三面，專門探討。

(四)《晚唐三家詠史詩研究》

這是國立清華大學文學研究所中文組研究生潘志宏於民國八十二年完成的碩士論文。作者首先認為，詠史詩是中國文學史上一個值得探討與研究的詩歌類型。至於選定晚唐此一時期，主要原因是詠史詩至晚唐，量多質精，類型又多變化，是詠史詩之燦爛輝煌期，故值得研究。但由於詠史詩人衆多，作者乃選擇李商隱、杜牧、許渾三位做深入探討，認為他們的「成果頗能代表晚唐詠史詩之大概，也

可做爲我們欲進一步研究晚唐詠史詩之基礎。」（註六）

作者亦就詠史詩中「史」的認定、題材來源，與詠史與詩中用典的區別，爲詠史詩下定義。他認爲詩題不論爲何，最重要的是以作品的內容爲衡量的依據。眞正的詠史詩「通常是以歷史人物事件爲主要題材，表達作者的情感抱負及以之諷諭、議論，或對過往的歷史所產生的感情意識及歷史觀的一種詩歌類型。」（註七）

作者即以三家詩中符合上述詠史詩定義者，並依據作品之內容意旨，區分爲詠懷型、議論型、諷諭型、懷古型四種來做討論。其在結論時認爲三家詠史詩普遍反映了時代的共通性——晚唐時期，內有閹患、黨爭，外有藩鎭、邊寇，戰爭頻仍，國勢日頹。而詠懷型及懷古型詠史詩，反映了士人在此政治環境下的痛苦心聲和他們對時代的失望。隨時惶恐於幻滅的來臨，即使他們積極創作諷諭型詠史詩來規勸時事，但換來的是更大的失望。

這篇論文，以三人的詠史詩來論晚唐的詠史詩風，略顯單薄。其中亦有一些獨特的看法，如作者在討論杜牧的詠史詩，指出杜牧在寫作議論型詠史詩時，因能利用「假想翻案」、「反襯比較」等手法，所以避免了詩歌因議論性過多而流於述實；另一方面也由於杜牧本人豐富而敏銳的觀察力及對歷史發展的洞悉力，使得議論的內容有價値而非徒然無味。這樣的看法，已明確的指出何以胡曾、汪遵等人詠史詩不能成爲令評論家欣賞的作品。此論文另一可取之處，則爲對當時詠史詩的類型有具體而微的分類。

(五)《南宋詠史詩研究》

這是一本對南宋時期詠史詩作深入探討的碩士論文。作者為成功大學中文研究所的季明華，於民國八十二年完成。

這本論文同樣指出，在古代詩歌史上，詠史詩的悠長傳統是值得注意的一環，然而歷來在此方面的論述，多數還停留在宋以前的階段。南宋史學發達，再加上特殊的時代背景，故此時期的詠史詩有其特色，並值得研究的。

作者先匯集南宋各家之詠史詩集中，然後就其表現類型與寫作技巧加以分析。此論文內容十分豐富，條理清晰，然而由於其重點在南宋，對前期詠史詩的發展與流變，論點不出前人。尤其是作者在結論中表示南宋詠史詩的技巧表現，充份體現宋詩傳承與開拓的精神。但全文中，有關傳承方面，卻著墨不多。又如作者指出，南宋詩人面臨當政朝廷的腐敗及難以展志的生態環境中，常有不滿、鬱結及意有所指的心聲，故特別喜歡在詠史詩中以直陳的方式流露，使用「豈」、「誰把」、「何補」、「自」等字眼；事實上這些用字並不是南宋詩人啓用的，此種直陳方式，係受晚唐詠史詩人之影響。過去論晚唐詩人的寫作技巧，多集中在雅正文學派詩人的身上，如李商隱、杜牧等，卻對一般通俗派詩人的技巧略而不談。此項缺失亦為其它相關論文共有的現象。

此外，有關宋代詠史詩詞研究的論文，尚有成功大學歷史語言研究所研究生陳吉山的碩士論文《北宋詠史詩探論》（民國八十二年七月），中國文化大學中文研究所研究生鄭淑玲的碩士論文《兩宋詠史詞研究》（民國八十六年六月），因與本書無太大關係，故不予論述。

(六)《唐代詠史詩與中國傳統士文化關係之研究》

這是高雄師範大學國文研究所博士班研究生徐亞萍於民國八十八年六月完成的博士論文。

作者認爲，現有的有關唐代詠史詩的研究中，唐代詠史詩之由來、發展及各具代表性詠史詩之作家、作品，這些所謂有關詠史詩的文學現象之研究，已有相當具體的成果；但文學現象背後的所以然，亦即所謂文化背景的因素，卻少有研究者涉及。因此，該論文著重文化因素的探究，將唐代文士詩人創作詠史詩的特殊心靈意識、由來，作抽絲剝繭的清理。

經過作者對唐代文化類型及其較轉變、唐代士風、初盛中晚唐詠史詩之探討分析，作者以爲唐代詠史詩與士文化傳統之關係，可以找出唐代詠史詩三類：一、抒情詠懷；二、以古諷今；三、以詩論史等的創作在唐代文化史上的根源。就抒情詠懷而言，是承襲我國詩歌抒情傳統及文士傳統，或因現實環境，或個人之人生際遇所使然。而以詩論史及以古諷今，則又緣於唐初以來的帝王，以開明的作風鼓勵臣下所建立的批評風氣。此外，中唐以降學術上的疑古惑經，反映在詩歌上，即發揮了懷疑精神與批評精神。總之，作者認爲經過其深入之剖析，可發現唐代文士詩人的心靈意識，既有其傳承士文化傳統的一面，亦有其反映唐代文化中現實的一面。是故，若依唐代詠史詩之發展，亦可發現唐代文士詩人的深層文化意識中，既有其傳統性，又具有其現實性，假若籠統而簡率地批評「唐代十人功利」、「唐代士風浮薄」，恐未盡公平。

二、與晚唐詠史詩相關之單篇專題論文介紹

㈠〈講史與詠史詩〉

最早將詠史詩與通俗文學連結在一起的，是早期中研院的學者張政烺。他於民國三十一年即發表〈講史與詠史詩〉一文。這篇文章大膽的指出，流行於宋朝的講史一藝，應出于晚唐的詠史詩，「初由童蒙諷誦，既而宮廷進講，以至于走上十字街頭。」（註八）他不斷舉証說明，平話之體製必有詩評，講史之習慣不忘詠史，因此宋以後講史評話之興，一定與詠史詩有相當的關係。他認為詠史之風盛於晚唐，排比七絕動逾百首，其中如周曇者，曾經進講詠史詩。而詠史詩並分門別類，與平話之體尤為相近，「實可斷為講史之祖也。」（註九）這樣的說法，新奇有趣，發前人所未發，可惜後人在此方面未再進一步的探究。

胡曾的詠史詩也是這篇論文討論的重點。作者不從一般詩評者來看胡曾之詩，相反的，他認為「寄興頗淺，格調亦卑」的胡曾詠史詩，其所以會盛行數百年，刻本甚多，原因有二，一是用為訓蒙課本，二是用為講史話本。在論文的結論中，作者更大膽的指出：詠史詩始於胡曾，前無所承，與漢魏人之詠史詩絕無關係；胡曾詠史詩在當時或略後即已用為兒童讀物，塾師教授，講語遂興，而米崇吉逐篇評解，實開平話之端。至於周曇進講詠史詩則為講史之祖。

張政烺這篇論文，雖有人以為其立論獨特，証據仍顯不足，但時至今日仍無人能反証其論點不對。

故此篇論文仍受到廣泛的引用，可以說是最佳一篇研究詠史詩與通俗小說之間關係的主要論文。

(二)〈簡論胡曾及其詠史詩〉

這是大陸學者陳書良於一九八三年在《求索》雜誌刊登發表的一篇論文。他首先肯定胡曾是晚唐詩人中較傑出的一位，然後介紹胡曾的生平。他認爲胡曾詠史詩的藝術性雖差於李商隱，但藉古論今、心存諷諭則是一脈相承的。全文對胡曾詠史詩做了一般性的分析，然卻未對胡曾何以創作出一百五十首的詠史詩，提出任何說明或看法。他只表示，胡曾詠史詩有咸通時人陳蓋爲之作注，可見其生前有一定的文學地位。

這篇論文只是用傳統的寫作方式介紹胡曾，而沒有參考任何其他類似的研究作品。其論文的註釋，皆是直接參引相關詩集或文集。在此情形之下，能注意與討論胡曾詠史詩的獨特性，亦屬難得。

(三)〈論中晚唐詠史詩的三大體式〉

這是中國大陸華東師大中文系講師陳文華於一九八九年五月發表於《文學遺產》的論文。陳文華首先爲詠史詩下定義，即在中國古典詩歌中，凡是以某一（或某幾個）歷史人物或事件爲題材，對之進行歌詠、評論，藉以抒洩感情、發表見解的詩歌，皆可稱爲詠史詩。

他因此歸納中晚唐詠史詩有三種主要體式，一、隱括本傳，詠其得失；二、借古抒懷，諷刺時世；三、評史論文，獨抒已見。而第三種體式，尤盛於晚唐，主要是詩人對李唐王朝瀕臨滅亡的隱憂，於是希望從歷史中尋找經驗或教訓，觀古知今，爲治國者提供救世良方。這一類詠史詩往往採用五、七言絕句的形式，評史論人，廿字或廿八字的一首小詩便是一篇史評，這是詠史詩的一種新體式，故名之爲「評體」。而「評體」發展到後來，重點放在爲歷史翻案。這種「評體」詠史詩，不僅要有詩才，還要有史識，其中，杜牧是最出色的一位。作者認爲，杜牧的「評體」詠史詩，如〈赤壁〉的「東風不與周郎便，銅雀春深鎖二喬」、〈題商山四皓廟詩〉：「南軍不袒左邊袖，四老安劉是滅劉」、〈題烏江亭〉：「江東子弟多才俊，捲土重來未可知」等，這些詩不落前人窠臼，發人深思，教人重視歷史經驗和教訓，正是中晚唐「評體」詠史詩的美學本質。

(四)〈試論晚唐詠史詩的悲劇審美特徵〉

這是大陸學者王紅於一九八九年十一月廿五日發表於《陝西師大學報（哲學社會科學版）》第三期的論文。

作者認爲，晚唐詠史詩的空前繁監盛，不僅是晚唐特別的時代背景所致，也與在這種時代條件下形成的詩人悲劇性心態有關。在此基礎上，作者論述了晚唐詠史詩獨特的審美特徵。

在此篇論文中，作者以統計數字說明晚唐詠史詩的興盛，指出有唐一代約有詠史詩一四四二首，晚唐竟達一〇一四首，佔全唐詠史詩總數的百分之七十。唐代有詠史詩傳於今日的詩人共二一三人，晚唐則有九十五人之多，佔作者總人數的百分之四十五。

作者同時指出，詠史詩專集也最先現於晚唐。今存有胡曾詠史詩一五〇首，周曇詠史詩一九三首、褚載詠史詩三卷（已佚僅存〈定鼎門〉、〈陳倉驛〉兩首）；此外，見於前人著錄而今日已佚的晚唐詠史詩集尚有：冀訪《詠史》六卷；童汝為《詠史》一卷；崔道融《中唐詩》三卷（以四言體述唐中世以前事實）。這樣有計劃地創作並編次結集，顯示出詠史詩的空前盛況。

由於時代的憂患感，作者認為晚唐詩人寫作詠史詩的意圖不在準確敘述歷史，而在於抒發自己觀照歷史時的情感意緒，甚至是為了負載主觀的悲劇情緒。因此，濃厚的主觀色彩涵蓋於歷史題材之上，成為晚唐詠史詩的重要審美特徵。

作者仍是以李商隱、杜牧、許渾等人的詩為分析主體。作者顯然沒有注意到晚唐最大量詠史詩作者的作品特徵，如胡曾、周曇等人，他們準確的書寫歷史，個人的主觀情感不輕易顯露。作者對這一類型詠史詩的忽視，使得此篇論文的議論並不完全。

(五)〈唐代詠史詩中的人生理想〉

這是大陸學者楊民於一九九一年八月發表於《北京師範學院學報（社會科學版）》第四期的論文。

此篇由初、盛、中、晚唐四段時期詠史詩所詠嘆的人物來看詩人的懷抱。如初唐詩人歌詠信陵君和侯嬴、朱亥，一方面借以表達他們對遇合理想的渴望和追求，另一方面受到當時社會上盛行的尚義任俠風氣的影響。至於晚唐李商隱、溫庭筠等人對武侯的詠嘆，則在發抒他們渴望有所成就而又深感大勢已去的痛苦心情，如同羅隱在〈籌筆驛〉中所寫的「時來天地皆同力，運去英雄不自由」。

此篇論文仍為泛論型，綜論唐代詠史詩曲折地反映了社會生活和詩人心態，閃爍著鮮明的時代色彩。時代背景，仍是影響詩人們創作方面與議論感受的最大因素。

(六)〈晚唐詠史詩繁盛原因初探〉

這是大陸學者梁祖苹發表於一九九六年四月出版的第二期《銀川師專學報(社會科學)》上的論文。

全文並未有獨到的見解,觀點大都因襲前述王紅的論文〈試論晚唐詠史詩的悲劇審美特徵〉。作者認爲,晚唐詠史詩興盛原因,仍主要與特殊的時代環境息息相關。

(七)其他

以上所選錄的論文,前兩篇專門討論胡曾詠史詩與講史之間的關係,這與一般學者在討論唐代詠史詩時的切入點完全不同,頗具參考與啓發價值。至於其他相關晚唐詠史詩之研究,除上述之外,尚有多篇論文,大都集中對於杜牧、李商隱詠史詩的專題討論。(可參考本書後所附參考書目及期刊)。杜牧、李商隱仍是在研究晚唐詠史詩人中最主流的兩位。

【註 釋】

註一 本段採用金師榮華之觀點。參看金榮華:〈通俗文學和雅正文學的本質和趨勢─第二屆通俗文學與雅正文學全國研討會專題演講〉,(《中國現代文學理論季刊》,第十九期,民國八十九年九月),頁三二四─三三〇。在此演講內文中,金師榮華很明確的將「雅正文學」與「通俗文學」的特色標示出來。「雅正文學」在歷史上顯示的特色是:一、作者寫作的目的在表現自我:我的「志」,我的「情」,我對群體的

「理想」；同時也展現他們的文學專業。二、作品的作者和讀者大致上是有著相同或近似文化背景和經驗的同一階層，其他階層的人對那些作品可能沒有能力，也沒有興趣閱讀。以傳統社會之「士、農、工、商」的區分來說，雅正文學的作者和讀者群在傳統社會裡都是屬於「士」的階層。三、作者在創作時沒有今天所謂的商品意識，他們的作品基本上是表達「我」。以「我」爲中心寫出來的作品不是商品，它不以市場爲取向。通俗文學則有以下的特質：一、作者和主要的讀者群不是同一個文化階層。二、作者在寫作時明確知道，所寫作品是給通俗大眾看的，因此會考慮到大眾的詞彙和他們有興趣的題材，也就是顧及市場。總結地說，兩者在本質上不同的是：通俗文學是寫給大眾看的文學，它是一種商品；雅正文學是作者表現自我的文學，它尋求共鳴，不是商品。

註二　王紅：〈試論晚唐詠史詩的悲劇審美特徵〉，《陝西師大學報(哲學社會科學版)》，一九八九年第三期，頁八三。

註三　廖振富：《唐代詠史詩之發展與特質》，(國立台灣師範大學國文研究所碩士論文，民國七十八年)，頁一五四。

註四　同註三，頁一六三。

註五　同註三，頁三三三。

註六　潘志宏：《晚唐三家詠史詩研究》，(國立清華大學中國文學研究所碩士論文，民國八十二年)，頁三。

註七　同註六，頁十三。

註八　張政烺：〈講史與詠史詩〉，（《國立中央研究院歷史語言研究所集刊》，民國三十七年，第十冊），頁六〇二。

註九　同註八，頁六四五。

第二章　詠史詩的定義、興起與發展

第一節　詠史詩的定義

歷朝詩人在寫詩時，經常藉由歷史事件或人物作爲詩的主題，他們並藉此主題來表達他們對歷史、進而對時事的評論，或是抒發他們的感情。這類主題的詩，流傳不下千首，並分別冠以不同的名稱，如詠史、懷古、覽古、述古、思古、擬古、古意等。這些不同的名稱，有些是在歌詠歷史，但有些則與詠史不相關聯，只是在藉史詠懷。嚴格來說，這些不同的分類，事實上代表了不同的主題及情感表達。可是，由於詩人們在創作時，對這些不同主題的詩，並沒有很清楚的概念，因此呈現出的內容往往與自己類別出的題目不一致。因此，如何給詠史詩下一個較精確的定義，並分別出其與懷古詩、覽古詩等詩，看似雷同，其實有所相異的不同點，是首先要討論的；其次，將就古今各家對詠史詩所下的定義，比較分析，以尋求詠史詩最佳之定義。

唐代呂延濟在《文選》六臣注中，給詠史詩下了一個定義：「覽史書詠其行事得失，或自寄情。」（註一）

清代何義門對詠史詩的解釋是：「詠史者不過美其事而詠嘆之，隱括本傳，不加藻飾，此正體也。」

在美國任教的學者劉若愚在《中國詩學》（*The Art of Chinese Poetry*）一書中，曾清楚的指出懷古詩和詠史詩之間的岐異。他說：

我們在中國詩裡不僅看出一種在時間中的敏銳的個人存在意識，而且也看出一種強烈的歷史感覺；究竟，歷史是什麼呢，假如不是一國民族對於它本身在時間存在的集體意識的記錄？大體上，中國詩人對歷史的感覺，其方式很像他們對個人生命的感覺一樣：他們將朝代的興亡與自然那似乎永久不變的樣子相對照；他們感歎英雄功績與王者偉業的徒勞；他們為古代戰場或者往昔美人，「去年之雪」（les neiges d'antan）而流淚。〔譯註：法國抒情詩人維雍（Francois Villon 1431-63?）悼往昔美女的詩句。〕表現這種感情的詩，通常稱為「懷古詩」。這與所謂「詠史詩」不同；「詠史詩」一般指示一種教訓，或者以某個史實為藉口以評論當時的政治事件。（註二）

因此，劉若愚認為像李白的〈越中覽古〉：「越中勾踐破吳歸，義士還家盡錦衣。宮女如花滿春殿，只今唯有鷓鴣飛。」這首絕句，是典型的「懷古詩」。（註三）換言之，劉若愚認為覽古、懷古的性質十分相近，李白的「覽古」，其實就是一種懷古；但不論為何，它們與詠史詩的本質是不相同的。

前美國耶魯大學著名的漢學教授傅漢思（Hans Frankel）則將所有描述古時候的詩，放置在「思古」（Contemplation of the Past）這一個總名詞之下，然後再分別出其間的類別。對於詠史詩，他以英文翻譯成是「一種以歷史為主題的詩」（Poems on Historical Themes）；「古意」則譯成「寫古時候的詩」（Old—time Poems），暗示這類的詩在主題、格式上都與「過去」相關。「懷古」則譯為「緬懷過去的詩」（Cherishing the Past）。（註四）Frankel並沒有進一步討論其間的差異。但是，從他的英文翻譯中，可以感受這位海外漢學教授對這些名詞其間微妙差異的了解。

至於現代學者對詠史詩的定義則更加明確。以大陸學者為例，降大任在所編《詠史詩注析》書之後，附錄其所著〈試論我國古代詠史詩〉的文章，其中表示：「詠史詩是中國古代詩歌中作者直接歌詠歷史題材，以寄寓思想感情，表達議論見解的一個類別。」其與懷古詩不同：「詠史詩是直接由古人古事的材料發端來創作的，懷古詩則須有歷史遺跡、遺址或某一地點、地域為依托，連及吟詠與之有關的歷史題材。」（註五）他的看法有一重點，那就是詠史詩可以包含懷古的素材，但是懷古詩並不一定能成為詠史詩；懷古詩的素材與內容的範疇，較詠史詩要狹窄許多。

大陸另一位學者儲大泓則認為，詠史詩是中國詩歌中獨具特色的品種，它是「介於敘史與詠懷之間，敘史、論史與詠懷兼而有之的詩歌體材。」（註六）儲大泓也認為詠史詩不同於一般懷古詩：「有些題為懷古之作，論及歷史上的人和事，可歸之於詠史詩一類；倘僅僅寫滄桑之感，發思古之幽情，不聯繫具體的古人古事，就不能以詠史詩視之了。」而詠史詩也與詠懷詩有別：「詠懷詩大多不聯繫史實。詠史詩或專詠一人一事，或泛詠史事，均借評論歷史來表達自己的胸襟、抱負、理想、政見以及若悶，有的更明顯地借古喻今，爲當時的現實服務。」（註七）

大陸學者施蟄存在《唐詩百話》中，很清楚的指出，詠史詩不是一種特定形式的詩，而是一種特定題材的詩。凡是歌詠某一歷史人物或事實的詩，都是詠史詩。但是，以歷史人物或歷史事實爲題材的，也可能不是詠史詩。借歷史人物或事實來抒發自己身世之感的，屬於詠懷；遊覽古跡而觸發感慨的，屬於懷古。只有客觀的賦詠歷史人物或事實，或加以評論，或給前人的史論提出翻案意見，這才是本色的詠史詩。但這樣的詠史詩，也還很難與詠懷或懷古分清界線。詩人筆下總有感情，絕對客觀的詠史詩，毫無意義，恐怕許多詩人都不屑下筆。但到了晚唐，這樣的詠史詩似乎時行起來，胡曾、汪遵、周曇如是。（註八）

至於台灣的學者與研究生，在研究詠史詩時也各自賦予定義。韓惠京在碩士論文《李商隱詠史詩探微》對詠史的定義釋爲：「所謂詠史詩，是繼承中國詩歌抒情與言志的傳統，採用歷史事件、歷史人物或歷史古跡的題材，配合詩人的想像力與時代精神，所構成的一種特殊詩體。」（註九）

廖振富在《唐代詠史詩之發展與特質》碩士論文中，認爲唐詩「詠史」與「懷古」兩種類型的含蓋對象，固然有所重疊，難以作壁壘分明的界定，但二者的內容特質，仍各有不同偏向，彼此均不能涵蓋對方、取消對方。故他在文中對「唐代詠史詩」的認定，係以內容爲衡量標準，而不是從寫作觸發因素之異判別：凡是作品內容以歷史人物事件爲主要題材，加以詠贊、敘述、評論，以寄託個人主觀的情志理想，或論斷歷史人事之是非以表現見解者，都是屬於詠史詩；即使它是由實際景物、古跡觸發而作，甚至以懷古爲題，只要具備上述內容，便是詠史，不宜歸入懷古（因爲懷古詩是以消極性的歷史幻滅感爲主調）。（註一〇）

潘志宏在《晚唐三家詠史詩研究》碩士論文中，認爲應以作品的內容爲衡量其是否爲詠史詩的依據。而他爲詠史詩所下的定義爲：「詠史詩通常是以歷史人物事件爲主要題材，表達作者的情感抱負及以之諷諭、議論，或對過往的歷史所產生的感情意識及歷史觀的一種詩歌類型。」（註一一）

經由上述，詠史詩可以得到一個較適當且周全的定義，那就是：詠史詩是以歷史事件或人物爲主題的詩，詩人藉由這個主題表達自己的想法和意見；或僅是描述，不加修飾而已。其中包括了二種類型，一種是以敘述歷史爲主兼有附帶作者的評論與感嘆，文句質樸通俗，不尚雕琢；另外一種則爲歌詠歷史，抒發感情爲主，其中歷史部份僅作襯托或藉以詠懷之用，文句跌宕有情，含吐不露，充份展現雅正文學的特質。前者可稱之爲敘事型詠史詩，後者可稱之爲抒懷型詠史詩。

第二節　詠史詩的興起

一、詩與歷史

中華民族的一個重要特色，即是其有豐富的歷史經驗與歷史感。所謂的「歷史」，不僅僅是指其具有悠長的形成時間，更在於這個民族對於其在形成時間中的重要事件與行動，有詳細的文字記錄與描述。中華民族也是一個重視歷史的民族；也是對過去的制度與價值的重視。美國俄亥俄州立大學學者許鋼認爲，在中國傳統社會裡，大多數儒家知識分子對歷史均抱持著一種深刻信念與基本態度，那就是，歷史是「天道」通過對人類行爲的規範與裁判而在地上的顯現；任何人及其生活，最後都會面對著一種「最後審判」式的歷史的裁判；要成功地通過這一歷史的裁判，則必須成爲人生的終極關懷。對一位眞誠的儒者來說，這樣一種「泛歷史主義」所意味的，不是他需要經常想到歷史，而是他必須時刻在歷史中思考，因爲他無可逃避地生活在歷史之中。（註一二）

詠史詩就是在這樣一種「泛歷史主義」情境下所產生的一種獨特的文學體裁。

所謂獨特，係將詠史詩與一般傳統將史與詩之間關係定位於「詩史」或「史詩」的區隔。「詩史」是中國文學批評中特有的詞語，是史與詩的結合；代表人物以唐代的杜甫爲主。「史詩」（epic）則是西方文學中特有的文類。兩者之間最大的差別，除了文體不同外，在內容方面，史詩主要敘述的是超凡英雄的事跡，故必須含有大量的虛構與想像；而詩史主要在藉詩記載詩人當時所處的時代，爲時代作見證，或補歷史之闕，或彰顯出歷史的意義。（註一三）

至於詠史詩則與這二者不同，它所歌詠的是歷史人物與事件，但這些人物與事件必須是在詩人創作其作品時已經成爲歷史。這是它與「詩史」、「史詩」在敘述歷史或表達史觀時最大的不同。此差異處從上述詠史詩之定義中即可看出。

在敘述型詠史詩的發展之前，本節將討論詠史詩最早是以何種的面貌出現？以及其發展是在何時開始成熟？

二、詠史詩的源起

詠史詩，就其字面意義而言，即是「歌詠歷史的詩」。中國是詩的民族，在中國最早的詩歌總集：《詩經》與《楚辭》中，即有一些詩合乎詠史詩的字面意義。如《詩經》中〈文王有聲〉、〈公劉〉、〈生民〉、〈文王〉等詩。（註一四）這些詩大多記敘其祖先發跡的經過，或是頌讚祖先的豐功偉蹟，可以算是早期的詠史詩。是詩人在中華民族特有的歷史氛圍中很自然的創作，而非有意識的、或有計劃的書寫。

詠史詩在詩的各種體製中，被正式認可，且爲詩人有意識的自覺寫出，應是起自東漢時期的班固。班固是第一位以「詠史」爲題，寫出詠史詩的人。（註一五）雖然就內容而言，他並非第一位以歷史爲題材的詩人。

這首直接以「詠史」爲題的詠史詩內容如下：

三王德彌薄，惟後用肉刑。太倉令有罪，就逮長安城。

自恨身無子，困急獨煢煢。小女痛父言，死者不可生。

上書詣闕下，思古歌雞鳴。憂心摧折裂，晨風揚激聲。

聖漢孝文帝，惻然感至情。百男何憒憒，不如一緹縈。

這首五言古詩，主要敘述西漢一位少女緹縈代父請罪，因而感動漢文帝廢除肉刑的歷史故事。這個故事，並非是民間傳說，也不是道聽塗說，而是確有其事。見於《史記》〈孝文本紀〉、〈扁鵲倉公列傳〉、劉向《古列女傳》卷六〈辯通傳〉及《漢書》〈刑法志〉等史書中。班固是一位歷史學者，是《漢書》的作者，在採擷史料、遍讀史料，撰寫歷史之餘，必有所感，乃發爲歌詠。有趣的是，班固的《漢書》所載緹縈事，幾與《史記》雷同，而在這首詠緹縈孝行的詩中，班固也是根據史傳，平舖直述，沒有任何藻飾——除了前二句以感慨破題，末兩句以贊頌收尾外，其餘皆本史傳。（註一六）這樣的寫作方式，前所未有，但缺少詩的藝術成就，如同鍾嶸所評：「質木無文」（《詩品》序）（註一七），價值不高。但是，這種詩體卻正式將詠史詩與其他詩體劃分開來，爲詠史詩建立一個詩體典範，確立它的歷史地位。

班固「詠史」詩所建立的詩體特色，一般以爲有下列四點：

㈠但指一人一事。而此人此事是值得後人感佩者。

㈡文字質樸、直接，不注重詞采的修飾，如同丁福保所言「據事直書」。（註一八）

㈢敘述以史傳爲主。

㈣寫作模式頗爲制式化，以「敘述」爲主體，「論贊」爲客體。這成爲後人在創作詠史詩時仿傚的寫作型態。

清人何焯因而表示：「詠史者不過美其事而詠歎之，檃括本傳，不加藻飾，此正體也。」（註一九）何焯明確的認爲，班固「詠史」所展示的詩體與內容特色，正是詠史詩標準的格式，也就是詠史詩的原型。齊益壽則將之定名爲史傳型詠史詩。（註二〇）丁福保更進一步指出：「班固詠史，據事直書，特開子建、仲宣詠三良一派。」（註二一）班固詠史之詩，顯然已成後世「據事直書」的詠史詩正體類型。

第三節　詠史詩在晚唐以前的發展

一、魏晉南北朝時期

班固的詠史詩首開以詩詠史之風，但他畢竟是一位史學家，而未能被稱爲一位優秀的詩人，且其創作詠史的詩篇太少，無法蔚爲風尙。詠史詩的眞正形成期應是在魏晉南北朝時期。梁昭明太子蕭統所編纂的《文選》把文學作品分爲卅七類，其中詩的部分就有〈詠史〉一類，內收錄九家廿一首的詠史詩，包括建安七子之一的王粲的〈詠史詩〉，左思〈詠史〉八首，還有顏延年的〈五君詠〉。但當時實際的創作量應不止於這些。（註二二）詠史詩至此時起，在詩歌發展史上，正式的因具有獨特的內容與思維方式，如同山水詩、遊仙詩、田園詩等，成爲一特定的類名。

根據齊益壽的分析，六朝詠史詩除了史傳型詠史詩外，尙有詠懷型詠史詩，以及史論型詠史詩。

（註二三）史傳型詠史詩的作者有曹植〈三良詩〉、王粲〈詠史詩〉、張載〈詠二疏〉、盧諶〈覽古—詠藺相如〉、陶潛〈詠荊軻〉等。這些詩的內容與形式同班固的〈詠史〉相似。以陶潛〈詠荊軻〉爲例：

燕丹善養士，志在報強嬴。招集百夫良，歲暮得荊卿。
君子死知己，提劍出燕京。素驥鳴廣陌，慷慨送我行。
雄髮指危冠，猛氣衝長纓。飲餞易水上，四座列群英。
漸離擊悲筑，宋意唱高聲。蕭蕭哀風逝，淡淡寒波生。
商音更流涕，羽奏壯士驚。心知去不歸，且有後世名。
登車何時顧，飛蓋入秦廷。凌厲越百里，逶迤過千城。
圖窮事自至，豪主正怔營。惜哉劍術疏，奇功遂不成。
其人雖已沒，千載有餘情。

這首詩除了句數多，字數也多外，其餘在敘述與論贊方面，幾與班固的〈詠緹縈〉相同，內容擷取自史傳記載，可說是將史傳《史記》〈刺客列傳〉加以修剪，用簡扼筆法，亦即詩的語言，把這段歷史故事最精彩處記錄下來。這種史傳型的詠史詩，就詩的文學價值與藝術來說，雖不至於如張玉穀所言：「呆衍史事」（註二四），或如鍾嶸所言「質木無文」，但缺乏文采，的確無法令人讀之再三，低迴吟詠，或感嘆深思。但這種類型的詩，有若故事般的情節敘述，清淺易懂，趣味洋溢，是很好的歷史教材，即是在最短的字數中，讓一般讀者迅速的對一樁史事有立即的了解。以在當時書本並不普及的時代，史傳型詠史詩有著它獨特的傳播與教化力量，這樣的功能，使其成爲詠史詩的正體，詠史詩也賴以代代流傳。

魏晉時代，還有一位詠史大家：左思。在《文選》中，蕭統所選錄的廿一首詠史詩，左思所作的八首詠史詩全在其中，其份量與價值由此可見。

左思詠史詩是在晉太康(晉武帝年號，西元二八〇—二八九年)時完成。八首詩雖全冠以「詠史」之名，但在內容與風格上，完全擺脫了史傳型詠史詩的類型與特色，不再只是單單敘述、描繪史事，而是更進一步的藉史事來發抒自己的懷抱。寫作的技巧亦變化多端，或先述己意，以史事證之；或先述史事，以己意斷之；或述己意，而暗含史事；或述史事，而默寓己意。然而不論何種形式，寄情特深是這八首詩最特別處。(註二五)這樣的特色，被認爲「賦予詠史詩篇有更深刻更寬廣的意義。」(註二六)

試以下列三首左思的詠史詩爲例，可以明顯的看出詠史詩到了左思，開始有了不同風格的展示：

一

荊軻飲燕市，酒酣氣益震。哀歌和漸離，謂若傍無人。
雖無壯士節，與世亦殊倫。高眄邈四海，豪右何足陳。
貴者雖自貴，視之若埃塵。賤者雖自賤，重之若千鈞。

二

吾希段干木，偃息藩魏君。吾慕魯仲連，談笑卻秦軍。
當世貴不羈，遭難能解紛。功成不受賞，高節卓不群。
臨組不肯緤，對珪寧肯分。連璽曜前庭，比之猶浮雲。

三

習習籠中鳥，舉翮觸四隅。落落窮巷士，抱影守空廬。
出門無通路，枳棘塞中塗。計策棄不收，塊若枯池魚。
外望無寸祿，內顧無斗儲。親戚還相蔑，朋友日夜疏。
蘇秦北游說，李斯西上書。俛仰生榮華，咄嗟復彫枯。
飲河期滿腹，貴足不願餘。巢林棲一枝，可為達士模。

在第一首詠荊軻的詠史詩中，左思同班固、陶淵明一樣，均以荊軻為主題人物，但左思對荊軻的描述，卻不似二人以史傳為全詩主要架構，而是述與詠各佔一半，在述的部份，左思只歌詠荊軻的飲於燕市的豪情，至於成就荊軻一生最重要的刺秦王之不朽事跡，卻未提起；全詩的重點在後半段，尤其是最後四句。左思其實在藉荊軻「高眄邈四海」的豪傲之氣，闡明自己對豪士的看法。「史」在這首詩中的地位，只是陪襯的地位。可以說，左思雖同班固一樣，是以一人一事為詠，但顯然改變了以敘事為主詠為末的寫作格式，開創了另一種傳達史事人物的方式。（註二七）

在第二首，左思打破了傳統詠史詩只詠一人一事的作法，他引用段干木與魯仲連的故事，但重點集中在兩人皆曾以不同的方式退秦，且二人不是爲了邀功而行事。而左思針對此點反覆的詠嘆。在這首詩中，左思同樣不以敘事爲主，人物也增加，更重要的是他以第一人稱「吾」出現詩中，使詠史詩開始呈現強烈的主觀性，個人詠懷的情感多於對歷史的感懷。換言之，作者的心志主導著全詩。不論在主題的設定或是史材的選用，作者皆以主觀的心志決定，目的顯然以發抒個人的情感爲主，不是爲史言史。

至於第三首，左思以很長的篇幅來描述寒士的窘困，最後才提及李斯與蘇秦早年在未成名時，也是如此的窘困，而李斯與蘇秦後來如何掌握大權，影響朝政卻未加敘述，對於他們最後如何悲慘的死去，亦沒有著墨。左思只是慨嘆「俛仰生榮華，咄嗟復彫枯」，而唯有「巢林棲一枝」，才是「達士」的風範。李斯與蘇秦在這首詩中，同屬陪襯地位，左思只是借用此二人早年落寞的遭遇，抒懷自己平生的落魄與不得意的情況。

左思在其他五首，同樣的藉由許多歷史上的人物，用以感懷他一生不順遂的心路歷程，並以古諷今，暗喻當時許多不公平的制度與不良的社會風氣。至於他用詞遣句的文辭技巧及詩中所透露出高貴的人格特質與理想主義的精神蘊涵，使得這八首詠史詩在中國文學史中一直擁有很好的評價。例如他的「振衣千仞岡，濯足萬里流」，只此兩句詩，便已流傳千古，令人傳誦不止。歷代詩評，均對此讚不絕口，足見詠史之作亦受到各界的注重。（註二八）

因此，詠史詩雖自班固起定名使用，但到魏晉左思詠史八首的出現後，開始有了突破性的發展。何焯說：「詠史不過美其事而詠歎之，……太沖多自攄胸臆，乃又其變。」（註二九）他又說：「左太沖詠史詩，題云詠史，其實乃詠懷也。」（註三〇）

詠史詩是在左思的八首〈詠史〉出現後，開始和詠懷有了混淆，其實這兩種是不同類型和主題的詩，它也引起後人的爭議。除了何焯外，近人劉大杰也認爲：「左思則通過許多史事和許多歷史人物的榮枯得失，來抒發自己的懷抱，名爲詠史，實爲詠懷。」（註三一）此外，現今的一些學者，如張嚴、陳貽焮，對此也持同樣的看法。（註三二）

因此，詠史詩至魏晉時期，其在定位上，就不若班固的詠史詩那麼明確。或許如何焯所言，詠史詩於此時開始有正體與變體之分。所謂的變體，就是改變了詠史詩「質勝於文」的本色，變之以「文勝於質」以史抒懷。而後世的詠史詩，不論在形式結構、文辭技巧、主題意識等方面，基本上不出這兩體的範疇。有些作品雖然冠以其他的名稱，如覽古、懷古、古意、述古、擬古等，但是內容仍不脫左思詠史八首所表達的精神與內涵。然而這樣的詩是否即可謂之詠史詩，仍有待進一步的討論。

二、初唐至中唐時期

詠史詩在魏晉時期成熟，但在中唐以前，以詠史爲題的詩，並非十分盛行。很多詩類似謂正體的詠史詩，但卻沒有詠史詩之名，而是放在「懷古」、「覽古」、「古意」等標題下。

大陸學者向以鮮即指出，在南北朝至初唐間，產生一種新興的詩歌題材：懷古詩。他說，所謂懷古詩，就是抒發遊覽名勝古跡時所引起的「思古幽情」。廣義地說，這樣的詩也可歸屬於詠史詩。懷古詩較早的有南朝何遜的「登石頭城」。但眞正形成是在初唐，如李百藥的「郢中懷古」、陳子昂的「登幽州台歌」、劉希夷的「洛川懷古」等。（註三三）除了「懷古」詩外，還有其他一些主題相關，但名稱不同的詩題，如陳子昂以「燕昭王」、「燕太子」、「田光先生」爲主題的幾首詩，題稱卻冠以「覽古」爲題。（註三四）杜甫寫了五首詠史詩，主題是五位歷史人物：庾信、宋玉、王昭君、劉備、諸葛亮，但詩題卻冠以〈詠懷古跡〉。事實上，根據歷史攷證，杜甫本人並不曾親自到過王昭君、庾信這些歷史人物的住處或曾到過的地方，他的〈詠懷古跡〉是精神面的、替代性的，而非實際的在旅遊時對古跡的感懷。（註三五）但從另一個角度來看，這五首詩的歷史記錄價值不如心情感懷之文學價值，也就是說這些詩是「文勝於質」，與「正體」的詠史詩是不太一樣的。

即令杜甫的〈蜀相〉，它被認爲在唐代詠史詩的發展上，具有重大的意義，但就其內容而論，是否能歸類在詠史詩下，還值得斟酌。

丞相祠堂何處尋，錦官城外柏森森。
映階碧草自春色，隔葉黃鸝空好音。
三顧頻煩天下計，兩朝開濟老臣心。
出師未捷身先死，長使英雄淚滿襟。

這首詩是杜甫居於成都草堂時期，訪謁武侯祠所作。一二句自問自答，引入古跡，三四句進而寫祠堂內景色，以烘托弔古淒迷的心境。後四句則進入詠史之心靈底層，將諸葛亮一生由隱而出，終至輔弼蜀漢兩朝事功、抱負，全濃縮在此二十八字中。（註三六）全詩筆力萬鈞，有弔古，有詠史，但詠史的成份較淡，不若懷古的深沉慨嘆。尤其是前四句，與史事無大關聯。此非為所謂「正體」詠史詩的寫作方式。

總之，從六朝到盛唐，詠史詩的作者一般都是以感性的態度，吟詠古人事跡，並把自己的情感投注在古人的身上，「或仰贊其風範而神接千載，或悲弔其遭遇而低迴神傷」。（註三七）抒懷的情感重於歷史的陳述。

至於中唐時期，詠史詩被認為最大的轉變特徵是：議論性的逐漸突出。如柳宗元的〈詠荊軻〉。全詩夾敘夾議，對於荊軻種種作為，大加貶斥，與史書只重鋪陳，少為評論不同。如說燕太子極力滿足荊軻的需求是「窮年徇所欲」，荊軻的啓程是「微言激幽憤，怒目辭燕都」，圖窮匕現，急迫之際是「造端何其銳，臨事竟趦趄」。最後，他的總評是：

始期憂患弭，卒動災禍樞。
秦皇本詐力，事與桓公殊。
奈何效曹子，實謂勇且愚。
世傳故多謬，太史徵無且。

作者可以說在「以詩論史」，所有的史事本事，不為詩的主體，真正的主體在議論。（註三八）

又如詠四皓之詩，盛唐以前，如李白的〈商山四皓〉、李華的〈詠史〉（〈秦滅漢帝興〉一首），對四皓都是採用正面的傳統頌讚手法。但到了中唐，卻有人以議論式的方式，予以另一種的看法，如蔡京的〈責商山四皓〉：

秦末家家思逐鹿，商山四皓獨忘機。
如何鬢髮霜相似，更出深山定是非？

再如韓愈的〈過鴻溝〉，這首描述楚漢相爭的詠史詩：

龍疲虎困割川原，億萬蒼生性命存。
誰勸君王回馬首，眞成一擲賭乾坤。

最後兩句，詩人係以反問的語氣質問，並將劉邦背約，趁項羽引軍東歸時，回頭反擊，認為是乾坤一擊，語法突兀，頗能在剎那之間，發人深思。而這種「剎那之間，發人深思」的筆法，是中唐詠史詩的二大特色：一在「以詩論史」，二在詠史詩的體式轉變。七絕詠史詩在盛唐以前少見，可說是沒有。五古是詠史詩最主要的體式，其次是七古；至於近體，僅有數量極少的五絕、五律，而七絕、七律則幾未曾見。（註三九）

這種在中唐出現議論型的，且體式為七絕的詠史詩，是前人所少有的。然此形體之詠史詩，對晚唐詠史詩的詩風形成，有不少的影響。甚至被認為「如果就中國詠史詩的整體流變來觀察，這可說是

繼左思開創託古詠懷的寫作傳統後，另一次重大的革命性改變。」（註四〇）

三、晚唐時期

詠史詩的大量創作，發生是在晚唐時期。詩人們似乎在「有意」的創作詠史詩。李商隱在他二〇五首七絕中，有四十八首是詠史詩。（註四一）他的量還不算多，因爲到了胡曾時，著有詠史詩三卷。後在《全唐詩》中被合爲一卷，共一百五十首。周曇，著有詠史詩八卷，後被《全唐詩》合爲三卷，共一百九十三首。汪遵則有七言詠史絕句六十一首。僅這三位就寫了四百零四首詠史詩。（註四二）此外還有羅隱的卅首，孫元晏的七十五首等。在《宋史・藝文志》中，也記錄了很多詩人創作的詠史詩。（註四三）

在創作詠史詩時，許多詩人喜歡採用七言絕句的體式。李商隱是比較特別的一位。他有十多首詠史詩是以七律的體式表達；至於胡曾、周曇、汪遵，這些大量製作詠史詩的詩人，則全部採用七言絕句的體式。七絕字數少，容易上口，但是否因爲七絕寫作較七律來得輕鬆與簡易，而致使這些才情不甚高的詩人們採用七絕，則有待進一步的考證。

至於謂晚唐詩人係「有意」的創作詠史詩，如同張政烺所提出的觀點，是相當值得注意的。張政烺以爲，眞正的詠史詩其實不是起於一般認爲的班固，而是晚唐的胡曾。他說：「詠史起于漢魏，文選所登篇什燦爛（卷廿一），自後代有作者，然皆轉相仿效，自具風格，與晚唐諸家體製既殊，運思各異，絕無淵源可言。晚唐詠史之風今可考者創自胡曾。」（註四四）又說：「……可知胡曾詠史旨在評古今得失以裨補當代，非偶然感興而作，乃以議論爲主，詩之工拙又其次。」（註四五）

張政烺看法的重點爲，在胡曾之前，詩人是偶而隨興作幾首詠史詩，但自胡曾之後，詠史詩作家輩出，他們都是有系統的作詠史詩，甚至可以說是有計劃的作詠史詩，如羅隱、汪遵、周曇等均是如此。而晚唐以後，詠史詩可分成二支，一支是胡曾詠史詩一派，有系統的、大量的寫作詠史詩，然後編輯成卷，這一系自晚唐一直延續到清代。另一支則是繼承胡曾以前詩人偶然爲之，或隨興爲之的詠史之作。前者有明顯的脈絡可尋，後者則散見諸家筆記詩集。（註四六）

不論這些看法爲何，可以確定的是，晚唐詠史詩在中國詩歌發展史中，佔有重要的位置，它的繁複多變與獨特的內容、體式，使詠史詩成爲值得探究的主題。

【註　釋】

註一　向以鮮：〈漫談中國的詠史詩〉，《人文雜誌》，第四期（一九八五年），見頁一〇七。

註二　劉若愚(James J. Y. Liu)原著，杜國清中譯：《中國人的文學觀念》，（台北：幼獅文化公司，民國六十六年），頁八二—八三。

註三　同註二，頁八三。

註四　Frankel Hans, *The Flowering Plum and the Palace Lady*, (New Haven: Yale University Press,

1976), p. 104。

註　五　降大任選注、張仁健賞析：《詠史詩注析》，（太原：山西教育出版社，一九九一年），頁四八八—四九〇。

註　六　見儲大泓：《歷代詠史詩選註》，（西安：陝西人民出版社，一九九〇年），頁三。

註　七　同註六，頁一、二。

註　八　施蟄存：《唐詩百話》，（上海：華東師範大學出版社，一九九六年），頁七〇八—七〇九。

註　九　韓惠京：《李商隱詠史詩探微》，（私立中國文化大學中國文學研究所碩士論文，民國七十六年），頁一二。

註一〇　此段分析文字，引用廖振富：《唐代詠史詩之發展與特質》，（台北國立台灣師範大學國文研究所碩士論文，民國七十八年），頁一〇—一一。

註一一　潘志宏：《晚唐三家詠史詩研究》，（國立清華大學中國文學研究所碩士論文，民國八十二年），頁一三。

註一二　許鋼：《詠史詩與中國泛歷史主義》，（台北：水牛出版社，民國八十六年），頁二。

註一三　龔鵬程：《詩史本色與妙悟》，（台北：學生書局，民國八十二年），頁二七一二九。

季明華：《南宋詠史詩研究》，（台北：文津出版社，民國八十六年），頁一四。

註一四　同註一三，見頁二二。

註一五　目前可見收錄此詩的記載，是《文選》的李善注，不過李善只稱『班固歌詩』，不稱『詠史』。而最早收錄此詩的正式選本，是明人馮惟訥的《詩記》，已直接標上『詠史』之題。日本學者吉川幸次郎因此懷疑「詠史」之題是馮氏所加，不過，這個看法，並不被認同。有學者認爲，在鍾嶸《詩品》中，曾兩度稱班固詠史（分見詩品序，及下品卷首），因此即使非班固原題，但其被稱爲「詠史」亦由來已久，不可能至明代才被馮氏加上此一標題。見廖振富：《唐代詠史詩之發展與特質》，（台北國立台灣師範大學國文研究所碩士論文，民國七十五年），頁二六、四○。

註一六　同註一四，頁二七。

註一七　同註一五。

註一八　丁福保：《全漢三國晉南北朝詩》，（台北：藝文出版社，民國五十七年），頁一九。

註一九　何焯：《義門讀書記》，卷四十六，評張景陽詠史條，《景印文淵閣四庫全書》第八六○冊，（台北台灣商務印書館，民國七十二年－七十五年），頁六七○下。

註二○　齊益壽：〈談六朝詠史詩的類型〉，《中華文化復興月刊》，第十卷第四期，（民國六十六年四月），頁九。

註二一　同註一八。

註二二　同註一三，頁二七。

註二三　同註二○，頁十、十一。

註二四　同註二○，頁十。張玉穀在《古詩賞析》說：「太沖詠史，初非呆衍史事，特借史事以詠己之懷抱也。」

張氏顯然認爲左思之前的詠史詩有「呆衍史事」之特點。

註二五　蔡英俊：〈試述詠史詩的發展及其心理背景〉，《文風》，第卅六期，（民國六九年一月一日），頁三十三。但這些論及左思詠史詩寫作技巧的話，作者係引用清張玉穀《古詩賞析》所云：「或先述己意，而以史事證之；或先述史事，而以己意斷之；或止述己意，而史事暗合；或止述史事，而己意默寓。」

註二六　同註二五。

註二七　黃雅歆：《魏晉詠史詩研究》，（國立台灣大學中國文學研究所碩士論文，民國七十九年五月），頁一一三。

註二八　同註二七，頁一二三。

註二九　同一九。

註三〇　同註一九，卷四十六，九—a。

註三一　同註六。

註三二　張嚴：〈論左太沖詠史詩及其人格〉，《文學雜誌》，卷五第一期（一九五八年），頁三五—四五。陳貽焮：〈論李商隱詠史詩和詠物詩〉，《文學雜誌》，第八卷第六期（一九六二年），頁九七—一〇九。

註三三　同註一，頁一〇九。

註三四　陳子昂：《陳子昂集》，（上海：中華書局，一九六二年），頁廿二。

註三五　Frankel Hans, *The Flowering Plum and the Palace Lady*, (New Haven, Yale University Press,

1976), p. 120.

註三六　同註一〇，頁一〇三。

註三七　同註三六，頁一一三。

註三八　同註三六，頁一一四—一一五。

註三九　同註三六，見頁一二三—一二五。作者認爲七絕詠史，在初盛唐時幾未曾見，至中唐時則數量大增，晚唐七絕詠史之蔚爲大國，已肇基於此。

註四〇　同註三六，頁一一三。

註四一　方瑜：〈李商隱的詠史詩〉，《中外文學》，第五卷第十一期（民國六十六年），頁九五。

註四二　同註六，頁五。

註四三　張政烺：〈講史與詠史詩〉，《國立中央研究院歷史語言研究所集刊》，第十冊（民國三十七年），頁六〇一—六四六。

註四四　同註四三。

註四五　同註四三，頁六一八—六一九。

註四六　劉淑芬：〈淺談詠史詩〉，《史繹》，第十二期（民國六十三年），頁五七—五八。

第三章　晚唐詠史詩的時代背景

第一節　晚唐的政治與社會

唐朝（西元六一八－九〇七），這一個有著兩百多年歷史的帝國，在中國文學史上，有著關鍵性的重要地位。其文治武功不僅超越前朝，更是當時世界文明的佼佼者。

研究唐代，基本上多將之分爲四個時期：初唐、盛唐、中唐、晚唐。這樣的分期，應是受到後人在研究唐詩時，根據詩體、內容的變化，而予以的區隔。此種分期最早始於元代的楊士弘《唐音》，到了明代的高棅在其所著的《唐詩品彙》中，正式確立四期的分法。以後各家文學史遂將文宗太和（西元八二七－八三五年）、開成（西元八三六－八四〇年）以後至唐滅亡的這七、八十年間，稱爲晚唐時期。（註一）

晚唐是一個相當特別的時代，是一個曾喧赫一時，燦爛輝煌帝國正逐漸走向衰弱頹敗的時候。一般人民或許身在其中，不會敏感到時代的偃蹇困頓，但是，心性敏銳的詩人，則準確的感受到在這樣憂患深重的時代，不僅襟抱難展，更對國家、社會的頹勢無能爲力，至於對國家的命運與個人的前途，則有著共同的惶惑、不安與感傷。

讓晚唐走向衰頹的主因，最重要的關鍵點是在天寶十四年至廣德元年（西元七五五至七六三年）安祿山之亂。這場戰亂，後代史家認為是唐王朝史中最重大的事件，其把一個集權、富裕、穩定和遼闊的帝國搞成鬥爭不休、財力漸竭、不安全和分裂的國家。（註二）

安祿山之亂，雖經平定，但此後藩鎮割據，外族頻侵，唐朝國勢一蹶不振。其中，晚唐時的宦官橫暴，且握有兵權，造成中國第二次宦官時代，皇帝被宦官和軍閥（藩鎮）隨意處置，如同玩偶；地方政府各據一方，互相征伐，殺人如麻，赤地千里，全國一片蕭條，這使晚唐變成一個大黑暗時代。（註三）

下面，將晚唐這一段時間所發生的國內外大事，用條列方式顯示，以清楚顯示晚唐是處於一種何等混亂與不安的局面。

一、唐文宗太和元年（西元八二七年）：文宗調李同捷為兗海節度使，李同捷據滄州不受命，文宗命諸道討之。

二、唐文宗太和三年（西元八二九年）：西川（成都）節度使杜元穎減削士卒衣糧，士卒飢餒，皆入南詔偷盜，南詔遂大舉攻中國，兵至成都，掠子女數萬人而去。

三、唐文宗太和九年（西元八三五年）：文宗與禮部侍郎同平章事李訓、鳳翔節度使鄭註，密謀誅宦官，事洩，宦官反殺李訓、鄭註及朝廷重要大臣，凡親屬不問親疏皆斬，孩童無遺，妻女不死者，

沒爲官奴，殺數千人，長安血流盈街，橫屍狼藉。坊市惡少年，乘機報仇剽殺。史稱「甘露之變」。

四、唐文宗開成二年(西元八三七年)：河陽(河南孟縣)節度使李泳以賄結宦官得此高官，貪殘不法，兵變，逐之，殺其二子。

五、唐文宗開成五年(西元八四〇年)：文宗卒，宦官仇士良等殺太子李成美，立穎王李炎，是爲武宗，改元會昌。

六、唐武宗會昌元年至五年(西元八四一至八四五年)：回鶻侵入，抄掠不已，後麟州刺史石雄破之。武宗於會昌六年(西元八四六年)卒，宦官密於宮中定策，迎立光王李忱，是爲宣宗，改元大中。

七、唐宣宗大中三年至十三年（西元八四九至八五九年）：這十年間，各節度使不斷發生兵變，如盧龍節度使張仲武卒，子張直方繼任，因殘暴，兵將變，張逃避至長安，軍中立牙將周綝爲節度使。後周綝卒，軍中再立張允伸爲節度使。湖南觀察使康季榮不恤士卒，兵變，逐之。江西兵變，都將毛鶴逐觀察使鄭憲。宣歙兵變，都將康全泰逐觀察使鄭薰等。大中十三年，宣宗卒，遺詔立三子，宦官王宗實廢之，迎立長子，是爲懿宗。這時，浙東民裘甫起兵叛，攻陷象山。

八、唐懿宗於大中十四年（西元八六〇年）改元咸通。

九、咸通二年（西元八六一年），南詔攻陷邕州（廣西南寧），大掠。

十、咸通三年（西元八六二年），武寧（江蘇銅山）兵素驕，小不如意，一夫大呼，其衆和之，節度使自後門逃走。今年兵變，逐節度使溫璋。唐政府命浙東觀察使王式任節度使，用兵圍驕兵，殺數千人。嶺南西道節度使蔡京，為政慘苛，設炮烙之刑，兵變，蔡京逃竄。

十一、咸通十年（西元八六九年），陝虢觀察使崔蕘倨傲，民訴旱，崔指庭樹曰「此尚有葉，何旱之有。」杖之，民遂變，崔逃民舍，渴甚求飲，民灌以尿。

十二、咸通十四年（西元八七三年），懿宗卒，子僖宗嗣位，於翌年改元乾符。

十三、咸通十五年（西元八七四年），亦乾符元年，此時皇室奢侈日甚，用兵不息，賦歛愈急，關東連年水旱，州縣不以實聞，上下相騙，人民或流離或餓死，無所申訴，乃相聚起兵，濮陽王仙芝於今年聚衆數千，起於長垣。

十四、乾符二年（西元八七五年），僖宗年方十四歲，專肆遊戲，任宦官田令孜為神策軍中尉，呼之為阿父，政事悉以委之。狼山鎮遏使王郢有戰功，浙西節度使不給衣糧，王郢申訴，不獲理，遂叛。山東荷澤人黃巢起兵應王仙芝。全國大蝗，自西而東，蔽日，赤地千里，京兆尹楊知至上奏，云蝗入京畿，不食稼禾，皆抱荊棘而死。宰相皆賀。

十五、乾符三年（西元八七六年），原州（甘肅固原）刺史史懷操貪暴，兵變，逃走。王仙芝陷汝州（河南臨汝）、郢州（湖北鍾祥）、蘄州（湖北蘄春），與黃巢分軍為二。

十六、乾符四年（西元八七七年），陝虢、鹽州、河中兵變。王仙芝被招降，隨後復叛。

十七、乾符五年（西元八七八年），湖南兵變，逐觀察使崔璋。大同（山西大同）防禦使段文楚，減軍士衣米，用法嚴苛，沙陀兵馬使李克用執之，令軍士剮而食其肉，自任防禦使。招討使曾元裕大破王仙芝於黃梅，斬之。時黃巢正攻亳州（安徽亳縣），餘衆悉歸之，黃巢遂稱衡天大將軍。

十八、乾符六年（西元八七九年），河東節度使崔季康因兵變，被變兵追入太原殺之。黃巢陷潭州（湖南長沙），攻江陵。荊南(湖北江陵)節度使王鐸留其將劉漢宏守江陵，自率兵奔襄陽，劉漢宏遂叛，大掠江陵，焚燬殆盡，屍首滿路。

十九、西元八八〇年，僖宗改元廣明。黃巢至信州（江西上饒），淮南節度使高駢遣大將軍馬璘擊之，大敗，被殺。高駢懼，乞援兵。僖宗及朝中大臣方倚高駢，由是震驚。黃巢繼續西進，連陷洛陽、潼關。僖宗奔興元（陝西南鄭）。黃巢入長安，稱帝，國號齊。

二十、中和元年至光化三年年(西元八八一年至九〇〇年)，唐帝國因黃巢作亂，全國動蕩不安，藩鎮亦互相吞噬，唯力是視，四處混戰，所至屠殺焚燒，民無孑遺，軍隊行軍不帶糧，載人屍以從，飢則食之，黃河以南，淮河以北，極目千里，無復煙火。僖宗爲宦官田令孜挾持，四處奔亡，光啓四年(西元八八八年)在返回長安時，暴卒。諸宦官立壽王李曄爲帝，是爲昭宗。改元文德。繼改龍紀，再改大順，然後景福、乾寧、光化。光化三年（西元九〇〇年），昭宗因縱酒，喜怒無常，左右人人自危，遂爲宦官囚禁；立太子李裕爲帝。至天祐四年（西元九〇七年），唐哀帝讓位於梁王朱全忠，唐亡。立國二百七十六年。（註四）

從上面所述，可以知道晚唐是一個亂象叢生，民不聊生的時代。朝政大權，主要操縱在宦官的手裡。朝臣與宦官之間相互勾結而又互相欺詐，宦官之間也爾虞我詐，爭權奪利。皇帝則沉溺於聲色犬馬之中，被宦官愚弄甚至控制。宦官權勢的發展造成對朝臣的排擠，而反對宦官的活動失敗，更引起宦官勢焰的增長。「甘露之變」是一個最好的例子。唐文宗太和二年（西元八二八年），劉蕡在應賢良策對時，指陳宦官專橫的弊害：「以褻近五六人，總天下大政，外專陛下之命，內竊陛下之權，威懾朝廷，勢傾海內，群臣莫敢指其狀，天子不得制其心，禍稔蕭牆，奸生帷幄，臣恐曹節、侯覽復生於今日。此宮闈之所以將變也。」（註五）於是文宗想誅除宦官，在太和九年（西元八三五年），與李訓、鄭注合謀，虛傳夜降甘露，謀擊宦官仇士良、魚弘志等，不果，反為宦官所誅，李訓黨千餘人被殺，宰相王涯、賈餘等十一族被誅，造成「流血千間，僵尸萬計」的慘禍。史稱「甘露之變」。「甘露之變」之後，宦官權勢更為囂張，國家大事，全由宦官決定；憲宗、敬宗皆為宦官所殺，穆宗、文宗皆為宦官所立。凡外廷朋黨，也要依附宦官，以爭權勢。宦官的專權，是晚唐政治走向腐敗的一個重要因素。

藩鎮的叛亂在晚唐一直沒停止過。事實上，到了昭宗（西元八八九—九〇三年）時，各藩鎮早在其控制的地區自立為王，「以土地傳付子孫，不稟朝旨，自補官吏，不輸王賦」（註六）。對朝廷以軍事力量相威脅，對百姓則「暴賦暴刑」，予以殘酷的剝削與壓迫。藩鎮之間常為私利彼此攻伐，也與宦官爭奪權力，昭宗利用當時擁有重兵的藩鎮宣武節度使朱全忠殺盡宦官，結果宦官清除後，昭宗也被朱全忠所殺，唐朝隨之滅亡。而百姓處此紛亂的局勢，可謂痛苦難言。

外族的侵擾也是晚唐的亂象之一。吐蕃、南詔、回紇皆有入侵的紀錄，其中又以吐蕃為甚。（註七）文宗太和三年（西元八二九年），南詔嵯巔大舉入寇，攻陷二州，西川節度使杜元穎領兵與其戰邛州南邊，唐軍大敗，邛州亦淪陷。嵯巔引兵直抵成都，攻陷外城。退兵時，將百姓財物大肆擄掠。宣宗大中十三年（西元八五九），南詔王豐祐卒，子世隆繼立，自稱皇帝，改國號為大禮，並派兵攻陷播州。而後十數年間，兩陷交阯，兩寇西川，終因國力疲憊，需要休養，才不再入侵。（註八）

宦官干政，藩鎮跋扈，外族侵擾，使晚唐的國勢日薄西山，但朝廷內的朋黨之爭，更是晚唐知識份子內心之至痛。晚唐的朋黨之爭起於元和初年，李德裕之父李吉甫與李宗閔不和，而後李宗閔汲引牛僧儒，於是各成黨派。兩黨間不僅出身大致有別，政見亦不相同，更甚者有時僅是意氣之爭，於是水火不容，互相排擠。從憲宗元和三年（西元八〇八年）至宣宗大中三年（西元八四九年），四十餘年間，無數的知識份子成為他們爭權奪利的鬥爭中的犧牲者，李商隱、杜牧是最好的例子。唐文宗甚而感嘆：「方今朝士三分之一為朋黨」，「去河北賊易，去朝廷朋黨難。」（註九）

晚唐的政局，在上述的重重內憂外患之下，自然民不聊生；再加上晚唐的土地兼併情況亦日趨嚴重。根據記載，懿宗（西元八六〇—八七三年）時，土地的情況是「富者有連阡之田，貧者無立錐之地。」（註一〇）僖宗時，有人指出，鄠縣的良田，不是被宦官們兼併，就是在加入神策軍軍籍的地主手中。當時的國情，人民的痛苦，可以說已到了難以忍受的地步，許多農民紛紛起義。僖宗時，大規模的流寇之亂發生，其著者，前有王仙芝之亂，歷時三年平定；繼有黃巢之亂，後代史家認為這是歷史上一次空前的大劫，他們到處流竄，裹脅百姓，殺人如麻，蹂躪遍於全國。僖宗廣明元年（西元八八〇）居然攻陷了首都長安，迫使僖宗逃亡興元（陝西南鄭），黃巢自稱大齊皇帝，在長安做了三年的土匪皇帝，倖賴沙陀名將李克用爲唐朝效命，終於擊破了黃巢，收復了長安；又得黃巢降將朱全忠之助，合力追擊，在僖宗中和四年（西元八八四年），消滅了黃巢。這個黃巢之亂，前後整整十年。詎知黃巢方滅，巢黨秦忠權復繼續叛亂，也是到處流竄，屠戮之慘不減於黃巢，又經過六年，秦忠權終爲朱全忠所平。唐朝經過這三大流寇之亂，國家已是滿目瘡痍，氣息奄奄；地方上則群藩割據，支離破碎，成爲一個殘局。（註一一）

第二節　晚唐的詩風

政局的動蕩不安，民生的疾苦流離，大時代的憂患，牽動著每一位知識份子的心。作爲社會的鏡子和人民喉舌的文學，在晚唐也呈現非常特別、非常複雜的局面。詩歌仍然是晚唐時期文學的主要文體。就整體而言，晚唐時期的詩歌成就不若盛唐、中唐。但在某些方面，晚唐詩歌所呈現出的特色，卻非盛唐與中唐所及。

在一般的文學史中，論到晚唐的詩歌，多認爲「流露出綺靡的文風，具有纖巧幽深、險僻冷艷的特色」，李商隱、杜牧、溫庭筠是很好的代表；而在唯美的風尚下，尚有一批隱逸詩人，他們承中唐白居易新樂府的精神，仍表現了寫實和諷諭的特色，爲晚唐的離亂，留下眞實的記錄。（註一二）因此，晚唐的詩歌，一般被歸納成三種類型，一是現實主義詩派，用以反映晚唐社會貧富的差距，以及具實描寫百姓痛苦的生活。聶夷中、皮日休、杜荀鶴等人是很好的代表。二是諷刺統治階層之詩。這類型的詩，其實是與第一種類型的詩有著密切的關係，只是它不僅僅是描寫百姓的苦難與悲哀，它更側重對統治階層的諷刺。曹鄴的〈官倉鼠〉是很出名的代表作；陸龜蒙的〈新沙〉也對貪官橫征暴斂的行徑有無情的諷刺。而在晚唐諷刺詩中，有一些詩把諷刺的鋒芒直指最高的統治者——皇帝，這是其他時代詩歌少有的，曹鄴的〈捕魚謠〉是這一類型詩的代表，貫休、鄭遨也有類似的詩。（註一三）三是抒情唯美詩派。杜牧、李商隱、溫庭筠是出名的代表。其形成的主因，固然是因詩人逃避現實，亦是在於晚唐進士浮華，流連青樓樂妓不以爲怪，於是艷情小詩，杯觥之間的情歌，宮體艷詩再次流行。（註一四）

在這三種類型的詩外，寫景、詠物、詠史也在晚唐詩風中形成特色，佔有一些比重。但是，這一類型的詩，只有詠史詩來得令人印象深刻。事實上，在晚唐流行的各種類型的詩中，詠史詩相當值得重視。詩人們固然在上述三種類型的詩中，有著很出色的成就，但在創作詠史詩方面，也有傲人的成績。最令人注意的是，從初唐就有人創作詠史詩，但眞正有意識的大量創作詠史詩，卻是自晚唐開始。

根據研究，詠史詩在晚唐形成繁盛的局面，其特點有三：

一、是數量多。據粗略統計，唐代詠史詩共有一四四二首，晚唐竟達一〇一四首。甚至還出現了詠史專集，如胡曾詠史詩一五〇首，周曇詠史詩一九五首等。晚唐可稱是詠史詩創作的高峰階段。

下面，列出此張圖表，以看出晚唐詠史詩在晚唐詩中所佔的比重：

時期	作品			作者		
	首數（首）	詠史詩數（首）	詠史詩比重（%）	總數（人）	詠史作者數（人）	詠史作者比重（%）
初唐	2757	52	1.9	270	20	7.4
盛唐	6341	147	2.3	274	30	10.9
中唐	19020	229	1.2	578	68	11.8
晚唐	14744	1014	6.9	441	95	21.5

從這圖表中顯現，晚唐詠史詩佔全唐詠史詩總數的百分之七十；唐代有詠史詩傳於今日的詩人共二一三人，晚唐則有九十五人之多，佔作者總數的百分之四五。（註一五）

二、是詩人陣容的強大。詩人群中，有古今稱道的許渾、李商隱、溫庭筠，也有中國文學史中常提及的皮日休、陸龜蒙、羅隱、韓偓、司空圖、韋莊，更有一生致力於詠史詩創作，但鮮少爲研究者注意的胡曾、周曇、汪遵等詩人。這些詩人的力作，使晚唐詠史詩蔚爲大觀。

三、是風格與藝術形式的多樣化。晚唐詠史詩中，有寓意深遠，文辭豪宕流麗者，也有通俗易懂，言語淺近，直陳史事者；體裁最多爲七絕，其次是七律、五古等詩歌形式。這樣風格與藝術形式的多樣化，晚唐以前少有。（註一六）

在這三個特點之外，晚唐詠史詩還有一個特色，那就是取材的範圍廣闊，包含了自上古到唐代衆多的歷史人物與事件。從傳說中的軒轅黃帝到唐玄宗；從諸葛亮到郭子儀；從息夫人到楊貴妃；從伯夷、叔齊到陶淵明；從西施到王昭君……。君王、重臣、英雄豪傑、隱者高人、才士名媛，一一囊括其中；「群雄紛爭，君臣際會，成敗興衰，功過是非，歷歷呑吐於筆下，充分展示了詠史詩成熟期涵容古今的氣魄與能力。」（註一七）

晚唐詠史詩人的取材範圍雖廣闊，但在運思方面，卻與前人有著全然不同的特點。那就是悲劇性的歷史人物和事件第一次被大量地集中地吟詠唱嘆。（註一八）

大陸學者王紅指出，晚唐詠史詩人「注意最多的已不是魏晉以來前輩詩人屢屢讚美的理想人物，如三良、荊軻、魯仲連、張良、蜀四賢(司馬相如、揚雄、王褒、嚴君平)、漢二疏（疏廣、疏受）、王濬、謝安等，而將注意力更多地轉向雖不乏英雄業績但以失敗告終的末路英雄；高才遠志卻終身偃蹇的憔悴文士；以色事人、結局淒慘的薄命女子。如項羽、韓信、屈原、賈誼、王昭君、綠珠、楊貴妃等。他們很少贊頌開國君主的赫赫功業、清平治世的炎炎盛況，憂慮的目光更多投射到燈焰昏昏的衰世，於前代的覆亡中搜尋無情的歷史教訓。（這類題材的作品比前一類數量更多）吳王夫差荒淫失國；南朝帝王相繼敗亡；隋煬帝龍舟東去，亡國殞身；唐代安史之亂引發的興衰巨變，都是他們反覆詠嘆的內容。」（註一九）

將這些題材采入詩中並不自晚唐始，初唐宋之問〈息夫人〉、盛唐王維〈李陵詠〉、李白〈蘇台覽古〉與〈越中覽古〉等都取材于歷史上的悲劇人物或盛衰興亡的史實，但只有到了晚唐，如王紅所言，悲劇性的歷史人物和事件才第一次被大量地集中地吟詠唱嘆。

這樣的吟嘆悲劇歷來悲劇人物和事件的詠史詩風，是晚唐詩壇的一大特色。而所以形成之主要原因，應與晚唐的時代背景存有密切的關係。李商隱〈詠史〉一詩，最能深切的證明：

歷覽前賢國與家，成由勤儉破由奢。
何須琥珀方爲枕，豈待珍珠始是車？
運去不逢青海馬，力窮難拔蜀山蛇。
幾人曾預南薰曲，終古蒼梧哭翠華。

這首詩，朱鶴齡認爲「全是故君之悲，托於詠史。」（註二〇）李商隱於文宗時登第，文宗恭儉成性，衣必三澣，勵精圖治，但最後受制家奴，終至亡國而死。（註二一）李商隱慨嘆不已，以此爲例，表達出他對歷史與亡成敗的看法。

時代的憂患，震撼著晚唐詩人敏銳又多感的心靈；而面對江河日下的時局，卻又有著無力回天的憾恨，同時還有對個人前途的惶惑與感傷，人生理想的破滅與失望，使得晚唐詩風瀰漫著淒絕頹靡的美感。與盛唐詩人的明朗昂奮，中唐詩人猶有對「中興」期盼的詩風比較，晚唐詩人無可奈何的悲劇心態，就充份的展現在詠史詩中了！

第三節　晚唐詠史詩興盛之原因

綜而言之，受到時代環境的影響，晚唐文學呈現多元取向。其中，詠史詩是衆多類型中相當特殊的一類。它的興盛，突顯出詩人對歷史的重視，更觀照出對時代的關切，不論是以史論今，或是以古證今，或是以古諷今，或是以古嘆今，古今的時空距離，在詠史詩的吟詠中，益發短縮。這樣的文學效果，也只有在晚唐這樣特殊的時代環境中，才得以醞釀出來。

因此，探究晚唐詠史詩何以特別興盛，時代的憂患是最重要的因素之一。它震撼著詩人們敏感的內心世界，卻又受限於威權的統治，不敢也不能公開議論時政，要發抒心中的鬱悶，選擇「歷史」這特殊對象而沈吟其中，是很好的管道。

晚唐詠史詩的興盛，曾有學者分析指出，第一是因爲前人奠定了基礎；第二是與中華民族特有的歷史觀有關；第三是文學與歷史的關係向來密切；第四才是與當時的社會環境、政治形勢有關。（註二二）詠史詩的興起，固然源遠流長，其源頭甚至可溯自《詩經》，但爲何大盛於晚唐？國勢江河日下，民生特別蹇困的時代應是最大的原因，因為前三個原因在任何時代都有這樣的情況，不足以造成大盛的主因。也只有在特別的時代，才能解釋為何杜牧詩作二三五首，其中歌詠古人、歷史事件的詩歌就有近卅首；李商隱的詠史詩則約有八十餘首。只有借用對歷史人物、歷史事件的臧否，才能抒發他們對時代的感慨；並借由覆轍來警誡當今；而從歷史的變遷中，參悟人生的哲理，進而對所處的苦難時代多一些寬容和釋懷。詠史詩的創作，不僅給詩人的心靈帶來在亂世中的平靜，同時還可以避免因文字的不慎而賈禍。晚唐詠史詩的興盛，不是沒有原因的。

晚唐詠史詩興盛的另一個重要主因，亦可從詩體的發展來看。就唐詩本身的發展而言，邊塞詩、田園詩、戰爭詩，乃至社會寫實詩，早於晚唐之前，已發展至高峰期，欲想突破，實非易事，而詠史詩自中唐起，正邁向鉅大的轉變期，但變革初起，成效未著，晚唐正承此新方向大力拓展。廖振富就指出：「如果說中唐是我國詠史詩另一次重大變革的開始，晚唐則是此一變革的初步完成，並直啓宋代詠史詩的發展方向。」（註二三）不論廖振富的說法是否正確，但可以確定的是，晚唐詠史詩的確開創詠史詩的新局面，詠史詩發展至晚唐，不論在質或量上，都有承先啓後的指標意義，在唐詩衆多的詩體中，獨樹一幟，擁有自己的風格與特色，後代的詠史詩，難再超越。

【註　釋】

註　一　此段參考潘志宏：《晚唐三家詠史詩研究》，（國立清華大學中文所碩士論文），頁十四；潘志宏並舉游國恩等編《中國文學史》，葉慶炳《中國文學史》，李曰剛《中國文學流變史．詩歌篇》，劉開揚《唐詩通》等書，作者分別將晚唐年代定爲西元八三六－一九〇六，八二七－一九〇六，八二五－一九〇七，八二五－一九〇七，這段時期皆大致在文宗期。在尚作恩、李孝堂、吳紹禮、郭清津編著：《晚唐詩譯釋》，（哈爾濱：黑龍江人民出版社，一九九七年）這本書中，作者於前言中就直接表示：「從文宗太和、開成以後至唐滅亡的七八十年間，文學史上稱爲晚唐時期。」

註二　見崔瑞德編：《劍橋中國隋唐史》，（北京：中國社會科學出版社，一九九〇年），頁四六二。

註三　柏楊：《中國歷史年表》（下冊），（台北：星光出版社，民國六十九年），頁七九一。

註四　註三，頁八〇〇－八三六。

註五　《舊唐書》卷一百九十下，列傳第一百四十下，劉蕡傳，（台北：台灣商務印書館，民國七十年）。

註六　《舊唐書》卷一百四十二，列傳第九十二，李寶臣傳，（台北：台灣商務印書館，民國七十年）。

註七　見《通鑑紀事本末》卷三十二回〈吐蕃入寇〉、〈吐蕃叛盟〉、卷三十六〈回鶻叛服〉、〈蠻導南詔入寇〉，（台北：台灣商務印書館，民國七十九年）。

註八　同註一，頁十五至十六。

註九　此段參考註一，頁十六；以及陳致平：《中國通史》㈣，（台北：黎明文化出版公司，民國七十七年），頁三四九。

註一〇　《舊唐書》卷十九上，懿宗紀，（台北：台灣商務印書館，民國七十年）。

註一一　本段參考陳致平：《中國通史》㈣，頁十二。

註一二　參見王忠林、邱燮友、左松超、黃錦鋐、皮述民、傅錫壬、金榮華、應裕康合著：《增訂中國文學史初稿》，（台北：福記文化圖書有限公司，民國八十四年），頁五三九。

註一三　此段參考尙作恩：《晚唐詩譯釋》，（哈爾濱：黑龍江人民出版社，一九八七年），頁四、五、六。曹鄴〈官倉鼠〉：「官倉老鼠大如斗，見人開倉亦不走；健兒無糧百姓飢，誰遣朝朝入君口。」陸龜蒙〈新沙〉：「渤澥聲中漲小堤，官家知後海鷗知；蓬萊有路教人到，亦應年年稅紫芝。」曹鄴〈捕魚謠〉：「天子好征戰，百姓不種桑；天子好年少，無人荐馮唐；天子好美女，夫婦不成雙。」

註一四　同註一二，頁五三九。

註一五　王紅：〈試論晚唐詠史詩的悲劇審美特徵〉，（《陝西師大學報（哲學社會科學版）》，第三期（一九八九年），頁八三。作者於文中注釋指出，此圖表中之作品與作者總數，係採用林庚：〈盛唐氣象〉，（北京《北京大學學報》，第二期，一九五八年）一文中的統計數字。

註一六　梁祖苹：〈晚唐詠史詩繁盛原因初探〉，（銀川《寧夏教育學院．銀川師專學報（社會科學）》，第二期，（一九九六年），頁三八。

註一七　同註一五，頁八四。

註一八　同註一五，頁八四。

註一九　同註一五，頁八四。

註二〇　李商隱著．馮浩箋注：《玉谿生詩集箋注》（上），（上海：上海古籍出版社，一九七九年十月），頁一四八。

註二一　同註二〇。

註二二　同註一六。作者探究晚唐詠史詩繁盛原因，首先是認爲前人奠定了基礎；第二是與中華民族特有的歷史觀有關；第三是因爲文學與歷史的關係密切；第四個原因才是由於受晚唐當時的社會環境與政治形勢有關。

註二三　廖振富：《唐代詠史詩之發展與特質》，（國立台灣師範大學國文研究所碩士論文，民國七十八年），頁一五三。

第四章　晚唐詠史詩的內涵與特徵

詩至晚唐，一般皆以爲是「夕陽無限好，只是近黃昏」（註一），漸漸走向沒落，但詠史詩卻進入空前的繁盛。著名的詩家，以杜牧、李商隱、溫庭筠，最爲後人稱道；其次，如羅隱、唐彥謙、吳融、徐夤等詩人，也努力於詠史詩的創作。此外，如前所述，尚有胡曾、汪遵、周曇、孫元晏等人，專門且大量的，也可以說是有計劃的製作詠史詩，在一千零一十四首的晚唐詠史詩中，形成與其他詩人迥然不同的風格與特色。

大致而言，研究晚唐詠史詩者，多以杜牧、李商隱、溫庭筠等人爲主要研究對象，至於胡曾等窮一生之力創作詠史詩的詩人，常常只是一語帶過，認爲他們的詩篇「一覽便盡，開口見喉」（註二），不值得做進一步的研究。事實上，歷來論詩者，對於胡曾等人的詩，亦幾無好評；對胡曾與李商隱兩人詠史詩的文學成就，幾乎是兩種極端的評價。如紀昀評李商隱〈北齊〉詩（一笑相傾國便亡，何勞荊棘始堪傷？小憐玉體橫陳夜，已報周師入晉陽）云：「議論以指點出之，神韻自遠；若但議論而乏神韻，則胡曾詠史，僅有名論矣。詩固有理足意正而不佳者。」（註三）而對李商隱〈四皓廟〉（本爲留侯慕赤松，漢庭方識紫芝翁；蕭何只解追韓信，豈得虛當第一功？）的批評則是：「酷似胡曾詠史詩，義山何以有此？」（註四）可見他對胡曾詠史詩評價之低。後人甚至認爲詠史詩的寫作固有巧妙與庸俗之別，但「再等而下之，便是胡曾、周曇等人的通俗詠史詩，只能算是套用詩的外貌，所編寫的歷史教材罷了」。（註五）

這兩種截然不同的評價，看似與詩人的創作技巧和才氣有關，事實上，這與對正統文學的傳統認知有關。以詠史詩爲例，有學者就認爲是否具有文學的特質爲其藝術上成敗的關鍵：「由於篇幅短小，難以展衍敘寫，淋漓抒慨。但詠史詩因事興感，撫事寄慨的特點又使它不能離開必要的敘事描寫和抒情議論。爲克服這一矛盾，集中概括和典型化便成詠史短章藝術上成敗的關鍵。」（註六）所謂集中概括是指，既爲詠史詩，自不能脫離史的確實可信，又不能沒有詩的想像的美感空間，因而在歷史眞實與藝術眞實間，必須要做一妥善的處理，諸如「一是根據詩的主旨剪裁史實，安排敘述的主次詳略，避免雷同本傳；二是加強文采，避免班固詠史詩式的質木無文；三是在立意上出新，力求表達對歷史人事的獨特見解，甚至作翻案文章。」（註七）而在這三點中，文采的注重與表現的淋漓盡致，最爲重要。學者們甚至認爲「詠史詩要從史跨進詩中，借重文采恐怕是最值得注意的」，唯有如此—「變對歷史人事單純的邏輯思考爲藝術思維，爲審美的感受與表現」（劉學鍇語）才有可能，而這也才是詩。（註八）

因此，晚唐詠史詩就其內涵與特色來看，可以分成兩大類型來探討，一種類型是以杜牧、李商隱、溫庭筠等人爲主的詠史詩。他們用純文人或是純文學的角度來詠史，以史懷古、託古諷今是他們詠史詩最大的特色，內心的感興，文采的豐盛，用典的準確，使他們的詠史詩呈現多樣化的面貌，在詩的藝術國度中佔有一席之地，成爲後人研究詠史詩的主要對象。另一種類型是以胡曾、周曇、汪遵、孫元晏等人的詠史詩爲主。他們的詠史詩，用意是在演述史事，評論是非，進呈御覽，供人採擇，完全是著眼在「前王得失，古今短長」，並不著重內心的感興，也非借史事抒發渲洩自己的感情(註九)，可說是一種純技術性的製作，因而典型化是其最主要特徵。

第一節　抒懷型的詠史詩之研究

探究詠史詩的文學性，可從詩人的史識、詩才、藝術構思等方面來評看。晚唐詩人在其中的佼佼者，自然以杜牧、李商隱爲首，溫庭筠、許渾等人次之。這一類型的詩人，如前所述，其詠史作品是以歌詠歷史，抒發感情爲主，其中歷史部分僅作襯托或藉以詠懷、議論之用。綜而言之，可稱爲抒懷型詠史詩。這是一個概括性的名稱，並不能眞正統攝涵括屬於這一類雅正文學型的詩人作品之特色，其目的是在與屬於另一類型的敘事型詠史詩人有一區隔。由於抒懷型詠史詩的代表詩人杜牧、李商隱等，歷來研究者甚多，本節只對他們作概略性的介紹，用以比對第二種類型的詩人，如胡曾、汪遵、周曇等。

一、杜牧詠史詩

杜牧是晚唐詩人的佼佼者。在他現存四百餘首詩中，僅有廿餘首爲詠史詩。但這廿餘首詠史詩，不論在內涵與體式上，都對晚唐的詠史詩有著開創與奠基的貢獻。

所謂開創，是指詠史詩自發展以來，理性重於感性，常易流於枯直，韻味不足，且缺乏獨特見解，袁枚的評論是：「讀史詩無新義，便成《廿一史彈詞》。雖著議論，無雋永之味，又似史讚一派，俱非詩也。」（註一〇）但是杜牧卻能憑藉著他藝術才華，與對史事的精熟和獨特的見解，給予了詠史詩一個新的內涵境界，豐富了詠史詩的生命。後人甚至將這一類型的詠史詩，謂之爲「議論型詠史詩」，而杜牧則是此一類型詠史詩的開創者。且由於杜牧詠史詩體制多七絕，使得所謂的「論史七絕」，成爲晚唐詠史詩的主要格式，日後也成爲詠史詩的特有格式；故有論者以爲「其論史七絕，更有體裁上發凡起創之功。」（註一一）

杜牧（唐貞元十九年至大中四年，西元八〇三—八五二），字牧之，陝西西安人，出身高門士族，祖父杜佑曾做過德宗、順宗、憲宗三朝宰相，也是著名的史學家，著有《通典》一書，記載我國歷代的典章制度。在這樣的家世背景下成長的杜牧，對自己有很高的期許。《新唐書》稱他：「剛直有奇節，不爲齷齪小謹，敢論列大事，指陳病利尤切至。」「通古今，善處成敗。」（註一二）雖然家世顯貴，杜牧一生仕途卻並不順利，再加上他所處的時代，正值唐朝國勢江河日下之際，他經歷了德、順、憲、穆、敬、文、武、宣八代。這些時期，唐朝內憂外患交加，杜牧關心時事，同情老百姓流離困頓的生活，期待能盡一己之力改善朝政。於是他議論國事，指斥時政。由於熟讀史書，且能明辨思考，因此，杜牧在詩文中，最擅於總結歷史上的經驗教訓，影射現實。尤其是他的詠史詩，常發人所未思，對歷史上的人與事，有著不同的解說與議論，不流於一般舊說。也正由於杜牧特別的歷史觀點與高超的寫作技法，使得他的詠史詩有著深刻的思想內容和文學價值。

以下列三首詠史詩為例，可以了解杜牧詠史詩何以不同於一般枯直逕露的作品，使他成為晚唐詠史詩詩人中的佼佼者。

㈠〈赤壁〉

折戟沈沙鐵未消，自將磨洗認前朝。
東風不與周郎便，銅雀春深鎖二喬。

㈡〈題烏江亭〉

勝敗兵家事不期，包羞忍恥是男兒。
江東子弟多才俊，捲土重來未可知。

㈢〈題商山四皓廟一絕〉

呂氏強梁嗣子柔，我於天性豈恩讎。
南軍不袒左邊袖，四老安劉是滅劉。

這三首詩的特點，在於最後二句，杜牧以假想式的翻案手法，使得原本平鋪直敘式的史論之詩，有了回想的空間，文學的趣味性也因此彰顯出來，讓人讀畢，回味無窮，並對歷史人事有更深一層的思考。

再以杜牧的〈題桃花夫人廟〉爲例，他是以如此的觀點來看春秋時代的息夫人：

細腰宮裡露桃新，脈脈無言幾度春。
至竟息亡緣底事，可憐金谷墜樓人。

根據史書記載，楚文王因爲喜歡息嬀的美貌，遂滅息，擄息嬀歸。（註一三）在這首詩中，杜牧並不如傳統看法，認爲息嬀值得同情，像初唐詩人王維的〈息夫人〉：「莫以今時寵，能忘舊日恩。看花滿眼淚，不共楚王言。」對息嬀充滿了憐憫與同情；反之，杜牧站在譴責的角度，認爲她應像綠珠一樣殉死。杜牧則沒有直接的責難，而是以綠珠的死來暗示和反襯。姑且不論杜牧的觀點是不是過於嚴苛，或是有著傳統男人本位主義的名教觀，但他能從冷靜的評論角度來創作，已不同於傳統詠史詩人以感性取代理性的寫作方式，或是以詠贊、感嘆爲詠史基調；他在創作詠史詩過程中的求新求變，終使他在唐代眾多的詠史詩人中脫穎而出，顯示了他自己的特色。

清吳喬《圍爐詩話》：「古人詠史，但敘事而不出己意，則史也，非詩也。出己意發議論，而斧鑿錚錚，又落宋人之病。如牧之〈息嬀詩〉……〈赤壁詩〉……用意隱然，最爲得體。」（註一四）杜牧詠史詩的確在史論與文學中得取一種絕美的平衡；其以精熟的歷史涵養，加上豐沛的文學聯想、類比技巧，終使七絕詠史詩成爲晚唐詠史詩的主流，乃至蔚爲後代歷久不衰之風尙。

二、李商隱詠史詩

繼杜牧之後，李商隱（唐元和八年至大中十年，西元八一三—八五六）的詠史詩更以量多質精，在晚唐詠史詩人中，有著領袖群倫的氣勢。廖振富就指出：「李商隱的詠史詩，無論質或量，不但在晚唐首屈一指，環視唐代詠史詩諸名家，他也是屬一屬二的佼佼者。如果說李白是五古詠史詩在唐代的最後高峰，杜甫是七律詠史懷古的開創啓蒙者，那麼，李商隱則可稱爲近體詠史詩的巨擘。」（註一五）

李商隱的詠史詩有六十餘首，以七絕爲主，約四十餘首，七律約十餘首，另有五律五首。在晚唐詩人中，他算是對詠史詩創作著力最多者。所謂著力，不是指他如胡曾、周曇等人是在有意的情況下，大批的製作詠史詩；而是指他以絕對的詩才、詩情、史識，將詠史詩推入新的境界，如劉學鍇所言，將詠史詩由「史」跨入了「詩」的藝術範疇，使詠史詩在衆多的詩類中，終能自成一格，爲後人重視。

歷來研究李商隱詠史詩的學者很多，一般都給予相當高的評價。如有人說：「他是第一位專注於以七絕、七律創作詠史詩的詩人。尤其詠史七絕，繼杜牧之後，大力拓展，多數具有『寄託深而措辭婉』的特質，立意新警，情韻悠長，每能小中見大、託興深微；情感內涵與藝術造詣皆耐人品味，大

有可觀，可說是我國詠史詩園地中的一大瑰寶，更直接對其後詠史七絕的風行，起推波助瀾之功，影響深遠。」（註一六）

但說得最具體，也最能發人所未發的，應屬大陸學者劉學鍇。首先，他肯定李商隱詠史詩在晚唐詠史名家中，達到了這一文體的藝術高峰，而且是後人從總體上未能逾越的高度。主要原因在於他的詠史詩中有著強烈的諷時性。其六十多首詠史詩，或鑒戒，或借喻，或託諷，方式不同，但指向均在於「今」字。這一突出的特徵，使他的詠史詩具有鮮明的現實感、時代感。他說，詠史詩所歌詠的是已經逝去的歷史人事，如果詩人在創作過程中沒有注入當代人對歷史人事的感受與認識，歷史人事便是冰涼的軀殼，引不起人們對它的興趣；因此如何使詠史詩具有現實感、時代感，乃是詠史詩藝術生命與魅力所在的重要保證，也是詠史詩發展過程中必須解決的關鍵問題。他以李商隱的〈賈生〉爲例，借歌詠宣室夜召，前席問鬼之事翻出新意，將諷刺的矛頭指向「不問蒼生問鬼神」的唐代統治者；〈四皓廟〉則借對「蕭何功第一」的異議，表達了對武宗、李德裕君臣未能定儲的遺憾。陳舊的題材，由於注入了政治現實內涵，而獲得新鮮感與時代氣息。對比之下，胡曾《詠史詩》中的〈四皓廟〉便顯得非常浮泛，可以不作了。（註一七）

劉學鍇並指出李商隱詠史詩另一個重要特徵，就是具有較高的概括性與典型性。他認爲詠史詩要成爲眞正的藝術，必須正確的處理歷史眞實與藝術眞實的關係，如何在短小的七絕中，展衍敘寫，淋漓抒慨，是詠史詩成敗的關鍵。李商隱爲此作了多方面的成功嘗試，一是用假想推設之辭突破史實拘限，更深刻地揭示諷刺對象的本質與靈魂。二是將兩件本不相接之事，略去時間距離，使其緊相組接，以突出歷史現象的前因後果。三是抓住具有典型意義的細節或微物來表達深刻的政治主題。四是在史實或傳說的基礎上加以生發，創造出帶有虛構色彩的場景。五是深入開掘歷史現象的某一本質方面，融鑄多方面的生活內容，使之具有更高的概括性與典型性。下列的句子就是很好的例子：「夜半宴歸宮漏永，薛王沉醉壽王醒」、「梁台歌管三更罷，猶自風搖九子鈴」、「晉陽已陷休回顧，更請君王獵一圍」、「可憐夜半虛前席，不問蒼生問鬼神」、「春風舉國裁宮錦，半作障泥半作帆」等。（註一八）

此外，濃郁的抒情色彩和深長的情韻，是李商隱詠史詩的第三個重要特徵。劉學鍇認爲，寓議論諷刺於經過精心提煉融鑄的典型場景、情節之中，不著議論，不下針砭，有案無斷，具文見意，這是李商隱詠史詩運用的最得心應手的一種手段。即使有議論，他還是與抒情融合起來。而爲了加強詠史詩的詠嘆情調，李商隱往往借助抒慨、設問、反問等方式在篇末將全詩意蘊凝聚起來，顯得既奇警遒勁而又韻味深長。如「未知歌舞能多少，虛減宮廚爲細腰」、「三百年間同曉夢，鍾山何處有龍蟠」、「八駿日行三萬里，穆王何事不重來」、「地下若逢陳後主，豈宜重問後庭花」、「如何四紀爲天子，不及盧家有莫愁」等句，議論以感慨語、問語出之，不僅增搖曳之致，跌宕之姿，而且正意內含，筆鋒不露，平添了耐人涵泳的情韻。而這正是詠史詩要從「史」進入「詩」的領域的基本關鍵。（註一九）

總之，劉學鍇認爲，李商隱詠史詩能全面集中的體現出諷時性、典型性、抒情性，而這正是李商隱詠史詩對古代詠史詩的發展作出的最重要貢獻。

李商隱詠史詩的主要內容，一般可歸納爲對帝王失政敗德的指責、對英雄或失志才士的追念（註二〇）。這樣的內容，不僅是因晚唐大時代環境使然，也與李商隱一生境遇相關。李商隱早年喪父，中年亡妻，雖有文才，然兩次貢舉，均名落孫山，後由令狐楚的兒子令狐綯的推荐，才登進士第。他生活在宦官專政，藩鎭割據，朋黨鬥爭激烈的時代，牛李兩黨互相傾軋「垂四十年」。唐文宗曾感慨的說：「去河北賊非難，去此朋黨實難。」李商隱在仕途功名上得到牛黨的引薦，但後來又投李黨的王茂元，並與其女成婚。令狐綯說他「背恩」，有人責備他「詭薄無行」，從此陷入當時影響極大的牛李黨爭之中。他雖然向令狐綯「屢次陳情」，但終不能得到諒解，故坎坷終身。（註二一）這樣的背景環境，李商隱詠史，其實是詠時與嘆己，在經由歷史事件的回顧與反省中，使其感時悲己的情懷得以抒解。

在李商隱六十餘首的詠史詩中，最能代表他的歷史觀的一首是題名爲〈詠史〉的七律：

歷覽前賢國與家，成由勤儉破由奢。
何須琥珀方爲枕，豈待珍珠始是車？
運去不逢青海馬，力窮難拔蜀山蛇。
幾人曾預南薰曲，終古蒼梧哭翠華。

在這首詩中，朱鶴齡認爲「全是故君之悲，托於詠史」。（註二二）李商隱於文宗時登第，文宗恭儉成性，衣必三澣，勵精圖治，去奢從儉，並無琥珀珠車之奢事，但文宗之所以振興失敗，李商隱認爲是「運去」、「力窮」，且無英雄相助，終受制家奴，業未成而死去，故作此詩而悲之。（註二三）雖是托古悲時之作，但李商隱在此詩中很清楚的表達出他對歷代興亡的看法，成由儉，敗由奢，這樣的歷史觀，在他的詠史諸詩中，不斷的展現。試看他詠史詩中，以詠本朝玄宗、貴妃事跡，以及南北朝和隋代亡國君主的作品最多，幾近卅首，在義山六十餘首詠史詩中，所佔的比例十分驚人。（註二四）這些君主，荒淫無道、縱情聲色、佚遊無度。李商隱借詩諷刺的悲痛之心，顯露無遺。

李商隱詠史詩中，七絕多於七律，但就整體的藝術成就而言，七律的成績高於七絕。清人沈德潛說義山七律詠史是：「得杜陵一體」（註二五），這個評價是相當好的。但他常自闢蹊徑，別出心裁，情韻纏綿悠揚，與老杜的的沈著厚重大不相同。如他的〈籌筆驛〉固然有老杜的詩風：

猿鳥猶疑畏簡書，風雲常爲護儲胥。
徒令上將揮神筆，終見降王走傳車。
管樂有才眞不忝，關張無命欲何如？
他年錦里經祠廟，梁甫吟成恨有餘。

但在〈隋宮〉一詩中，就完全顯示出自己高妙的才情：

紫泉宮殿鎖煙霞，欲取蕪城作帝家。
玉璽不緣歸日角，錦帆應是到天涯。

於今腐草無螢火，終古垂楊有暮鴉。
地下若逢陳後主，豈宜重問後庭花。

廖振富曾歸納義山七律詠史詩最高妙處，是在結尾時常有獨到的妙筆。其慣用手法有二：一是以冷筆諷刺作收，除〈隋宮〉的「地下若逢陳後主，豈宜重問後庭花」、〈茂陵〉的「誰料蘇卿老歸國，茂陵松柏雨蕭蕭」外，其他如「當關不報侵晨客，新得佳人字莫愁」〈富平少侯〉、「滿宮學士皆顏色，江令當年只費才」〈南朝〉、「昭陽第一傾城客，不踏金蓮不肯來」〈隋宮守歲〉等，都是類似的手法。二是弔古傷今之作，結語每傾向空闊蒼莽之境，餘恨無窮而感慨極深，如「迴頭一弔箕山客，始信逃堯不為名」〈覽古〉、「天荒地變心雖折，若比傷春意未多」〈曲江〉、「他年錦里經祠廟，梁甫吟成恨有餘」〈籌筆驛〉等，莫不皆然。其言甚是。（註二六）

李商隱的詠史七律，文采與史識俱佳，而詠史七絕，則有譽有毀，而譽多毀少，比起溫庭筠的詠史七絕，李商隱絕對是凌駕超越，而在晚唐隨後興盛的大量詠史七絕，李商隱更是居於領導地位，且有發凡起微的開創功勞。

李商隱詠史七絕最為後人所稱道的是：「以議論驅駕書卷而神韻不乏」。（註二七）這個「神韻不乏」，成為後人評論詠史詩優劣的一個標準。像他的〈齊宮詞〉：

永壽兵來夜不扃，金蓮無復印中庭。
梁臺歌館三更罷，猶自風搖九子鈴。

紀昀評之爲：「意只尋常，妙從小寄慨，倍覺唱嘆有情。」（註二八）一首詩能唱嘆有情，就代表它是神韻不乏。李商隱其他的七絕詠史，或感慨，或譏刺，或諷喻，四句之中，往往多層轉折，委婉含蓄，令人讀之意趣雋永，託興深微。如〈龍池〉、〈驪山有感〉、〈夢澤〉、〈漢宮詞〉、〈過楚宮〉等。但亦有些七絕詠史，枯淡無奇，意境無特出之處，如前所提及〈四皓廟〉，紀昀認爲酷似胡曾的詠史詩，義山何以有此詩作？至於〈王昭君〉：「毛延壽畫欲通神，忍爲黃金不爲人。馬上琵琶行萬里，漢宮長有隔生春。」這位歷來被許多人歌詠的美女，在李商隱的筆下，毫不突出。又如〈馬嵬〉：「冀馬燕犀動地來，自埋紅粉自成灰。君王若道能傾國，玉輦何由過馬嵬。」此首與義山另一首七律的〈馬嵬〉：「海外徒聞更九州，他生未卜此生休。空聞虎旅鳴宵柝，無復雞人報曉籌。此日六軍同駐馬，當時七夕笑牽牛。如何四紀爲天子，不及盧家有莫愁。」二者的文采與韻味，不可以道理計。顯然七絕詠史詩的寫作技巧應難於七律。以李商隱這位天才型的詩人來說，其在七絕詠史詩的作品中，品質良莠不齊，無法與七律整齊的品質相比，這已不是才情與識見的問題，而是七絕詠史詩的創作，應有一定的格局局限與盲點。

三、溫庭筠詠史詩

義山詠史七律勝於七絕，這樣的情形也同樣出現在溫庭筠（唐元和七年至咸通十一年，西元八一二—八七〇）的詠史詩中。

溫庭筠的詠史詩，一般爲人所稱道者，是數首七律與樂府體的詠史詩。前者如〈過陳琳墓〉、〈蘇武廟〉、〈經五丈原〉等，均可謂傑作，但其內容，嚴格的來說，弔古的意味與成份多於詠史。試看〈過陳琳墓〉：

曾於青史見遺文，今日飄蓬過此墳。
詞客有靈應識我，霸才無主始憐君。
石麟埋沒藏春草，銅雀荒涼對暮雲。
莫怪臨風倍惆悵，欲將書劍學從軍。

這首詩，悲涼寥落，神韻無盡，跳脫了一般詠史詩的枯直無文，溫庭筠不僅弔古，同時自傷。但詩中有「我」，不是純然客觀的詠史或論史。

至於〈蘇武廟〉，則算是一首標準的詠史詩：

蘇武魂銷漢使前，古祠高樹兩茫然。
雲邊雁斷胡天月，隴上羊歸塞草煙。
回日樓臺非甲帳，去時冠劍是丁年。
茂陵不見封侯印，空向秋波哭逝川。

在這首詩中，溫庭筠係以第三者的客觀角度來寫蘇武，蘇武是詩中的主角，其一生的悲劇，在詩中有具體的敘述，至於詩人如〈過陳琳墓〉中的自憐自艾，在此詩中是看不到的。全詩悲涼感性，寫

作手法不是以時間的先後次序平舖直敘，相反的以時空錯綜，跳躍交叉於今昔之間，是一篇優秀的詠史詩。（註二九）

溫庭筠樂府體詠史詩，在晚唐衆多詠史詩中，是非常獨特的。他一反七律、七絕的詠史詩常用體製，改用樂府體，內容文句亦極清麗柔美，如〈雞鳴埭歌〉、〈春江花月夜詞〉、〈達摩支曲〉、〈湖陰詞〉、〈謝公墅歌〉等。在晚唐詠史諸家中，溫庭筠別出蹊徑，自成一家，特色十分鮮明。（註三〇）

但是，溫庭筠的詠史七絕，成績平平，無傲世之作。廖振富評其缺點是「語氣直露，甚至稜角尖銳」。如〈蔡中郎墳〉詩云：「古墳零落野花春，聞說中郎有後身。今日愛才非昔日，莫抛心力作詞人。」又如嘲笑張良是「留侯功業何容易，一卷兵書作帝師」，是刻薄語。最不可取的是〈龍尾驛婦人圖〉：「慢笑開元有倖臣，直教天子到蒙塵。今日看畫猶如此，何況親逢絕世人。」末二句已落入輕佻儇薄之惡趣。（註三一）

詠史七絕之難作，從李商隱、溫庭筠的七絕詠史詩可以看出。但是，七絕在晚唐卻是詠史詩的主流體式。主要原因，廖振富認爲，從詠史詩發展來看，自中唐起論史之風逐漸興盛，取代託古詠懷之舊調；而論史之作若採用五古，每失之煩冗，因爲以詩論史通常只是針對一點立論，並不是全面性的批評，而中國詩歌的抒情本質也不適合全面論史；經過中晚唐詩人的嘗試，發覺以七絕最適合在精簡的篇幅中一針見血。至於其他各體，律詩嚴格的格律和對仗較不利於議論；五絕篇幅短小，難以伸展；

七古則以敘事靈動爲特色，與議論更不相干。由此可知七絕的句式、篇幅、結構等特性，都最能滿足以詩論史的需要。(註三二)

晚唐詠史詩雖以七絕獨勝，且對後代影響深遠，但論創作成績則得失互見。廖振富認爲這可從詩人創作七絕詠史，是否符合七絕的美學規範作評斷。七絕的美學規範，沈德潛曾以「語近情遙，含吐不露」一語概括（《說詩晬語》卷上），高步瀛則云：「蓋絕句字數本既無多，意竭則神枯，語實則味短，惟含蓄不盡，使人低回想像於無窮焉，斯爲上乘矣。」（《唐宋詩舉要》卷八）而驗諸晚唐詠史七絕，顯然有兩種不同的寫作結果，一種是能符合「含吐不露」、「含蓄不盡，使人低回想像於無窮」的要求，呈高度抒情化的表現；一種是力求新意取勝，然不免有意竭神枯、語實味短的弊病，二者呈兩極化的發展。而在這兩極化的發展下，廖振富以爲晚唐詠史七絕之作者，惟義山最得「寄託深而措辭婉」之趣；其次是杜牧。但由於晚唐詠史七絕每刻意求別出新意，甚至直接訴諸議論，往往有開口見喉，一覽便盡之病，即使是高手如杜牧、李商隱也不免有一些敗筆，更何況其他一些二三流的詩人。(註三三)

綜合而言，晚唐抒懷型詠史詩詩體的特色有二，一是擅用七律詠史，且成就爲後人肯定；二是七絕仍是詩人詠史的最愛，七絕詠史在杜牧與李商隱的努力創作與主導下，成爲晚唐詠史詩詩體的主流，也成爲後世詠史諸家所仿傚的標竿。而由於七絕詠史的體式限制，再加上受限於詩人才情的影響，晚唐七絕詠史呈現兩種極端的風潮，一是如杜牧之〈赤壁〉，李商隱之〈賈生〉等詩，意新語工，含吐不露，予人無限回想空間。另一則是語氣剛直尖銳，雄辯咄咄，如羅隱〈西施〉詩：「家國興亡自有時，吳人何苦怨西施？西施若解傾吳國，越國亡來又是誰？」有人認爲這是晚唐詠史七絕在求新意的風氣下所產生的一股惡流，對宋代以後的詠史七絕也產生了不良的影響。（註三四）不論是否如此，七絕詠史正式在晚唐形成主流，而李商隱的詠史筆法更成爲其他詩人模倣的對象。後世只要提到詠史詩，杜牧、李商隱是永恆的代表性人物。

至於晚唐抒懷型詠史詩的內涵特色，綜合上述，一是以議論爲主調，詩人透過假設翻案、反詰問答、直言論斷等方式，表達其看法；二是題材具有共同的趨向，那就是諷詠因荒淫佚遊而誤國亡身的君王，尤其是陳後主、北齊後主、隋陽帝等，更是一再出現。這與初唐、盛唐詠史多詠贊英雄豪傑，事功人物，大不相同，而這顯然與晚唐的時代背景有關。（註三五）因此，託古諷今，可以說是晚唐抒懷型詠史詩最重要之內涵特色。至於託史懷古，只是一種創作手段，用以加強古跡風物的描寫與歷史場景的刻劃，突顯歷史的教訓與鑒戒，終極目的仍在託古諷今。

第二節　敘事型詠史詩之研究

如前所述，詠史詩大量產生是在晚唐時期。杜牧的詠史詩作，在四百餘首作品中，只有廿七首；李商隱在他二〇五首七絕中，也只有四十八首是詠史詩。（註三六）他們詠史作品的量不算多，但藝術成就與文學價值高，歷來研究晚唐詠史詩者，莫不以二人爲代表性人物。他們量少質精的詠史詩，被歸之於文學性詠史詩。然而晚唐還有一些詩人，其畢生詩作均是以詠史爲主，可謂是「有意」的「製作」詠史詩。如胡曾，有詠史詩三卷（《全唐詩》合爲一卷），共一百五十首；周曇，有詠史詩八卷（《全唐詩》合爲三卷），共一百九十三首；汪遵，有七言詠史絕句六十一首。僅這三位就有四百零四首詠史詩。（註三七）此外，羅隱有卅首，孫元晏有七十五首等。在《宋史・藝文志》中，也還紀錄有很多詩人創作詠史詩。（註三八）他們的詠史詩，由於「一覽便盡，開口見喉」，且千篇一律，在文學發展史中幾乎不被提及，歷代的詩評家也沒有給予好的評價。但是，他們的詩，卻經常出現在講史性的評話和歷史演義中，尤其是胡曾所寫的詠史詩。顯然，二者之間有著相當的關係。

所謂晚唐詩人係「有意」的創作詠史詩，這是張政烺的觀點，相當值得注意。張政烺以爲，眞正的詠史詩其實不是起於一般認爲的班固，而是晚唐的胡曾。他說：「詠史起於漢魏，文選所登（卷廿一）篇什燦爛，自後代有作者，然皆轉相仿效，自具風格，與晚唐諸家體製既殊，運思各異，絕無淵源可言。晚唐詠史之風今可考者創自胡曾。」又說：「……可知胡曾詠史旨在評古今得失以裨補當代，非偶然感興而作，乃以議論爲主，詩之工拙又其次。」（註三九）

張政烺的看法不同一般。他的重點在於，在胡曾之前，詩人是偶而隨興作幾首詠史詩，但自胡曾之後，詠史詩人輩出，他們都是有系統的創作詠史詩，如周曇、汪遵、孫元晏等。而晚唐以後，詠史詩可分二支，一支是胡曾詠史詩一派，有系統的、大量的作詠史詩，編輯成卷，這一系自晚唐一直延

續到清代。另一支則是繼承胡曾以前詩人偶然爲之的詠史工作。前者有脈絡可尋，後者則零亂無章，散見諸家筆記詩集。（註四〇）

不論其看法是否正確，可以確知的是，晚唐詠史詩百花齊開，除了杜牧、李商隱有著文學的彩衣，另有一群詩人，不論文字技巧與藝術價值爲何，他們有計劃的、大量的創作詠史詩，已爲詠史詩的發展立下一個重要的里程碑，在詠史詩發展中，扮演著重要的角色。他們所呈現出的詩作，在此不妨稱爲「敘事型詠史詩」。代表性人物爲胡曾、周曇、汪遵、羅隱、孫元晏等人。

一、胡曾詠史詩

(一)胡曾的生平與詩觀

胡曾（生於唐開成四年，卒年不詳，西元八三九—？），湖南邵陽人，居住在秋田村，故自號秋田。懿宗、僖宗時人。這個時候，正是唐朝末期，風雨飄搖，政權瀕臨瓦解。當時曾有一位直諫之臣以「九破」形容晚唐殘局：「終年聚兵，一破也；蠻夷熾興，二破也；權豪奢僭，三破也；大將不朝，四破也；廣造佛寺，五破也；賄賂公行，六破也；長吏殘暴，七破也；賦役不等，八破也；食祿人多，輸稅人少，九破也。」（註四一）可謂切中時弊。

胡曾年輕時即負才譽，但累舉進士不第。咸通十二年(西元八七一年)，路巖爲劍南西川節度使，請他擔任書記。路巖兵敗後，高駢鎮蜀，慕胡曾之名，又請他入幕府，擔任同樣的書記工作。時爲僖宗乾符二年（西元八七五年）。後高駢徙調至荊南，胡曾亦隨同前往；當時胡曾年近四十。不久，胡曾發現高駢有反叛朝廷之意，就辭職回到家鄉秋田村終老。著有安定集十一卷，詠史詩三卷，但只有詠史詩三卷流傳於世。（註四二）

目前有關胡曾詠史詩的流傳之本有下列四種：一、《新雕注胡曾詠史詩》三卷（見商務四部叢刊卅四）；二、《新板增廣附音釋文胡曾詩注》；三、南宋無名氏註本；四、《全唐詩》。此外，《唐人萬首絕句》也選錄一些，但不全。（註四三）

元代辛文房《唐才子傳》卷八〈胡曾傳〉，對胡曾有深一層的描述：「曾天分高爽，意度不凡，視人間富貴亦悠悠，遨歷四方，馬跡窮歲月……，作詠史詩，皆題古君臣爭戰廢興塵跡，經覽形勝，關山亭障，江海深阻，一一可賞。人事雖非，風景猶昨，每感輒賦，俱能使人奮飛。至今庸夫孺子，亦知傳誦。後有擬效者，不逮矣。」（註四四）從這段敘述中，可以了解，胡曾的詩，從唐代直至元代，盛行不衰，尤其在宋元平話小說盛行之際，胡曾的詠史詩更是大量的被說書人引用，以致「庸夫孺子，亦知傳誦」。

其實胡曾詠史詩在五代之時，即已被人習用爲評論史實的根據。（註四五）金刊本劉知遠諸宮調開端有商調迴戈樂引子一首，即改編胡曾〈不周山〉、〈涿鹿〉、〈商郊〉、〈孟津〉四詩。可見其作品當時流行於瓦舍，故說唱諸宮調者也援用之。（註四六）至於宋元話本之《宣和遺事》前集，開首敘歷君王之失，所引亦即胡曾的〈褒城〉、〈章華台〉、〈陳宮〉、〈汴水〉四詩。《元刊全相平話五種》，每種皆有胡曾的詩被引用。如《武王伐紂平話》卷中：「……紂王今天下變震黎民廣聚糧草，在朝歌有三十年糧，盡底成塵。有胡曾詩爲證。詩曰：積粟成塵竟不開，誰知拒諫剖賢才；武王兵起無人敵，遂作商郊一聚灰。」所引即〈鉅橋〉一詩。《三國志平話》則引〈檀溪〉、〈南陽〉兩首，惟未寫出胡曾之名。此外，明弘治本《三國志通俗演義》中引「胡曾先生詠史詩」，計有十二首之多。（註四七）《東周列國志》引用胡曾詠史詩廿五首，除一首是七律外，全是七絕，其中有廿二首是《全唐詩》中所沒著錄的。（註四八）由上可知胡曾詠史詩與講史性的平話、演義小說關係密切。

胡曾不似唐代其他詩人之只是偶而隨興寫幾首詠史詩，他目前留存之詩，《全唐詩》有一百六十二首，其中的一百五十首詩（如包含《東周列國志》所引用的詠史詩，應有一百七十四首），全是詠史之作，可以說是有計劃的，亦即「有意」的創作詠史詩。他的「有意」，張政烺認爲胡曾詩在當時或略後即已用爲兒童讀物，由塾師教授，講語遂興，而米崇吉逐篇評解，則成爲平話之端。（註四九）因是用爲兒童讀物，胡曾才大量的創作詠史詩。此種說法，至今未獲証實，只能算是推論之詞。事實上，此種說法不周全處極多，既然用爲兒童讀物，應該有系統的編列，但觀胡曾一百五十首詠史詩，只以地名爲題，不以年歷爲先，且無講語（註五〇），顯然不是專爲兒童讀物而刻意創作的詩。似乎應是胡曾之詠史詩能「一覽便盡」，方被用作兒童的史事讀物。至於米崇吉所加註解，遂成平話之端，此說過於專斷，並不爲研究平話者所認同。本論文將於下一章詳細討論。

如果一定要解釋胡曾爲何有意創作大量的詠史詩，或許可以從他的詩觀來了解。

在胡曾詩集序言中，他表達了他對詩功能和價值的看法：「夫詩者，蓋美盛德之形容，刺衰政之荒怠，非徒尚綺麗□瑰奇而已，故言之者無罪，讀之者足以自戒。觀乎漢□□（魏才）子，晉宋詩人，佳句名篇雖則妙絕，而發言指要亦已疏□。齊代既失軌範，梁朝又加穿鑿，八病興而六義壞，聲律雋□□（而風）雅崩，良不能也。曾不揣庸陋，轉采前王得失，古今短□□（長詠）成一百五十首，爲上中下三卷，便以首唱相次，不以年□□（代爲）先。雖則譏諷古人，實欲裨補當代，庶幾與大雅相近者也。」（註五一）

大雅，是詩經大義之一，「言天下之事，形四方之風」，對於王政之所由興廢，予以諷勸。因此，胡曾寫詩的目的，雖是諷刺歷史上的人、事，事實上，他是想藉此以改善當代的政治風氣，或許可以說，他想藉由詠史詩的諷喻，發抒自己對當時政治環境的不滿。如此，對一位文人來說，也算是盡了知識分子的責任，當可近「大雅」之境。

於是，在胡曾詩中，可以看到胡曾往往選取歷史上比較知名的亡國亂政之君，以託諷揭露他們的貪慾與暴行，希望晚唐的國君不要重蹈覆轍，如〈阿房宮〉、〈長城〉二詩，就在藉秦始皇的暴政，提醒國君要敬愼小心：

新建阿房壁未乾，沛公兵已入長安。
君王苦竭生靈力，大業沙崩固不難。〈阿房宮〉
祖舜宗堯自太平，秦皇何事苦蒼生？

不知禍起蕭牆內，虛築防胡萬里城。〈長城〉

胡曾詠史詩也同時對歷史上的理想人物表示他的贊美、同情與悼念。如〈沛公〉寫劉邦：「猶恨四方無壯士，還鄉悲唱大風歌」；〈澠池〉寫藺相如：「能令百二山河主，便作樽前擊缶人」；〈五丈原〉寫諸葛亮：「蜀相西驅十萬來，秋風原下久徘徊」。在這些句子中，可以看得出，胡曾不是爲追念歷史人物而追念，而是出於渴望「中興」的理想，將這些仁人志士的事功作爲自己的精神動力。（註五二）

總之，胡曾處的晚唐時期，政局敗壞，社會動蕩不安，使得詩人們對朝廷失望。詩人或縱情聲色，或四處遊玩，寄情山水，雄健豪放的詩日少，「氣格卑靡」的詩日多，許多懷古詩出現，詠史詩也摻雜其中，大量創作。這些詩固然緬懷過去的光榮，但也如同胡曾所言「雖則譏諷古人，實欲裨補當代」，希望當朝者能鑑古思今，有所改進。胡曾詠史詩的創作，未嘗不是在此動機下開展。

(二)胡曾詠史詩的分析

雖然，胡曾對他的詠史詩有很大的期待—期待達到大雅的境界，但是，或許由於個人才器有限，後世的詩評家並沒有給他很好的評價。明代的楊慎就認爲胡曾只有一首詩較好，其他的都不足觀。然而，較好的一首卻是偷自杜牧的詩句。楊慎在《升菴詩話》卷七指出：

胡曾詠史：「漠漠黃沙際碧天，問人云此是居延。停驂一顧猶魂斷，蘇武爭銷十九年。」此詩全用杜牧之句。慎少侍先師李文正公，公曰：「近日兒童村學教以胡曾詠史詩，入門先壞了聲

口矣！」愼曰：「如詠蘇武一首，亦好。」公曰：「全是偷杜牧之胡茄詩。」退而閱之，誠然。曾之詩，此外無留良者。」（註五三）

明代謝榛也認爲胡曾詩中，只有〈平城〉與〈望夫台〉兩首還算「得體」。他在《四溟詩話》卷一中指出：

> 史詩勿輕作，或己事相觸，或時政相關，或獨出斷案。若胡曾百篇一律，但撫景感慨而已。〈平城〉詩曰：「當時已有吹毛劍，何事無人殺奉春」。〈望夫石〉詩曰：「古來節婦皆消朽，獨爾不爲泉下塵」。惟此二絕得體。（註五四）

清代的翁方綱更在《石洲詩話》中，直言批評：「胡曾詠史絕句俗下，令人不耐讀。」（註五五）這些詩評家對胡曾詠史詩的評價都不高，但是，胡曾詩爲何佳作不多？爲何鄙俗低下？爲何百篇一律？以致不能耐讀？他們並沒有具體的分析。

下面，以兩首胡曾詩〈南陽〉、〈明妃〉爲例，試解析胡曾詠史詩的特質。

1. 南陽

> 世亂英雄百戰餘，孔明方此樂耕鋤。
> 蜀王不自垂三顧，爭得先生出舊廬。

這首詩敘述劉備如何邀請孔明出山，亦即爲《三國演義》中著名的「三顧茅廬」。前兩句告訴讀者當時三國紛爭的時代背景；第三句以主觀的情緒「不自(不是親自)」升起全詩的高潮，然後用「爭得」引出結論。這種「不是……爭得」的句法，是胡曾詠史詩中最常見，也愛用的句法。一百五十首詠史詩中，超過二十首都是使用此種或類似的句法。如：

——不是子卿全大節，也應低首拜單于。〈河梁〉

——豈是不榮天子祿，後賢那使久閑居。〈東門〉

——晉朝不是王夷甫，大智何由得預知。〈洛陽〉

——宋玉不憂人事變，從遊那賦大王風。〈蘭臺宮〉

——五丁不鑿金牛路，秦惠何由得併吞。〈金牛驛〉

——包胥不動咸陽哭，爭得秦兵出武關。〈秦庭〉

——不師管仲爲謀主，爭敢言徵縮酒茅。〈邵陵〉

——若使許悠財用足，山河爭得屬曹家。〈官渡〉

——不是大夫多辯說，尉他爭肯築朝臺。〈番禺〉

——轅門不峻將軍令，今日爭知細柳營。〈細柳營〉

——中郎在世無甄別，爭得名垂爾許年。〈柯亭〉

——若道長生是虛語，洞中爭得有秦人。〈武陵溪〉

——不是咸陽將瓦解，素靈那哭月明中。〈大澤〉

——逡巡不進泥中履，爭得先生二卷書。〈圯橋〉

——天心不與金陵便，高步何由得渡江。〈濡須塢〉

2. 明妃

明妃遠嫁泣西風，玉筋雙垂出漢宮。
何事將軍封萬户，卻令紅粉爲和戎。

這首詩如同上首〈南陽〉一詩，使用同一格式。前兩句是故事背景的描述；後兩句則進入主題，以強烈疑問句法，諷刺「將軍」，爲什麼不是他們去保衛國家？爲什麼要派一名弱女子，透過婚姻去與匈奴締結和平？「何事……卻令……」或是「……，何事……」，這是另一種在胡曾詠史詩中常見的句法。如：

——何事三千珠履客，不能西禦武安君。〈夷陵〉
——何事符堅太相小，欲投鞭策過江來。〈東晉〉
——當時已有吹毛劍，何事無人殺奉春。〈平城〉
——何事夫差無遠慮，更開羅網放鯨鯢。〈會稽山〉
——何事山公持玉節，等閑深入醉鄉來。〈高陽池〉
——五湖煙月無窮水，何事遷延到陸沉。〈杜郵〉
——扶風謾有專軍骨，何事茲晨最後來。〈塗山〉
——山東不是無公子，何事張良獨報讎。〈博浪沙〉

從前述兩首與相類似的句型例子來看，胡曾一百五十首詠詩，大都採用雷同的句型，以及雷同的連接詞和轉接詞，這使他的詩，彷彿成為一種「套裝的句型」：前兩句通常將歷史故事的背景描述大概，後兩句則用來評論或是諷刺。雖然每一首詩都有不同的歷史主題和歷史人物，但由於「套裝句型」的限制，使得每一首詩面貌相似、精神相似，在單調、缺乏變化、「千篇一律」的情況下，自然遭致詩評家的諷刺，認為「令人不耐讀」。

除了句型的呆板和制式化，胡曾詠史詩的辭藻亦缺乏修飾。他自認「夫詩者，蓋美盛德之形容，刺衰政之荒怠，非徒尚綺麗瑰琦而已」，故胡曾作詩不用艱澀、深奧的文字，也不用華麗的文句。缺乏瑰琦的文采，加上句型的制式化，胡曾的詠史詩對講究意境、文字之美的詩評家來說，的確不會得到好的評價。

胡曾詠史詩的「令人不耐讀」，除了上述兩個因素外，缺乏深刻的見解與意在言外的思想深度，也是原因之一。詠史詩是文學與史論的結合，亦即抒情與說理應並重。要達到二者兼具的境界，詩人本身才華的高低有絕對的影響力。同樣論「南陽」諸葛故事，杜甫的〈武侯廟〉：「遺廟丹青落，空山草木長。猶聞辭後主，不復臥南陽」；〈八陣圖〉：「功蓋三分國，名成八陣圖。江流石不轉，遺恨失吞吳」；〈蜀相〉：「丞相祠堂何處尋？錦官城外柏森森。映階碧草自春色，隔葉黃鸝空好音。三顧頻煩天下計，兩朝開濟老臣心。出師未捷身先死，長使英雄淚滿襟。」這些詠史詩，有文學的文采與抒情，有史論的見解與評斷，同時還具有詩人的熱情。一句「出師未捷身先死，長使英雄淚滿襟」，概括了、說出了古今多少有志未酬的英雄豪傑的悲憤心情，也激起讀者感情的共鳴。這樣的詠史詩，在胡曾詠史詩中是看不到的。

但是，如果說胡曾詠史詩一無是處，這也不是很公允的論斷。大陸學者陳書良認爲胡曾詩最大的風格特色在於「用清易的笛聲訴說歷代興亡」。「清易」是胡曾詠史詩的特點。如下列這三首：

晚日登臨感晉臣，古碑零落峴山春。
松間殘露頻頻滴，酷似當年墮淚人。〈峴山〉

杜宇曾爲蜀帝王，化禽飛去舊城荒。
年年來叫桃花月，似向春風訴國亡。〈成都〉

一自佳人墮玉樓，繁華東逐洛河流。
唯餘金谷園中樹，殘日蟬聲送客愁。〈金谷園〉

陳書良認爲這些詩，意剛而運之以柔，展現了作者獨特的審美趣味和藝術特色。歷代詩論認爲自李賀至晚唐的杜牧、溫、李諸詩都是「麗」的；李賀爲「淒麗」，杜牧爲「俊麗」，溫庭筠爲「艷麗」，李商隱爲「麗密」。胡曾能在這樣的時代，不爲「麗」風所靡，如「疲兵獨坐高樓，黃昏吹笛，力標清易，的確是難能可貴的」。（註五六）

而有些詠史詩，陳書良認爲胡曾的史論也不同一般，言簡意賅，語重心長，發人深省。如〈烏江〉：「爭帝圖王勢已傾，八千兵散楚歌聲。烏江不是無船渡，恥向東吳再起兵。」；又如前面引用過的〈漢宮〉、〈官渡〉。陳書良更引下列四首：

楚王辛苦戰無功，國破城荒霸業空。唯有青春花上露，至今猶泣細腰宮。〈細腰宮〉

陳國機權未有涯，如何後主恣嬌奢？不知即入宮前井，猶自聽吹玉樹花。〈陳宮〉

東巡玉輦委泉台，徐福樓船尚未回。自是祖龍先下世，不關無路到蓬萊。〈東海〉

年年游覽不曾停，天下山川欲遍經。堪笑沙丘才過處，鑾輿風過鮑魚腥。〈沙丘〉

他認爲這些詩篇或議論陳後主和楚王的好歌舞，或抨擊秦始皇的求仙和游覽，立論的中心思想只有一個，即是荒淫無恥的生活隨之而來的是亡國破家的悲劇。大有杜牧在〈阿房宮賦〉中所表達的「秦人不暇自哀，而後人哀之；後人哀之而不鑒之，亦使後人而復哀後人也」的寓意。在這些詩中，胡曾的政治態度是非常鮮明的，難怪後世的講史小說都大量採用。（註五七）

因此，文句的清淺易懂與思想的直接明瞭，未嘗不是胡曾詠史詩的特色，這樣的特色平易近人，能很快的被市井民衆接受，這也說明了爲什麼平話小說或是說書者願意或說是樂意大量採用胡曾的詠史詩。

然而，胡曾的詩才還是受到一定的局限，所以他的詩會形成有一定格式的「套裝句型」，他的遣詞用字也有一定的風格，至於思想層次與見解深度，也只能到達一定的水平。所謂的「一定」，就是沒有突破，也無能突破。當詩人在創作時無法突破一定的格式、一定的用字、一定的思考方式，那麼，他的詩只能用「平庸」二字代表。而翁方綱用「俗下」二字代表，則更爲直接與強烈。

總之，歷來文學批評家對胡曾的詠史詩並沒有很高的評價，他的詩，有人用「俗下」看待，而「平庸」則是較爲恰當的看法。由於他對詩功能的特別觀點，他創作出大量的詠史詩，並且爲平話或演義小說的作者不斷的引用。從此，胡曾在衆多平庸的詩人中，藉由通俗小說的傳播力量脫穎而出，爲世人知曉；他的詩作，也得以流傳至今。

胡曾的詠史詩，雖然文學價值不高，但由於淺顯易懂的文字、規律一定的格式、膚淺浮泛的表層思考，因此，能讓一般民衆輕鬆的背誦和了解。張政烺因而認爲胡曾詩曾被當作兒童的啓蒙詩；而胡曾詩的鄙俗特性也被認爲與平話風格相近，所以爲說書者大量的採用；再加上胡曾詠史詩提供了時間、地點、人物、歷史事件，也因此被張政烺認爲是平話的起源。

不論胡曾詠史詩是否爲平話的起源，詠史詩在文學史中係屬於特殊性質的詩類，並沒有獲得很多詩論家關愛的眼神，它的定義與範圍也始終有著很多不同層面的看法。但是可以確定的是，在唐代詩歌最盛行之際，很少有詩人因專寫詠史詩而變得廣爲人知；直至宋元以迄明清之際，平話、演義技巧性的將大量敘事型詠史詩放置其中，當這些通俗歷史小說開始蓬勃發展後，這一型類的詠史詩與其作者才逐漸爲世人所熟知。即使這些詩與詩人都不是最優秀的，他們仍能與平話、演義小說共存共榮，永垂不朽。胡曾就是一個最好的例子。

二、汪遵詠史詩

汪遵，唐宣州涇縣（今安徽宣城）人。年輕時即爲縣中小吏，勤學苦讀，咸通七年（西元八六六年）登進士第。（據唐《摭言》卷八）與胡曾是同時同輩。善爲絕句詩。《崇文總目》、《通志・藝文略》、《宋史・藝文志》皆著錄有汪遵詠史詩一卷。可惜沒有單行本。今所見者，根據張政烺考証，僅見於《萬首唐人絕句》卷卅五，共詩五十九首；《唐音戊籤》四十二，收錄七絕六十首，其中〈長城〉一首爲《萬首唐人絕句》所無；以及《全唐詩》第九函第八冊，內所收者與《萬首唐人絕句》相同。（註五八）

汪遵詠史詩的內容與風格，甚至作詩的技巧，都與胡曾相似。以詠史詩題來說，汪遵詠史詩詩題，絕大部份同胡曾一樣，是以地名爲題（胡曾詠史詩題全部是地名），而且在他五十餘首以地名爲題的詠史詩中，竟有廿首的詩題與胡曾相同，如：〈箕山〉、〈息國〉（胡作〈息城〉）、〈吳坂〉、〈五湖〉、〈細腰宮〉、〈澠池〉、〈夷門〉、〈杜郵館〉、〈函谷關〉、〈易水〉、〈東海〉、〈烏江〉、〈望思臺〉、〈銅雀臺〉、〈南陽〉、〈延平津〉、〈金谷〉、〈彭澤〉、〈陳宮〉、（〈汴河〉〈胡作汴水〉）。

張政烺認爲，在五十餘篇中，詩題之相同者竟有廿篇，「似非偶然之事」（註五九）。甚至，有些詩的遣辭命意，與胡曾幾乎相似。張政烺就舉出下列四例：

〈函谷關〉

汪遵：脫禍東奔壯氣催，馬如飛電轂如雷。
　　當時若不聽彈鋏，那得關門半夜開。

胡曾：寂寂函關鎖未開，田文車馬出秦來。
　　朱門不養三千客，誰爲雞鳴得放迴。

〈南陽〉

汪遵：陸困泥蟠未適從，豈妨耕稼隱高蹤。
　　若非先主垂三顧，誰識茅廬一臥龍。

胡曾：世亂英雄百戰餘，孔明方此樂耕鋤。
　　蜀王不自垂三顧，爭得先生出舊廬。

〈綠珠〉：（胡曾題為〈金谷園〉）

汪遵：大抵花顏最怕秋，南家歌歇北家愁。
　　從來幾許如春貌，不肯如君墜玉樓。

胡曾：一自佳人墜玉樓，繁華東逐洛河流。

惟餘金谷園中樹，殘日蟬聲送客愁。

〈破陳〉：（胡曾題為〈陳宮〉）

汪遵：獵獵朱旗映彩霞，紛紛白刃入陳家。

看看打破東平苑，猶舞庭前玉樹花。

胡曾：陳國機權未可涯，如何後主自嬌奢。

不知即入宮前井，猶自聽吹玉樹花。

這八首性質相似的詠史詩，可以很容易的看出是屬於同一時代的作品，亦是屬於同一詩風下的作品。晚唐詠史詩到了胡曾創作出一百五十首詠史詩，已形成一種風氣，一股潮流。這種風氣與潮流，或許是李商隱、杜牧一些二、三流作品中所啓發出的，但非他們所能總體承接的，因爲詩人的才具與氣格畢竟是完全不同。但有意思的是，如前所述，溫庭筠的七絕詠史詩與胡曾等人卻類似，顯然這股胡曾所引領創作出的詠史詩風，是當時詠史詩的流行體。汪遵在這股潮流與詩風的掩襲下，自然只能緊追胡曾背後，而無法超越胡曾。張政烺因而表示：「汪遵幼爲小吏，混跡胥吏，雖善爲歌詩而深晦密，其詩名殊非胡曾之比。故疑汪遵詠史乃效胡曾之體而來。」（註六〇）

汪遵詠史詩的寫作格式，如同胡曾一樣，有著「套裝的句型」，善用雷同的句型，以及雷同的連接詞和轉接詞。如下列五首詩：

陸困泥蟠未適從，豈妨耕稼隱高蹤。

若非先主垂三顧，誰識茅廬一臥龍？〈南陽〉

一叫長城萬仞催，杞梁遺骨逐妻回。

南鄰北里皆孀婦，誰解堅心繼此來？〈杞梁墓〉

晉鄙兵回爲重難，秦師收旗亦西還。

今來不是無朱亥，誰降軒車問抱關？〈夷門〉

風引征帆管吹高，晉君張晏侯雄豪。

舟人笑指千餘客，誰是煙霄六翮毛？〈晉河〉

已立平吳霸越功，片帆高颺五湖風。

不知戰國官榮者，誰似陶朱得始終？〈五湖〉

在這五首詩中，可以發現汪遵七絕詠史，前三句敘述本事，到了第四句，則善用「誰」字開頭，亦即以此反問，但其實是肯定的句法作爲全詩的結語。這樣的句法，在胡曾詠史詩中亦可看到。如：

〈武昌〉

王濬戈鋋發上流，武昌鴻業土崩秋。

思量鐵索眞兒戲，誰爲吳王畫此籌？

〈滎陽〉

漢祖東征屈未伸，滎陽失律紀生焚。

當時天下方能戰，誰爲將軍作諫文？

只是，胡曾一五〇首詠史詩中，只有上述兩首如是；不同於汪遵，五十餘首中，就有五首是用此筆法。很有可能汪遵熟讀胡曾詠史詩，仿而作之，在不知不覺中套用胡曾句法。

胡曾、汪遵二人詩風相近，詩題相近。明楊愼在《升菴詩話》中提及詠詩史詩，也將二人並列，唯評語皆不善。如楊愼提及錢珝詠史：

「負罪將軍在北朝，秦淮芳草綠迢迢。高臺愛妾魂應斷，始擬邱遲一爲招。」此詠梁將軍陳伯玉之事。伯玉負罪，自梁奔魏，其後邱遲以書招之，有云：「江南三月，草長鶯啼，雜花亂開。」又曰：「高臺未傾，愛妾猶在。」詩皆用書中語，括書詠史如此，射鵰手也。如胡曾、汪遵，不堪爲奴僕矣。（註六一）

胡曾、汪遵的詠史詩雖被貶抑如此。然而，胡曾詩尙有人爲之註解與評註，至於汪遵則無。其詩較胡曾詩不受重視，由此可見。但是，張政烺仍認爲，其詩「在唐宋間固亦有用作訓蒙課本及講史話本之可能也。」（註六二）細觀後世話本與演義小說，引用汪遵的詩並不多，遠少於胡曾、周曇，汪遵詠史詩之不被重視，由此可知。

三、周曇詠史詩

周曇的生平記事，史書上記載極少，《全唐詩》小傳謂其唐末人。其官職名稱爲「守國子直講」。

有詠史詩八卷，今佚。（註六三）今所傳者，《全唐詩稿本》錄有一百九十五首，均爲詠史詩，無講語。而根據張政烺考証，周曇原應有詩二百零三首，且有講語，可惜未見。（註六四）

周曇詠史詩的數量，明顯超過胡曾、汪遵，而且也最有組織、最有計劃，則是他的詠史詩是按歷史朝代先後次序，分爲十門（根據《全唐詩稿本》），計有：

「唐虞」門六首：吟敘、閑吟、唐堯、虞舜、舜妃、再吟。

「三代」門十六首：夏禹、再吟、太康、后稷、文王、武王、太公、再吟、又吟、子牙妻、周公、夷齊、管蔡、成王、幽王、平王。

「春秋戰國」門九十三首：祭足、再吟、隱公、莊公、哀公、再吟、平公、文公、景公、衛靈公、陳靈公、陳蔡君、楚惠王、楚懷王、再吟、韓惠王、頃襄王、武公、華元、臧孫、公叔、莊辛、孫臏、靈輙、郭開、樂羊、虞卿、豫讓、毛遂、再吟、田文、再吟、馮讙、章子、卞和、季札、孫武、夫差、少孺、蘇厲、鬻拳、荊軻、再吟、陳軫、田饒、飽叔、晏嬰、再吟、又吟、叔向、師曠、智伯、再吟、襄子、楊回、顏回、子貢、再吟、鄭相、子產、管仲、再吟、范蠡、屈原、黃歇、王后、樊姬、齊桓公、中山君、趙簡子、再吟、趙宣子、韓昭侯、魏文侯、郄成子、秦武陽、田子方、淳于髡、再吟、再吟、田子奇、百里奚、孫叔敖、魯仲連、宋子罕、宮之奇、王孫滿、顏叔子、張孟譚、公子無忌、再吟、侯嬴朱亥、再吟。

「秦」門六首：胡亥、再吟、趙高、陳涉、項籍、范增。

「前漢」門十七首：高祖、再吟、周苛紀信、酇侯、曲逆侯、薛公、條侯、平津侯、博陸侯、夏賀良、王莽、再吟、又吟、毛延壽、劉聖公、樊崇徐宣、僭號公孫述。

「後漢」門十七首：光武、明帝、桓帝、靈帝、廢帝、獻帝、再吟、子密、羊續、楊震、趙孝、馬后、魏博妻、曹娥、周都妻、鮑宣妻、呂母。

「三國」門六首：蜀先主、再吟、後主、吳後主、王表、魯肅。

「晉」門十一首：晉武帝、再吟、惠帝、賈后、懷帝、愍帝、郭欽、王夷甫、王茂弘、吳隱之、再吟。

「六朝」門十九首：前趙劉聰、前涼張軌、後魏武帝、三廢帝、符堅、再吟、又吟、宋武帝、二廢帝、齊廢帝東昏侯、梁武帝、再吟、簡文帝、元帝、謝舉、朱異、傅昭、宣帝、李果。

「隋」門四首：隋文帝、獨孤后、煬帝、賀若弼。

總共一百九十五首。每首詩都以帝王將相或知名人士爲題，不像胡曾、汪遵用地名、古跡爲題，而且所敘史事不分時代先後，近似懷古詩。

由上述詩題來看，周曇詠史詩的確是在有計劃、有組織的情況下寫出來的。首先，根據《全唐詩》上所載其職銜爲「守國子直講臣周曇撰進」，「國子直講」爲唐代官名，掌佐博士助教，以經術講授。《唐書・百官志》謂：「直講四人，掌佐博士助教，以經術講授。」（註六五）周曇因而將歷代人物與史事，依序寫出，使讀其詩者，可進而瞭然史事。

其次，根據張政烺考證，天祿《琳瑯書目》及《知聖道齋讀書跋》，均記載周曇詠史詩「每首題下注大意，詩下引史而以己意論斷之，謂之講語。當時進講體式如此。」（註六六）張政烺因此認爲，詠史詩是周曇官國子直講時所作，爲進講之用者，當時進講體式，每首詩的題下皆會注大意，詩後又引史文而以己意加以論斷，這樣的形式稱之爲講語。他並推測，周曇詠史詩爲進講而作，在形式上各詩題雖似獨立，不相關連，但當其進講時，在詩與詩之間，自必加以適當接續之語，使成爲一歷史敘述，而不至於有支離突兀之感。以周曇詠史詩所分的門類，由唐虞門開始，到隋煬帝、賀若弼爲止，這樣全面性歷史的涵括，周曇進講的應是全史。（註六七）因爲是全史，所以，周曇必須有計劃、有組織來創作詠史詩。

周曇詠史詩一開首並未進入主題詠敘，而是以兩首「吟敘」、「閑吟」作爲開場。這兩首詩一方面總論歷代興亡、古今成敗，爲以下的詠史詩作爲啓端，一方面也標明他寫作詠史詩的目的。試看這兩首不同其他詠史詩之詠史詩：

〈吟敘〉

歷代興亡億萬心，聖人觀古貴知今。
古今成敗無多事，月殿花臺幸一吟。

〈閑吟〉

考摭妍蚩用破心，剪裁千古獻當今。

閑吟不是閑吟事，事有閑思閑要吟。

從這兩首詩中，可以發現周曇進講詠史詩的對象，不是一般士人或官員，而是「當今」皇帝。這些像是歷史故事的詠史詩，供給皇帝「觀古貴知今」，而周曇的身份地位，其實類似南宋供話幕士，他進講史事，乃是皇帝月殿花臺消閑之事，讓皇帝在解憂解悶之餘，同時了解古今成敗興亡之理。

至於周曇詠史詩是進講於那一位「當今」？晚唐政局混亂，兵禍連結，國子監鞠爲荒圃，其設官進講之制未聞。張政烺因而認爲，應當在後唐明宗（西元九二六至九三三年）之世。（註六八）他認爲「于時天下粗定，欲振發文教，重興國學，分設諸官，以宰臣兼判國子祭酒。而承大亂之後事多創製，如刻九經印板，詳定書儀，著五服之令，皆通約便俗爲後世法。明宗出自行伍，目不知書，而樂聞儒生道古事，尤好作詩。」（註六九）

張政烺並認爲，「周曇詩既不工，識尤淺薄，在唐人中自無足稱，然當朱三作天子之後，金戈鐵馬迄無寧時，賢人隱跡，斯文掃地，周曇意在通知古今，未始非一時之彥，故得翦裁千古以進獻於天子也。」（註七〇）

張政烺的推測，不無道理，但也無法求得證實。周曇的身世背景，著錄太少。但是，張政烺提及周曇詠史詩「詩既不工，識尤淺薄」，則可看出，周曇詠史詩的文學價值不高，其所以能流傳後世，主要這是依附在它講史的功能應用在平話與演義小說中。明弘治本《三國志通俗演義》卷一〈董卓議立陳留王〉，則引用周曇詠史詩後漢門〈廢帝〉一首。（註七一）

周曇詠史詩格調不高，寄興也淺。其詩特色在於文句平淺、口語易誦；一九五首中，如胡曾詠史詩易陷入「套裝句型」的不多，但因全詩淺白易懂，餘味甚少；至於史論方面，亦無特殊之處。如下列二首：

〈項籍〉

九垓垂定棄謀臣，一陣無功便殺身。
壯士誠知輕性命，不思辜負八千人。

〈顏回〉

陋巷簞瓢困有年，是時端木飫腥羶。
宣尼行教何形跡，不肯分甘救子淵。

第一首詠項羽垓下一敗便自殺，未免對不起跟隨他的八千子弟。此詩意境淺白，立論無奇，杜牧二句「江東子弟多才俊，捲土重來未可知」，就有無比新意，餘音跌宕，讓人在詠史之餘，仍有回思吁嘆、不盡感慨的空間。二者優劣，立判可知。

第二首詠顏回，責怪孔子教育門生太拘形跡，爲何不讓富有的子路拿錢出來救濟貧困的顏回？這樣的論點，大陸學者施蟄存直指「迂氣」。（註七二）

但周曇詠史詩有一特色，就是故事性強，每一個人名後，都包含著一個歷史故事。如〈毛延壽〉：

不拔金釵賂漢臣，徒差玉艷委胡塵。

能知貨賄移妍醜，豈獨丹青畫美人。

這是講漢代王昭君的故事。周曇是用直接陳述的方式，描出了王嬙不肯賄賂畫工毛延壽，以致被送嫁至匈奴的情節。全詩沒有纏綿婉轉的深情，如杜甫的「一去紫台連朔漠，獨留青塚向黃昏」，也沒有王安石出人意表的新論：「意態由來畫不成，當時枉殺毛延壽」。全詩平淡俚俗，只是為陳述一個史事而寫。謂之「無味」，可也。而這也是敘事型詠史詩最大的特徵。

四、孫元晏詠史詩

在晚唐詠史詩人中，孫元晏也是很特別的一位。他的生平無可考，各家著錄其詩，皆放在周曇之後。前已言及，周曇恐為五代時人，則孫元晏也有可能是五代時人。《宋史・藝文志》有孫元晏《六朝詠史詩》一卷，孫元晏《覽北史》三卷。《六朝詠史詩》今無單行本，僅存詩七十五首，都是詠史詩，見收於《萬首唐人絕句》卷卅六、《唐音戊籤》一百一十以及《全唐詩》。張政烺指出，這三本內所載孫元晏詠史詩，應屬於同一來源。（註七三）

在《全唐詩稿本》中，孫元晏名下記載有詩七十五首，這七十五首均為詠史詩，其總題為「六朝詠史」，詩題分別為：

「吳」黃金車、赤壁、魯肅指囷、甘寧斫營、徐盛、魯肅、武昌、顧雍、呂蒙、介象、濡須塢、周泰、張紘、太史慈、孫堅后、陸統、青蓋。「晉」七寶鞭、庾悅鵝炙、謝玄、謝混、陸玩、王坦之、蒲葵扇、王郎、劉毅、王恭、謝公賭墅、苻堅投箠、衛玠、郭璞脫襦、庾樓、新亭。「宋」大峴、放官人、借南苑、謝澹雲霞友、烏衣巷、袁粲、劉伯龍、王方平、黃羅襦、謝朏、羊玄保。「齊」謝朏、小兒執燭、王僧祐、王僧虔、明帝裹蒸、鬱林王、何氏小山、王倫之、潘妃、王亮。「梁」分宮女、馬仙琕、勍敵、蔡撙、楚祠、謝朏小輿、八關齋、庾信。「陳」王僧辯、武帝蚌盤、虞居士、姚察、宣帝傷將卒、臨春閣、結綺閣、望仙閣、三閣、狎客、淮水、江令宅、後庭舞。

從上述的詩題來看，可以發現孫元晏的風格又不同於胡曾、汪遵與周曇。他不是單單以地名或人名爲題吟詠，他是將人名、地名、古跡名，乃至史事，全部融雜一起，但卻又秩序井然，以吳、晉、宋、齊、梁、陳時代次序依次排列。全部詩題陳列，宛若一部六朝史。無怪孫元晏總題爲「六朝詠史」。

張政烺認爲，孫元晏的詠史詩風格，更趨向講史之道，如〈魯肅指囷〉、〈甘寧斫營〉、〈苻堅投箠〉、〈宣帝傷將卒〉等詩題，與元人平話中之目錄相近。（註七四）只是，張政烺並未舉証元人平話爲何，故難以對照。此說尙待考証。

孫元晏詠史詩的寫作格式，有部份與胡曾類似，亦即愛使用「套裝的句型」，使得詠史詩的味道十分相近。例如，孫元晏也愛用「若無（若非）……爭得……」這樣的句型：

〈魯肅〉

斫案與言斷眾疑，鼎分從此定雄雌。

若無子敬心相似，爭得烏林破魏師。

〈呂蒙〉

幼小家貧實可哀，願征行去志難回。

不探虎穴求身達，爭得人間富貴來。

〈蒲葵扇〉

拋捨東山歲月遙，幾拖經略挫雄豪。

若非名德喧寰宇，爭得蒲葵價數高。

〈王亮〉

後見梁王未免哀，奈何無計拯傾頹。

若教彼相顛扶得，爭遣明公到此來。

此外，如汪遵常在第四句中使用「誰」字，以示反問，並作為全詩的結語，這樣的句型，在孫元晏詩中也可見到，如：

〈王郎〉

太尉門庭亦甚高，王郎名重禮相饒。

自家妻父猶如此，誰更逢君得折腰？

〈謝公賭墅〉

發遣將軍欲去時，略無情撓只貪棋。
自從乞與羊曇後，賭墅功成更有誰？

〈庾樓〉

江洲樓上月明中，從事同登眺遠空。
玉樹忽埋千載後，有誰重此繼清風？

〈周泰〉

名與諸公又不同，金瘡痕在滿身中，
不將御蓋宣恩澤，誰信將軍別有功？

孫元晏部分詠史詩不可避免的使用「套裝的句型」，這使得詠史詩本身成爲一種可以大量製作的敘事型詠史詩。換言之，只要習慣此種句型，前二句敘述史事背景，後二句再用套裝句型將議論放置進去。詠史詩成爲習套，自可輕鬆製造，至於是否含有詩人的熱情與神韻，則端視詩人的才器了！

一般而言，孫元晏的詠史詩並不突出，較之胡曾、汪遵、周曇，他的詩並未顯出高明之處，但七十五首詠史詩中，孫元晏還是有些詩頗具韻味，披著點文學的彩衣，如他詠〈庾信〉：

苦心詞賦向誰談？淪落周朝志豈甘？
可惜多才庾開府，一生惆悵憶江南。

全詩清新有情，文意流暢不拗口。尤其最後兩句，作者顯然有感懷的意味。所謂感懷，係謂詩人能將自身的情感與心境放入詩中，而不純然只是第三者的旁觀、敘述與評論。冷靜自持的詩，會令詩的趣味與情意全失。這通常也是敘事型詠史詩爲後世評家不喜的原因之一。

又如〈烏衣巷〉

古跡荒基好嘆嗟，滿川吟景只煙霞。
烏衣巷在何人住？回首令人憶謝家。

又如〈袁粲〉

負才尚氣滿朝知，高臥閑吟見客稀。
獨步何人識袁尹，白楊郊外醉方歸。

這兩首的神韻皆不差，是汪遵、周曇等人詠史詩中難得見者。孫元晏在晚唐敘事型詠史詩人中，算是一名佼佼者。

五、羅隱詠史詩

在晚唐敘事型詠史詩人中，羅隱（唐太和七年至後梁開平三年，西元八三三—九〇九年）是十分特殊的一位，他的特殊，主要在於他在當時是出名的詩人，詩名遠超過胡曾、周曇、汪遵等人，他與羅鄴、羅虬合稱「三羅」。

羅隱，字昭諫，餘杭（今浙江省餘杭縣人）人。本名橫，少負盛名，因議論時政，諷刺公卿，從廿八歲至五十五歲，十考進士不第，遂更名爲隱。唐光啓（西元八八五—八八七年）年中，羅隱於晚年投鎭海節度使錢鏐，得錢鏐任用，歷任錢塘令、節度判官、鹽鐵運副使、著作令等職。唐亡後，錢鏐對後梁稱臣，羅隱受封爲給事中，年七十七歲而卒。（註七五）

羅隱由於仕途不得志，因此他的詩多諷刺時政，發抒個人感慨，藉物喻志之作。他在中國文學史中最被稱道的是「晚唐寫諷刺詩最有成就的一個詩人」。（註七六）

羅隱的諷刺詩，有許多是藉古諷今，因此，他的詠史詩也名噪一時。只是，羅隱的詠史詩，並不似胡曾、周曇、汪遵等人有系統，有計劃的創作；他的詠史詩卅首，分散在他的四百多首詩篇之中，甚至詩題也不明顯，必須從詩中的內容才可得知是否爲詠史詩。

下列，是從《全唐詩稿本》中羅隱《甲乙集》四六五首詩中，依序所濾出羅隱卅首詠史詩之詩題：

焚書坑、武牢關、四皓廟、西施(有二首)、銅雀台、籌筆驛、煬帝陵、馬嵬坡、隋堤柳、秦紀、姑蘇臺、王濬墓、湘妃廟、燕昭王墓、詠史、董仲舒、許由廟、江都、息夫人廟、漂母塚、羅敷水、嚴陵灘、華清宮、韓信廟、韋公子、望思臺、書淮陰侯傳、青山廟、八駿圖。

從這些詩題中，可以看出羅隱並非全心放在詠史詩上。因成詩的經過極不一致，故排列零散，不成次序。至於內容方面，羅隱詠史詩的風趣味道，與胡曾、周曇相似，然在議論與諷刺上，較胡、周等人強烈。卅首詠史詩，七絕多，七律少，然七律的藝術成就高於七律。如〈籌筆驛〉算是一首不錯的詠史七律：

拋擲南陽爲主憂，北征東討盡良籌。
時來天地皆同力，運去英雄不自由。
千里山河輕孺子，兩朝冠劍恨譙周。
唯餘巖下多情水，猶解年年傍驛流。

至於七絕詠史，試看下列二首：

〈西施〉

家國興亡自有時，吳人何苦怨西施。
西施若解傾吳國，越國亡來又是誰？

〈銅雀台〉

台上年年掩翠蛾，台前高樹夾漳河。
英雄亦到分香處，能共常人較幾多。

從上列三首羅隱詠史詩來看，其特徵在於用詞通俗直接，語意清楚明白，如「時來天地皆同力，運去英雄不自由」，這麼通俗白話的字句，在晚唐詩境中並不多見。至於「西施若解傾吳國，越國亡來又是誰？」之字句，則被認爲詞鋒剛硬而尖銳，是晚唐詠史七絕在求新意的風氣下所產生的一般惡流。（註七七）再如「英雄亦到分香處，能共常人較幾多」之句，文采全無，通俗乃至鄙俗，無絲毫令人回味之處。這樣的詩風，與他寫得最膾炙人口的〈蜂〉：「不論平地與山尖，無限風光盡被占；

採得百花成蜜後，不知辛苦為誰甜！」有很大的差距！同樣文白意淺，但含意深淺卻不一。顯然羅隱詠史詩並非是他的專攻主力。

也是因為羅隱詠史詩的藝術價值不高，用詞通俗明白，故後代的通俗演義小說也常愛引用羅隱的詠史詩。如明弘治本《三國志通俗演義》卷四〈白門曹操斬呂布〉中，有一段為：

布目視玄德曰，是兒最無信者。操遂令牽布下樓縊之。布回首曰，大耳兒不記轅門射戟時。操大笑。……羅隱有一絕句責玄德，詩曰：傷人餓虎縛休寬，董卓丁原血未乾。玄德既知能啖父，爭如留取養曹瞞。（註七八）

只是，此詩在羅隱詩集中並未見到。而在後代流傳的《三國演義》中，只有詩，但羅隱之名已去除。（註七九）因此，此詩是否為羅隱所作，尚不可考。此外，張政烺根據《鑒誡錄》卷八〈錢塘秀記〉中記載有羅隱詩「張華謾出如丹語，不及劉侯一紙書」兩句，《吳越備史》卷一記羅隱〈夏口〉一詩有「一個禰衡容不得，思量黃祖謾英雄」之句，皆不見羅隱詩集中，故認為羅隱詠史詩亡佚者多矣。（註八〇）

不論羅隱詠史詩是否亡佚許多，單從他留存下來的卅首詠史詩來看，嚴格說來，他的詠史詩既不屬於抒懷型的詠史詩，亦不屬於敘事型的詠史詩。因他的詠史詩藝術價值不高，又非如胡曾、周曇、汪遵等人有系統的專門創作，即使詩的體式也不同胡曾等人是用固定的「套裝句法」。因此，他的詠史詩能多達卅首，只能說是受到晚唐詠史之風盛行的影響。其中，受胡曾等敘事型詠史詩人的影響較大，故詩風趨向通俗淺白，與敘事型詠史詩的風格、旨趣相近。

第三節　小　結

經由上述的討論，晚唐詠史詩分爲兩大類型，一是以杜牧、李商隱爲主的抒懷型詠史詩；一是以胡曾、周曇、汪遵等人爲主的敘事型詠史詩。前者是用純文人或純文學的角度來詠嘆史事，以史懷古，託古諷今是他們詠史詩最大的特色；由於其史識、詩才、藝術構思皆臻巧妙，「寄託深而措辭婉」，「語近情遙，含吐不露」，「使人低回想像於無窮」，使得只要後人一提到晚唐詠史詩，皆以杜牧、李商隱爲代表人物。

至於敘事型詠史詩，是晚唐詠史詩的另一主流，代表人物爲胡曾、周曇、汪遵、孫元晏等人。他們不同於歷來的詠史詩人，只是隨興爲之，或是偶爾感慨爲之；他們有計畫、大規模的動輒百篇來製作詠史詩，甚至還依年代次序，一一吟詠。由於他們的詩風只著重敘事，文句淺顯易懂，思想直接浮泛，格式與句型固定，是以其作品始終不被文學批評家重視，翁方綱甚至用「俗下」二字來形容這一類型的詠史詩。

在敘事型詠史詩人中，胡曾是最值得注意的一位。主要原因在於他的詠史詩被宋、元講史平話與明、清歷史演義小說大量採用。明代楊慎《升菴詩話》曾記載當時的兒童村學教以胡曾詩，因而後來學者張政烺因而認爲，胡曾詩在當時或略後可能被用作兒童讀物，由塾師教授，講語遂興，而米崇吉逐篇評解，則成爲平話之端。詠史詩與通俗小說的相連性，自此開始。

胡曾詠史詩至今流傳一五〇首，其遣詞用字有一定的風格，他最擅長用「套裝的句型」，使得每一首詩雖然主題不同，但面貌相似，精神相似，再加上不擅藻飾，因此「令人不耐讀」。但「不耐讀」的詩，卻淺顯易懂，能讓一般民衆輕鬆的背誦與理解；鄙俗的文字特性，與民間通俗文學的代表——平話與演義風格相近，詠史詩因而大量出現在通俗文學中。這使得敘事型詠史詩在晚唐形成獨特的詩類，胡曾也成爲敘事型詠史詩的主要開創者。其創作詠史詩的固定寫作格式，使後來敘事型的詠史詩人，皆難以跳脫出來。

【註釋】

註一　劉大杰：《中國文學發達史》，（上海：上海書局，一九九〇年），頁五〇二。劉大杰認爲，在李商隱這種美麗而又纖弱的句子裡，說明唐詩到了此時，已失去李、杜時代那種壯年的強大的熱力和氣魄，已臨到秋暮冬初的晚景了。唐代數百年的詩壇，到這時候漸漸地失去了力量，快要閉幕了。

註二　廖振富：《唐代詠史詩之發展與特質》，（國立台灣師範大學中研所碩士論文，民國七十八年），頁一五九。

註三　見《李義山詩集》，（台北：學生書局，民國五十六年），頁一二六。

註　四　同註三，頁四一七。（本書即李商隱著．朱鶴齡箋註．沈厚塽輯評：《李義山詩集輯評》，廣州倅署，清同治九年（一八七〇年））

註　五　同註二，頁一六三。

註　六　劉學鍇：〈李商隱詠史詩的主要特徵及其對古代詠史詩的發展〉，《文學遺產》，第一期（一九九三年），頁六三。

註　七　同註六。

註　八　周益忠：〈由詠史詩看西崑體與義山體的異同——兼論二者在詠史詩發展史上的意義〉，《宋代文學研究叢刊》，第三期（民國八十六年九月），頁二四五—六。

註　九　葉日光：《左思生平及其詩之析論》，（台北：文史哲出版社，民國六十八年），頁七四。

註一〇　袁枚：《隨園詩話》，卷九，（台北：廣文圖書公司，民國六十年）。

註一一　本段參考潘志宏：《晚唐三家詠史詩研究》，（國立清華大學中文所碩士論文，民國八十二年），頁五一，作者係引用彭菊華：〈論杜牧詩〉，《唐代文學論叢》，第二期（一九八二年）。

註一二　見歐陽修．宋祁等：《新唐書》，卷一六六，〈杜牧傳〉．（台北台灣商務印書館，民國七十七年）。

註一三　息夫人事見於《左傳》、《呂氏春秋》等。但劉向《列女傳》貞順傳所載息夫人事則與之不完全相合：「夫人者，息君之夫人也。楚伐息，破之，虜其君，使守門，將妻其夫人而納之於宮。楚王出游，夫人遂出見息君，謂之曰：人生要一死而已，何至自苦？妾無須臾而忘君也，終不以身更貳醮，生離於地上，豈如死歸於地下哉？乃作詩曰：『穀則異室，死則同穴，謂予不信，有如皦日。』息君止之，夫人不聽，遂自殺，息君亦自殺，同日俱死。」

註一四　參見林美清：〈詩與眞實—論《彥周詩話》對杜牧詠史詩的褒貶〉一文所引之註一一，（張高評主編：《宋代文學研究叢刊》，第二期（民國八十五年），頁三二九。

註一五　同註二，頁二〇六。

註一六　同上。此外，國內研究李商隱詠史詩者尚有方瑜：〈李商隱的詠史詩〉，《中外文學》，第五卷第十一、十二期（民國六十六年四月、五月）；黃盛雄：〈李義山的詠史詩〉，《古典文學》，民國七十六年四月，第九集）；韓惠京：〈李商隱詠史詩探微〉，（台北：文化大學中研所碩士論文，民國七十六年）；大陸方面則有陳貽焮：〈談李商隱的詠史詩和詠物詩〉（收入陳氏《唐詩論叢》一書）；韓理州：〈李商隱的詠史詩〉《青海師院學報》，第三期（一九八〇年）；吳調公《李商隱研究》，（台北明文書局，民國七十七年）一書亦曾闢專節論其詠史詩；張步雲：《唐代詩歌》，（合肥安：徽教育出版社，一九九七年）亦同。

註一七　同註六，頁四九—五〇。

註一八　同註六，頁五一—五二。

註一九　同註六，頁五三—五四。

註二〇　同註二，頁二〇七—二一〇。

註二一　此段參考張步雲：《唐代詩歌》，（合肥：安徽教育出版社，一九九七年），頁四八七—四八八。

註二二　見李商隱著，馮浩箋注：《玉谿生詩集箋注》（上），（上海：古籍出版社，一九七九年），頁一四八。

註二三　同註二一，頁四九五—四九六。

註二四　同註二，頁二〇八。

註二五　沈德潛《說詩晬語》卷上：「義山近體襞績重重，長於諷刺。中多借題攄抱，遭時之變，不得不隱也。詠史十數章，得杜陵一體。」收於王夫之等：《清詩話》，（台北：明倫出版社，民國六十年），頁四八九。廖振富認為，沈德潛雖稱近體，實專指七律而言，理由如下：1.《說詩晬語》此引文前後各條目皆專論七律。2.此段引文與沈氏《唐詩別裁》卷十五「七言律詩」李義山作品之評語，大致相同。3.義山詠史詩，七律正好十餘首，七絕則遠超過此數。同註二，頁二三一。

註二六　同註二，頁二二五。

註二七　施補華《峴傭說詩》，收於王夫之等：《清詩話》，（台北：明倫出版社，民國六十年），頁九一八。

註二八　同註三，頁一八〇。

註二九　同註二，頁二二一—二二二。

註三〇　同註二，頁二二三—二二九。

註三一　同註二，頁二二九。

註三二　同註二，頁二八〇。

註三三　同註二。

註三四　同註二。

註三五　同註二。頁一五五—一七一。廖振富在其論文中分析晚唐詠史的內涵特徵，十分清楚，他同時還認爲濃厚的歷史滄桑感亦是特徵之一。由於廖振富將晚唐詠史詩的主要創作人（代表人物）定位在杜牧、李商隱、溫庭筠三人身上，這三人的創作風格乃至動機，都與胡曾、汪遵等人大不相同；廖振富甚至指出，羅隱、胡曾以下，雖都有大量詠史作品，但成績欠佳，文學價值甚低，故不予討論。因此本論文將杜牧、李商隱、溫庭筠等人詠史詩作歸屬於晚唐抒懷型詠史詩之類別中，以示區隔。

註三六　方瑜：〈李商隱的詠史詩〉，《中外文學》，第五卷第十一—十二期（民國六十六年四—五月），頁九五。

註三七　儲大泓：《歷代詠史詩選註》，（西安：陝西人民出版社，一九九〇年），頁五。

註三八　張政烺：〈講史與詠史詩〉，（《國立中央研究院歷史語言研究所集刊》，第十冊，民國三十七年四月），頁六〇一—六四六。

註三九　同註三八，頁六一八—六一九。

註四〇　劉淑芬：〈淺談詠史詩〉，《史繹》，第十二期（民國六十三年九月），頁五七—五八。

註四一　陳書良：〈簡論胡曾及其《詠史詩》〉，《求索》，第六期，（一九八三年），頁一三六。

註四二　見登顯鶴：《寶慶府志》，一一六冊，卷一，（台北：成文出版社，民國六十四年）。

註四三　同註三八，頁六一七—六一八。

註四四　辛文房：《唐才子傳》卷八，（台北：廣文書局，民國五十八年）。
註四五　同註三八，頁六二三。
註四六　同註卅八，頁六二三。
註四七　同註卅八，頁六二四。
註四八　見註六，頁一三九。陳書良認爲，在《東周列國志》中所引的胡曾詩有廿二首是《全唐詩》中所沒有的，胡曾現存於《全唐詩》的十首七律中，也有兩首是詠史詩，故陳書良推論胡曾現存的詠史詩至少有一百七十四首。
註四九　同註三八，頁六四五。
註五〇　同註三八，頁六二五。此是張政烺比較胡曾與周曇詩之不同點，以見詠史詩在晚唐的演變。
註五一　同註三八，頁六一八。文中O缺字，爲張政烺臆補，因此序孤本僅存，無可校對。
註五二　見註六，頁一三七。
註五三　楊愼：《升菴詩話》卷七，五b。見臺靜農：《百種詩話類編》第一冊，（台北：藝文出版社，民國六十一年），頁五六〇。
註五四　謝榛：《四溟詩話》卷一，一〇a。見臺靜農：《百種詩話類編》第一冊，（台北：藝文出版社，民國六十一年），頁五六〇。
註五五　翁方綱：《石洲詩話》卷二，十七a。見臺靜農：《百種詩話類編》第一冊，（台北：藝文出版社，民國六十一年）。

註五六　同註六，頁一三八、一三九。

註五七　同註六。頁一三八。

註五八　同註三，頁六二六—六二七。

註五九　同註三八，頁六二七。

註六〇　同註三八，頁六二八。

註六一　丁福保輯：《歷代詩話續編》，（北京：中華書局，一九九七年），頁九〇三、九〇四。

註六二　同註卅八，頁六二八。

註六三　同註三八。根據張政烺考証，周曇詠史詩今日所知有四本，一是八卷本，見《崇文總目》、《通志・藝文略》、《宋史・藝文志》及焦竑《國史經籍志》。當是原本。今佚。二是三卷本，存詩二百零三首，有講語。清代流傳有宋刊本及景宋抄本，見延令季氏《宋板書目》、天祿《琳瑯書目》、知聖道齋讀書跋，及開有益齋《讀書志》，今日有傳本，惜未見。三是三卷本，存詩一百九十五首，無講語。《全唐詩》更改編爲二卷。四是《唐詩類苑》（卷六十八）《古今圖書集成》所錄，皆存詩一百四十六首，亦無講語，蓋節略之本也。頁六一二。

註六四　同三八。

註六五　中文大辭典編纂委員會編：《中文大辭典》，第二冊，（台北：中華學術院，民國七十一年），頁一〇六五。

註六六　見註三八，頁六一二。

註六七　同註三八。

註六八　同註三八，頁六一六。

註六九　同註三八。

註七〇　同註三八，頁六一七。

註七一　同註三八，頁六一五。

註七二　施蟄存：《唐詩百話》，（上海：華東師範大學出版社，一九九六年），頁七一四。

註七三　同註七二，頁六三〇。

註七四　同註七二，頁六三一。

註七五　見錢謙益．季振宜輯．屈萬里、劉兆祐主編：《全唐詩稿本》，（台北：聯經出版社，民國六十八年）。

及尚作恩、李孝堂、吳紹禮、郭清津編著：《晚唐詩譯釋》，（哈爾濱：黑龍江人民出版社，一九九七年），頁二〇三。

註七六　中國文學史研究委員會：《新編中國文學史》，（高雄：復文圖書出版社，民國七十二年）。

註七七　同註二，頁二八二。

註七八　同註三八，頁六三〇。此段係張政烺引用明弘治本《三國志通俗演義》中的一段。而在後世出版的《三國演義》中，此詩仍然存在，但在詩前只謂：「又有詩論玄德曰……」羅隱二字已刪除，原因是今所流傳下的羅隱詩集中，不見此詩。張政烺認為羅隱詠史詩當不只這卅餘首，恐尚有一些已亡佚。

註七九　見羅貫中著，吳小林校注：《三國演義校注》，（台北：里仁書局，民國八十三年），頁二三九。

註八〇　同註四。

第五章　胡曾詠史詩與平話小說之關係

第一節　胡曾詠史詩之朝代分類

在晚唐詠史諸家中，胡曾詠史詩在宋、元、明時，是被講史性平話、歷史演義小說中引用最多的一家。張政烺甚至認為，流傳至今的《新雕注胡曾詠史詩》，有「邵陽叟陳蓋注詩，京兆郡米崇吉評注并續序」，整個體制與平話體製「已甚相近」，因而認定胡曾詠史詩之所以如此大量寫作，用途之一即為「用為講史話本」。（註一）然而胡曾是唐末人，講史平話起於宋，故胡氏不可能預知宋代的需要而先大量寫作這種敘事型的詠史詩，況且平話能成為通俗文藝尚有其它社會條件，故張政烺雖從應用與體制上看到詠史詩與平話的密切關係，但其推論是有問題的。

如果說胡曾的詠史詩是在引導著講史性平話或歷史演義的寫作，則必須另作推敲。首先，必須探究胡曾詠史詩的朝代分類，從朝代的類別數多寡，可以看出胡曾偏重那個朝代的講史。其次，根據胡曾詠史詩及評注內容與講史平話、演義小說的內容之比較，可以看出二者因襲的相關性。如果上述兩點皆充分的反映出胡曾詠史詩在主導講史平話與演義小說的情節發展，方可證明胡曾詠史詩係「用為講史話本」。

以朝代分類來看胡曾詠史詩偏重的歷史情境，主要在於歷來講史小說，絕大多數是以國家（或是它的政治代表——朝代）為重心。至於歷史事件與人物，則在重要性上居次，因為它們常屈居於先入為主的觀念（指朝代興亡）之下。（註二）

現存的胡曾詠史詩一五〇首，其特色有三，一是以地名為題；二是不以年代為次序；三是無講語。（註三）此三種特色，已可看出胡曾詠史，並非為特定的目的而作。

胡曾詠史，雖以地名為題，然每個地名之背後，隱藏著是一位歷史人物或是歷史事件，分屬不同朝代。下面，試將胡曾現存一五〇首詠史詩依朝代分類：

一、軒轅黃帝：洞庭、涿鹿。（二首）
二、唐堯：箕山、不周山。（二首）
三、虞舜：湘川、蒼梧。（二首）
四、商湯：鉅橋、首陽山、商郊、傅巖。（四首）
五、周朝：渭濱、孟津、瑤池、褒城、緱山、朝歌。（六首）
六、春秋時期：
㈠吳越：吳宮、五湖、吳江、姑蘇台、會稽山、秦庭。（六首）
㈡晉國：豫讓橋、綿山。（二首）

㈢齊國：馬陵、邵陵、夾谷。（三首）

㈣楚國：章華台、細腰宮、荊山、陽台、漢江、汨羅、息城、蘭台宮、驌驦、柏舉、濮水、虞坂。（十二首）

㈤秦國：鳳凰台、金牛驛。（二首）

㈥魯國：魯城、葉縣。（二首）

七、戰國時期：

㈠燕國：黃金台、即墨、易水。（三首）

㈡趙國：邯鄲、磨笄山、杜郵、房陵、澠池。（五首）

㈢魏國：夷門。（一首）

㈣秦國：夷陵、長平。（二首）

㈤楚國：武關、故宜城。（二首）

㈥齊國：函谷關。（一首）

八、秦朝：長城、沙丘、阿房宮、東海、軹道、上蔡、殺谷子、咸陽、雲亭、武陵溪、流沙。（十一首）

九、西漢：彬縣、居延、沛中、田橫墓、鴻門、長沙、圯橋、青門、垓下、青塚、李陵台、河梁、漢宮、漢中、鴻溝、雲夢、霸陵、玉門關、長安、黃河、東門、迴中、泜水、平城、

昆明池、望恩台、關西、番禺、細柳營、射熊館、柯亭、博浪沙、廢丘山、谷口、大澤、四皓、滎陽。（三十七首）

十、東漢：七里灘、昆陽、滹沱河、銅柱、隴西、白帝城、壩岸、葛陂。（八首）

十一、三國：江夏、赤壁、南陽、西園、銅雀台、濡須塢、檀溪、五丈原、官渡、瀘水。（十首）

十二、晉朝：石城、金谷園、東晉、華亭、彭澤、武昌、東山、洛陽、延平津、高陽池、八公山、鄧城、豫州、牛渚、峴山。（十五首）

十三、五代十國：沙苑、金陵、成都、陳宮。（四首）

十四、隋朝：汴水。（一首）

無年代可考者：望夫石、金義嶺、潁川。（三首）

從上面的時代分類，可以發現，胡曾致力於周朝（春秋戰國時期）與漢朝（包含西漢與東漢）這兩個朝代的歷史。此外，三國與東西晉這兩個時期，胡曾也頗感興趣，尤其是晉朝有十五首，三國則有十首。

但事實上，胡曾在詠嘆周朝春秋戰國時期之詠史詩，當不止上述列於《全唐詩稿本》中的四十七首。根據鍾葵生的統計，《東周列國志》中引用胡曾詩廿五首，除一首是七律外，全是七絕。其中有廿二首是《全唐詩》中沒有的，再加上《全唐詩》中胡曾有十首七律，其中有二首是詠史詩，故知胡曾詠史詩至少應有一百七十四首。（註四）

四十七首加上廿五首，胡曾對春秋戰國時期的詠史詩的著墨竟高達七十二首。無論是就其詠史詩的數目而言，或是與其詠史詩的比例而言，這樣的數字，不可謂不大。顯然胡曾對這個時期的歷史與人物情有獨鍾。

第二節　宋、元平話小說中胡曾詠史詩之角色與功能探討

在晚唐詩人中，胡曾不是出類拔萃、名重一時、家喻戶曉的詩人。他至今猶能爲後人注意者，主要在於他的詠史詩不斷的在宋、元、明時代出版的講史話本、平話小說及歷史演義小說中出現。而在這些講史性的通俗演義小說中，雖然引用許多人的詠史詩，但絕大多數都是「後人有詩曰」、「後人有詩爲證」、「詩曰」、「詩云」、「史官有詩嘆曰」等，不見作詩者的姓名；至於引用姓名者，以胡曾最多；其餘或是化名，如「髯翁」、「髯仙」、「潛淵居士」（見《東周列國志》），其眞實身份不可考，或是歷史上出名詩人，如李賀、杜牧、李商隱、邵雍、王安石等人，但數目極少，至於周曇、羅隱只有數篇，汪遵、孫元晏則幾乎不見。

宋、元話本小說盛行。所謂「話本」，根據《中國古代小說百科全書》的記載，其是唐宋以來的一種通俗小說體裁。「話」是「故事」的意思，以唐《韓擒虎話本》爲最早，而一般學者認爲「話本」乃是「說話」人所用的底本。（註五）

宋代話本的內容，分爲四家，一是小說，專說煙粉、靈怪、傳奇、公案等朴刀桿棒及發跡變泰之事。二是說鐵騎兒，謂士馬金革之事。三是說經，或是說參請，即演說佛書或賓主參禪悟道之事。四是講史，即講說前代書史文傳興廢爭戰之事。（註六）在這四家中，小說與講史同受歡迎。

而四家之中，最特別的是宋代講史技藝人，其身份、名號與其他三家不同。例如，吳自牧《夢粱錄》卷二十「小說講經史」條，即敘說如下：

說話者，謂之舌辯。雖有四家數，各有門庭。且小說名「銀字兒」，如煙粉、靈怪、傳奇、公案、提刀桿棒、發發踪參（《都城紀勝》作「及發跡變態之事」）。有譚談子、翁二郎、雍燕、王保義、陳良甫、陳郎婦棗兒、余二郎等，談論古今，如水之流。說經者，謂演說佛書；說參請者，謂賓主參禪悟道等事；有寶庵、管庵、喜然和尚等。又有說諢經者，戴忻庵。講史書者，謂講說通鑑漢唐歷代書史文傳、興廢爭戰之事。有戴書生、周進士、張小娘子、宋小娘子、丘機山、徐宣教。又有王六大夫，原係御前供話，爲幕士請給，講諸史俱通，於咸淳年間，敷演復華篇及中興名將傳，聽者紛紛，概講得字眞不俗，記問淵源甚廣耳。（註七）

從上可知，宋代講史之技藝人，有「書生」，有「進士」，有「宣教」，還有原爲御前供話的「大夫」。而在周密《武林舊事》中記載：「演史：喬萬卷、許貢士、張解元（等二十三人）」（註八）《西湖老人繁勝錄》「瓦市」條也有：「……常事二座勾擱專說史書：喬萬卷、許貢士、張解元」（註九），可知講史者還有「萬卷」、「貢士」與「解元」。這些稱謂，不一定代表這些講史藝人就是高中科舉者，但絕對不是一般市井平民，而應是知識份子，其學識有相當程度，且又熟讀史書者。而後《武林舊事》所記當時講史人數有廿三人之多，《繁勝錄》所載有「二座勾攔專說史書」，可知宋代講史的發達，及規模的盛大。講史在當時是受到大衆的喜愛與歡迎。（註一〇）

和南宋同時存在的金國，也有說書活動的存在。譚達先認爲這可從《金史》中得到證明，如卷一〇四的〈完顏寓傳〉說：「賈耐兒者，本歧路小說人，俚語詼嘲以取衣食。」又卷一二九〈佞幸傳〉也說：「張仲軻，幼名牛兒，市井無賴，說傳奇小說，雜以俳優詼諧語爲業。」他認爲這裡敘述的賈耐兒和張仲軻說「小說」（評書），就可能是以說書爲生的藝人。（註一一）

至於元朝，雖然建立了以蒙古族爲皇室的王朝統治，但在民間仍有說書的演出。《秋澗先生大全文集》卷七十六引當時汲縣人王惲有一首詞〈鷓鴣引．贈馭說高秀英〉，曰：

短短羅衫淡淡粧，拂開紅袖便當場。掩翻歌扇珠成串，吹落談霏玉有香。由漢魏到隋唐，誰教若輩管興亡。百年都是逢場戲，拍板門鎚未易當。

譚達先認爲「馭說很像說書的一種名稱。而從這首詞反映的內容看，女藝人高秀英很像是穿上短短羅衫，淡粧打扮，又說又唱地說著從漢到唐的歷史故事。」（註一二）

在元朝說書的女藝人其實還很多。陶宗儀《南村輟耕錄》卷廿七，記載了「杭州勾攔演說野史者」，胡仲彬「其妹亦能之」。楊維楨《東維子文集》卷六的〈送朱女士桂英演史序〉亦有提及：

至正午春二月，予蕩舟娛春，過濯渡，一姝淡粧素服，貌嫻雅，呼長年艤櫂，歛衽而前，稱：

朱氏名桂英，家在錢唐，世為衣冠舊族，善記稗官小說，演史於三國五季（指五代）。因延至舟中，為予說道君艮嶽及秦師事，座客傾耳聽聳，知其腹笥有文史，無烟花脂粉。……才如吾徒號儒丈夫者，為不如已！古稱盧文進女為女學士，予於桂英亦云。

可知元代民間講史藝人不少。連文學家楊維楨亦對這些講說史事的女藝人之學識與演技讚揚不已。（註一三）

宋代講史話本，還只是供說話人參考的底本，文字敘述採提綱式的說明，段落標題也不太分明；元代則稱講史為「平話」，也稱為「詞話」，譚達先認為是一種專以歷史故事為題材的「說大書」，只是這種「講史」見於文字記載流傳下來的很少。（註一四）

目前現存的宋編元刊，或是元人新編的講史話本，大多標名「平話」。所謂「平話」，後人認為「大概是藝人用口語講述而不加彈唱之故；其中穿插詩詞，也只用於念誦，而不用於歌唱。同時，『平』還有評論之意，說話人在講述時往往加以詳說論斷，所以明清人又稱之為『評話』。」（註一五）

目前現存的宋元講史平話計有：一、《梁公九諫》；二、《五代史平話》；三、《宣和遺事》；四、《武王伐紂平話》；五、《七國春秋平話後集》；六、《秦併六國平話》；七、《前漢書平話續集》；八、《三國志平話》。

在這八本平話中，胡曾詠史詩除不見於《梁公九諫》與《五代史平話》外，其餘六本，俱可見胡曾詠史詩穿插其中，尤以後五本，即元至治新刊全相五種平話最多。

以下，將胡曾詠史詩在這些平話小說中的出現，一一列出，並予分析比較。以了解胡曾詠史詩在平話中扮演的角色。

一、《宣和遺事》

《宣和遺事》計二卷，分前後二集。另本題《大宋宣和遺事》，四卷，分元亨利貞四集，宋人編。《百川書志》、《寶文堂書目》、《也是園書目》均有著錄。此書記北宋衰亡、金人入侵和南宋建都臨安的經過。

全書雜錄野史、雜傳、筆記、詩文而成，內容可分十段，然無總貫之綱，文體亦參差不一。其中敘述梁山泊故事，有楊志賣刀、晁蓋智取生辰綱、宋江殺閻婆惜、卅六人聚義梁山、宋江受招安征方臘等，略具《水滸傳》雛型，爲研究《水滸傳》成書和演變的重要資料。（註一六）

胡曾詠史詩在《宣和遺事》的前集出現。出現的次序是第二、三、四、五，共計四首。整本《宣和遺事》也就只有這四首胡曾的詠史詩。

如果篇首開始的一首七律開場詩不算，那麼胡曾的四首詠史詩應算是《宣和遺事》中最早出現的詠史詩。

《宣和遺事》前集，一開始即爲：

詩曰：

暫時罷鼓膝間琴，閑把遺編閱古今。
常嘆賢君務勸儉，深悲庸主事荒淫。
致平端自親賢哲，稔亂無非近佞臣。
說破興亡多少事，高山流水有知音。

嚴格來說，這首詩可稱爲「開場詩」或是「定場詩」。依話本小說體制，作品的開頭，多引一詩或一詞，或詩詞兼有。其作用或點明主題，或渲染意境，或抒發感慨。講說時稱作「開科」或「開呵」，亦可稱爲「開場詩」。在此之後，加以解釋便引入「正話」的文字。（註一七）

在「開場詩」後，《宣和遺事》則以教化人心之說教口吻，指出國家興衰，是太平之治或是流離之厄，「這個陰陽，都關係著皇帝一人心術之邪正是也」。然後，從唐堯、虞舜、商湯事功與德政一一敘述，直至周幽王之時：

……武王伐之。享國日久，傳位至周幽王，寵褒姒之色，爲不得褒姒言笑，千方百計取媚他，因向驪山上把與諸侯爲號的烽火燒起。諸侯皆道是幽王有難，舉兵來救；及到幽王殿下，卻無他事，只是要取褒姒一笑。后來貶了太子，廢了申后，申后怒。會犬戎之兵來伐幽王，諸侯不來相救，遂喪其國。有詩爲證。詩曰：

恃寵驕多得自由，驪山舉火戲諸侯。
只知一笑傾人國，不覺胡塵滿玉樓。

又楚國靈王寵嬪嬙之色，起章華之臺，苦虐黎庶，遭平王所追，遂死于野人申亥之家。有詩爲證。詩曰：

茫茫衰草沒章華，因笑靈王昔好奢。

臺土未乾簫管絕，可憐身死野人家。

后來陳後主也寵張麗華、孔貴嬪之色，沉湎淫逸，不理國事。被隋兵所追，無處躲藏，遂同二妃投入井中。隋兵搜出，亦遭其虜。其國即亡。有詩爲證。詩曰：

陳國機權未有涯，知何後主恣驕奢。

不知即入宮前井，猶自聽吹玉樹花。

當時有隋煬帝也無道：殺父、誅兄、奸妹、無所不至。寵蕭妃之色。蕭妃要看揚州景致，帝用麻胡爲帥，起天下百萬民夫，開一千丹八里汴河，從汴入淮，從淮直至揚州，役死人夫無數，死了相枕。復造龍鳳船，使宮女牽之，兩岸《簫韶》樂奏，聞百十里之遠。更兼連歲災蝗，餓死人遍地，盜賊蜂起：六十四處煙塵，一十八處擅改年號。李密袒臂一呼，聚雄師百萬，占了中原。煬帝全無顧念。被宇文化及造變江都，斬煬帝于吳公台下，隋國遂亡。有詩爲證。詩曰：

千里長河一旦開，亡隋波浪九天來。

錦帆未落干戈起，惆悵龍舟更不回。（註一八）

上述《宣和遺事》篇首的敘述，舉出了四個無道荒淫的昏君，一是周幽王，二是楚靈王，三是陳後主，四是隋煬帝。這四個皇帝的荒唐事跡，在文內都十分簡略的敘說，然後用詩以爲證明。這四首詩雖未寫出作者姓名，但都是胡曾作品，原題〈褒城〉、〈章華臺〉、〈陳宮〉、〈汴水〉四首詩，故講史人係引用胡曾這四首詠史詩作爲他舉例的證據。

由於胡曾詩後有陳蓋注，米崇吉評注，故張政烺因而認爲這些評註的內容，就是塑出平話的原型，亦即胡曾創作詠史詩，再加上評注文字，遂成爲「講史話本」之先河。以下，試將〈褒城〉等詩的評注列出，可與上述《宣和遺事》的內文作一比較，以探究二者之間是否有因襲關係。

《褒城》——陳蓋注：

史記云，周幽王將兵伐褒國。褒侯以女進之名褒姒。姒有妖艷，王好寵之。王遂廢申皇后，遣兵伐申侯。申侯乃與西戎攻王，而欲殺王。王與諸侯期約曰，若有寇即於驪山之上擊鼓舉烽火，須會兵相救。後幽王寵褒姒，姒不笑，王欲要其笑，乃擊鼓舉烽，告爲有寇。諸侯乃奔於驪山救主。諸侯兵至，無寇，褒姒乃大笑。後果申侯與西戎伐王，王急連舉烽告諸侯。諸侯皆爲王只欲要褒姒大笑，而並不至。王城遂破，太子東走投晉，晉侯立爲洛陽，號東周，謚爲平王也。夫王愚，重色而國亡。主聖任賢而祚永。每觀上古皆因聲色而至禍焉。（註一九）

在這首〈褒城〉的評注中，陳蓋係引用《史記》周本紀的記載，但加以簡化。所引用的句子皆是淺顯易懂、通俗明白。試看《史記》所載之其中一節：「褒姒不好笑，幽王欲其笑萬方，故不笑，幽王爲熢燧大鼓，有寇至則舉烽火。諸侯悉至，至而無寇，褒姒乃大笑。幽王說之，爲數舉烽火，其後不信，諸侯益亦不至。」（註二〇）陳蓋顯係修改《史記》記載，予以簡略化。至於胡曾的〈褒城〉，更是將此段史實，濃縮成七言絕句廿八個字，以綜論的筆法，前兩句將史實概括敘實，至於後兩句，也十分貼近史實，胡曾只是用比較文學的筆法，描述詠嘆出這段歷史的結局：「祇知一笑傾人國，不覺胡塵滿玉樓。」含蓄的用「胡塵滿玉樓」暗示西周的淪亡。全詩沒有褒貶，只在純粹敘述這段歷史的過程與結果。因此當《宣和遺事》提及這段「史實故事」時，爲加強閱讀者或閱聽者的興趣，並證所言屬實，很自然的引用據史直描的胡曾詠史詩。

至於是平話作者爲了配合胡曾詠史詩而寫出這一段歷史故事？還是胡曾在爲當時的講史話本做深一層的解說（姑且假定當時已有講史話本），以供說書人在故事中穿插「有詩爲証」的詠史詩？不妨再比對下列三首，以作進一步的分析。

〈章華臺〉——陳蓋注，米崇吉評註：

茫茫衰草沒章華，因笑靈王昔好奢。
臺土未乾簫管絕，可憐身死野人家。

史記曰，時楚靈王好大奢，乃役萬姓築臺起宮，以金玉裝飾，號章華臺。常與美人燕樂於此。後出軍伐陳，靈王之兄患弟不治國政，乃勒兵閉城攻王，王敗軍，獨騎奔投野人之家，遇鋗人曰：「與我一食，我不食三日矣。」鋗人謂曰：「新王下令，有飼王者，罪及三族，不可置食也。」既不得食，因枕其股而臥。鋗人畏人知之，乃以土代股而去。靈王飢甚，莫能起身，死

於申亥之家也。凡夫勢盡道窮，人之常數。可以空山就死，何以下託甘言，此之謂見危而求安，不居安而慮危也。(註二一)

陳蓋注胡曾詩，動輒引《史記》，但章華臺在《史記》楚世家中只提及一句：「七年，就章華臺，下令內亡人實之。」(註二二)至於靈王飢死野人之家經過，則陳蓋注與《史記》相似：「靈王於是獨傍偟山中，野人莫敢入王。王行遇其故鋗人，謂曰：『爲我求食，我已不食三日矣。』鋗人曰：『新王下法，有敢饟王從王者，罪及三族，且又無所得食。』王因枕其股而臥。鋗人又以土自代，逃去。王覺而弗見，遂飢弗能起。芋尹申無宇之子申亥曰：『吾父再犯王命，王弗誅，恩孰大焉！』乃求王，遇王飢於釐澤，奉之以歸。夏五月癸丑，王死申亥家，申亥以二女從死，並葬之。」(註二三)

胡曾針對此事經過，仍舊以白描手法，未予任何評價，敘述了靈王好奢以致身死。如嚴格來看，全詩帶有「議論」色彩者，只有「可憐」二字，用以表達詩人的嘆息。但這應是詩人純粹讀史後的感慨，其實不帶有「議論」的是非定論。

在《宣和遺事》中，作者(或是講史說書人)只用了五句話敘述靈王之死，然後用胡曾詩「爲証」，但如果不看陳蓋的注，或是《史記》的記載，靈王是如何「身死野人家」，一般民衆是不會了解的。因此，胡曾詠史詩在此出現，二者之間的關係，應是說書人配合胡曾詠史詩的內容，特加上此段故事。歷史上如靈王這類的無道君王很多，但能被詩人具体寫出，文辭通俗明白，易於了解的不多。而胡曾詠史詩的特色就在「俗下」、「一覽便盡，開口見喉」，最適合在市井中講述給平民大衆聽。

事實上，如果再看後來明代成書的《東周列國誌演義》，針對靈王奢華無道，最後身死野人申亥之家的經過，共引用了胡曾詠史詩三首，但除〈章華台〉這一首之外，其餘二首，並不見於現今留存得見的一百五十首胡曾詠史詩。這兩首應是亡佚的，可惜不得考。而如果這兩首詩是胡曾所撰，則可見胡曾是有系統的在以詩來敘史。

這兩首在《東周列國誌演義》出現的胡曾詠史詩，分別是：

亂賊還將亂賊誅，雖然勢屈肯心輸；
楚虔空自誇天討，不及莊王戮夏舒。（註二四）

漫誇私黨能扶王，誰料強都已釀奸；
若遇郟敖泉壤下，一般惡死有何顏。（註二五）

這兩首詩都是在描述楚靈王無道的過程，直至靈王兵敗逃亡，身死野人申亥之家，才再用胡曾〈章華臺〉作爲總結，〈章華臺〉可說是綜合楚靈王荒唐無道種種事跡的最後一首詩。

而再細看胡曾現存的詠史詩中，還有一首也是描述楚靈王荒淫事跡者，即〈細腰宮〉：

楚王辛苦戰無功，國破城荒霸業空；
唯有青春花上露，至今猶泣細腰宮。

《史記》上沒有細腰宮的記載，但是在《管子・七臣七主》中有：「楚王好小腰，而美人省食。」《韓非子・二柄》亦曰：「楚靈王好細腰，而國中多餓人。」以及《後漢書・馬廖傳》：「傳曰：楚王好細腰，宮中多餓死。」（註二六）都提及了楚靈王好細腰的故事。而在《東周列國誌演義》中的第六十八回，一開始即敘述：

> 話說楚靈王有一癖性，偏好細腰，不問男女，凡腰圍粗大者，一見便如眼中之釘。既成章華之宮，選美人腰細者居之，以此又名細腰宮。宮人求媚於王，減食忍餓，以求腰細，甚有餓死而不悔者……。（註二七）

但是，在這裡，作者並未引胡曾〈細腰宮〉「爲証」。主要原因，或許是陳蓋在注此詩時，謂：

> 史記曰，楚莊王負蒭好細腰美人。王左右并閭國美人皆爲之約食，乃起宮常與美人宴此宮，不治國政。秦始皇遣將王剪（翦）將兵伐之，剪九解楚將項燕，擄王入秦，楚遂滅也。（註二八）

根據《史記》記載，楚國係至哀王庶兄負芻弒兄自立後而被王翦滅（註二九）。負芻非楚莊王。楚國好細腰美人之君王爲靈王，而非莊王，換言之，陳蓋之注，一開始即錯，這或許是說書人（作者）不敢隨意引用之故。

但不論原因爲何，可以了解的是胡曾單爲楚靈王之事跡，即已創作了四首詠史詩。楚國也的確是在楚靈王之時，國運開始有了由盛而敗的轉變；而靈王以一國之君卻餓死野人之家，爲天下笑，也爲東周戰國時期一重大歷史事件。胡曾能選擇這個主題，顯見其具有獨特的歷史眼光。而說書人在衆多無道君主中，找例子作講史証明時，自然以胡曾詩中的主角爲例，一方面信賴胡曾選擇歷史人物的正確性與價值性，一方面又有現成的詩句作爲配合，相輔相成之下，胡曾詠史詩自然成爲說書人或講史小說作者的最愛。

因此，以《宣和遺事》中這首〈章華台〉詠史詩爲例，平話作者應是爲了配合胡曾詠史詩中的情境與人物而撰寫出一連四個無道君王荒淫事跡。這些事跡在《宣和遺事》中雖只是一筆帶過，但因有四首詠史詩的配合，足以証明這四人在歷史上具有足夠的代表性。以四人作爲平話引子，然後再導入《宣和遺事》中的正題，即宋徽宗與李師師之君王與妓女的戀愛，最後導致國破人俘的故事。詩文互配前後呼應，胡曾詠史詩在《宣和遺事》話本小說中發揮了舉足輕重的「定場」功能。

至於在《宣和遺事》中，胡曾詠史詩是否如張政烺所言，用爲講史話本的底本？根據下列三點原因分析，其可能性是不大的。

首先，胡曾詠史詩在《宣和遺事》中出現僅四首，而且還不被冠上姓名。說書人在全文中，引用甚多名人的詩句，如白居易〈長恨歌〉中的「後宮佳麗三千人，三千寵愛在一身。金屋妝成嬌侍夜，玉樓宴罷醉和春」、「漁陽鼙鼓動地來，驚破霓裳羽衣曲」。（註三〇）這是用以証明唐明皇的無道。亦有用邵康節（邵雍）的詩：「自古御戎無上策，唯憑仁義是中原。王師問罪固能道，天子蒙塵爭忍言。兩晉亂亡成茂草，二君屈辱落陳編，公閭延廣何人也？始信興邦亦一言。」（註三一）作爲宣和、靖康年間亂亡的讖語。此外，尚有劉克莊、「南儒」、劉屏山、鄧肅等人的詩。可見胡曾詠史詩只是扮演著引子的角色，絕非掌控全書的主體。

第二，胡曾係晚唐時人，其一百五十首詠史詩的特色，如前所言，他只詠前朝各代的歷史，獨獨不詠當朝歷史，即使是初唐、盛唐、中唐亦然，這也是他與李商隱、杜牧等所著之詠史詩有很大不同的地方。而晚唐詩人，又如何去詠宋代發生的事呢？所以，僅憑此點，即可証明胡曾詠史詩不可能爲《宣和遺事》話本的底本。

第三，即以陳蓋爲胡曾所作的注解來看，其謬誤處甚多，後代的平話與演義並未完全採用陳蓋的評注，這說明了陳蓋之注解十分粗糙，即使用作當時的啓蒙教材（註三二），亦不適當。陳蓋注釋之謬誤處，現舉出三例，前二例即前述〈章華宮〉一詩中所注的謬誤（一是將「楚王好細腰」之楚靈王，注爲楚莊王；另一是楚國敗亡的最後君主爲負芻，而非楚莊王）；第三例即是在《宣和遺事》胡曾的第四首〈汴水〉一詩中，描述的是隋煬帝奢靡無道之事。隋煬帝是隋朝時人，但陳蓋注解此詩時，一開始即以「史記云……」（註三三）來証明胡曾詠史詩的可信度，而《史記》是西漢司馬遷所著。漢時之人豈知隋朝之事？陳蓋注解之謬，由此可知。

因此，胡曾詠史詩在《宣和遺事》平話中，其扮演的角色就是在以詩敘史，以詩証史；由於在篇首出現，亦可謂之「入話」。由於其詩句淺白易讀，通俗流暢，故被說書人引用。而晚唐詠史詩人衆多，胡曾詩能於篇首即被引用，可知胡曾詠史詩在後代說書人眼中，具有一定份量，可能也是流傳度最高者。

由於《宣和遺事》演述宋朝史事，因此，胡曾不可能是爲《宣和遺事》撰述相關的詠史詩；而就《宣和遺事》一書來看，胡曾詠史詩也不可能爲《宣和遺事》的底本。換言之，《宣和遺事》爲一獨立創作之話本，並非爲詠史詩而刻意寫出的話本。詠史詩在平話小說中扮演的是論贊與舉証的角色，是客體，而絕非主體。

二、《元至治新刊全相平話五種》

《元刊五種平話》的全名爲：《至治建安虞氏新刊全相平話五種》，共十五卷，每種平話有三卷。各書名稱爲：一、《全相武王伐紂平話》，別題「呂望興周」；二、《全相平話樂毅圖齊七國春秋後集》；三、《全相秦併六國平話》，別題「秦始皇傳」；四、《全相續前漢書平話》，別題「呂后斬韓信」；五、《新全相三國志平話》。

這五本平話，原藏於日本內閣文庫，後爲日本學者鹽古溫發現，方被世人重視。原書均不著撰人，故作者無從可考。其爲蝴蝶裝．中無板心，格式爲福建地區刊本所特有式樣，五本平話均圖文並茂，一頁分兩格。上三分之一爲圖，下三分之二爲文，每圖均有畫題，與文字內容相符合，此即「全相」之義。

每本平話扉頁上有「至治新刊」或「建安虞氏新刊」字樣。至治，爲元英宗年號，前後凡三年（西元一三二一—一三二三年），恰當元代中葉。建安則是福建省建陽縣，宋元以來爲造紙工業及印刷事業中心；虞氏則係當時書舖之名。由於該地木料易得，木質鬆軟，易於施工，故紙質劣而產量豐，此導致五本平話字句多脫落及模糊，而這可說是《元刊五種平話》的特色之一。

在開始分析胡曾詠史詩與五種平話內容關係之前，必須先了解五種平話特色和價值。其特色爲：一、虛實相半：五書皆「在歷敘史實而雜以虛辭」。爲虛辭者，多涉及神怪鬥法、變法之情節，五書中以《武王伐紂平話》、《樂毅圖齊七國春秋後集》與《三國志平話》三書爲然；爲史實者，敘事皆本史傳，然誤謬處卻很多，此專指《秦併六國平話》與《後漢書續集》二書而言。二、文辭鄙陋，語意不暢。三、錯別字、音誤字特別多。（註三四）

五種平話最具意義的一點，即是在中國俗話小說史上，扮演著變文與演義之間的橋樑，其不但上承唐朝變文的故事與風格，且導致後世演義小說的發展。舉例來說，《封神演義》是受《武王伐紂平話》的影響，《三國演義》是受《三國志平話》的影響。（註三五）

五種平話的特色有如上述。但它還有一個特點，那就是大量的詩爲平話作者採用，文中常使用說書人的口吻或表達方式。在由中央圖書館印行的五種平話中，四八四頁的內文，共計使用二一七首詩。這二一七首詩的出現，經常限在一些特定的套語(cliché)之後，例如「詩曰」、「有詩爲証」、「答詩曰」、「成詩曰」等。至於詩的格式則是多樣的，有四言、五言、七言的絕句和律詩，也有曲、歌、對句；甚至通俗的格言、諺語和廟贊，也在其中。這些繁複的詩體格式，豐富了故事的表達和形式。說書人也同時靈活使用這三種形式的詩體，有時一頁之中出現好幾首詩，有時則讓一首長詩橫跨數頁。說書人自由的以各類詩體（不受任何規律和限制）表達故事，可以說是五種平話小說中的一大特色。

詩在平話小說中扮演著極重要的角色，其功能一如張敬在〈詩詞在中國中典小說戲曲中的應用〉一文指出：「歸納分類其應用之大要，不外四目：一、作組織骨幹。二、作題詠插曲。三、作頭尾起結。四、作段落贊詞。」（註三六）

但是，詩詞在平話小說中還有一些其他的功用，如增加故事的眞實性、營造故事緊張氣氛、引導情節發展、增飾文采等。其中，在增加故事的眞實性方面，詠史詩扮演相當重要角色。

在《元刊五種平話》中，在引用詩之前最常出現的套語是「有詩爲證」四個字。這顯然是說書人（或是作者）的一種設計，以此來說服讀者相信他所敘述的故事是眞實的，是有憑有據，有史書爲證的。除了「有詩爲證」外，也可發現類似的套語在五種平話中經常出現，例如：「怎見得？」「詩曰」等。其中，「有詩爲證」在一六六首七言絕句中，以套語方式出現了四十七次，比例高達百分之廿八。說書人（作者）甚至寫出詩人的名字，以進一步增加故事的眞實性。這類的句子有：「宋朝王荊公有詩道」、「南儒章碣有詠史詩道」、「後有胡曾詩爲證」等。

胡曾詠史詩在平話中被指名道姓的表明出來，是從《元刊五種平話》開始。在《宣和遺事》中，如前所述，只有詩而無名姓。

五種平話中，共計採用一二一首詠史詩，佔引用二一七首各類詩體的百分之五十六。假如刪去二一七首詩中的對句、廟贊、諺語等，則詠史詩在一六六首詩中所佔的比例，高達百分之七十二。詠史詩與平話小說的密切關係，由此即可見一般。

而在《元刊五種平話》中的一二一首詠史詩，胡曾詠史詩佔廿四首，另有一首七律，前四句完全引用胡曾〈長安〉一首。因此，共計有廿五首胡曾詠史詩出現在五種平話之中。

以下，試就五種平話中所採用之胡曾詠史詩，分析探究其在平話中的功能與彼此間的主從關係。

(一)《武王伐紂平話》

本書全名：《全相武王伐紂平話》。別題：《呂望興周》。元不著撰人，三卷，每卷首刻有「新刊全相平話武王伐紂書卷上（中、下）」一行。卷端扉頁上有「建安虞氏新刊」一橫行，中有圖一幅，圖下則有「全相武王伐紂平話」大字分兩行，中夾《呂望興周》四小字。正文上欄三分之一爲繪圖，每葉一幅，右上角記圖名，首葉圖名下有：「□川吳俊甫刊」。每卷各自起訖，上、中卷各十五葉，下卷十二葉；正文下欄三分之二爲平話，每半葉廿行，一行廿字，則全書約三萬三千餘字。前後兩半葉相密接，沒有板心，爲舊刊中所罕見。

採集各書故事與民間傳說以成伐紂小說者，不知始於何時？吳自牧《夢梁錄》所載宋南渡後說話四科小說家數之中，已有靈怪一類，而當時是否有伐紂話本，則不得而知；今日所見最早之話本，即爲本書。全書雖僅寥寥三卷，然鋪設宏偉，已具後世《封神演義》之雛形。

武王伐紂，史有記載，其間頗有妄誕之處，而小說中之是非眞假，固不必有一定之因襲，然敷陳故事，縱騁想像於天地之外，大率亦有所本，方得遨遊人神境界。本書徵引甚博，其故事之架構與枝葉，得自《尙書》、《呂氏春秋》、《史記》、《帝王世紀》諸書，由其間所撰記敘事，可知此故事逐漸演化，漸具小說之雛形。

《全相武王伐紂平話》有圖目（相目）四十二條（即一葉有一條），計上卷十五條，中卷十五條，下卷十二條。蓋「全相」者，即每葉必有一「相」，相上則有一「目」之謂也，「目」以文字指陳大意，「相」以圖畫表示內容。「相目」則猶如後世章回小說之回目，措舉每章之要旨。

《武王伐紂平話》共引用胡曾詠史詩二首，一首標名了「有胡曾詩爲證」，一首則是「後有詩爲證」，其在目前留存的胡曾一五〇首詠史詩中，前者題名爲〈鉅橋〉，後者爲〈首陽山〉。

1.〈鉅橋〉在《武王伐紂平話》中出現之情境如下：

……每日紂王共妲己在摘星樓上，取樂無休。萬民皆怨不仁無道之君，寵信妲己之言，不聽忠臣之諫，損害人民之命。紂王今天下變震黎民，廣聚糧草，在朝歌廣有三十年糧，盡底成塵。有胡曾詩爲證。詩曰：

積粟成塵竟不開，誰知拒諫剖賢才。

武王兵起無人敵，遂作商郊一聚灰。（註三七）

胡曾這首〈鉅橋〉．全詩有三個重點故事。第一句是敘述紂王將糧食聚倉多年，寧可成塵，也不肯開倉給予百姓食用；第二句是敘述紂王殘暴，不肯聽比干、箕子、微子等人的勸誡，甚至剖開比干心；第三句謂武王起兵伐紂；第四句則總結上述三點，歸納出商紂敗亡的合理性。全詩一氣呵成，將商紂敗亡之因依序寫出。換言之，胡曾此詩重心是以三件史事來觀商紂敗亡全貌，而非只敘述一個

「積粟成塵」的故事。也就是說，胡曾並非爲「積粟成塵」一事來撰寫詠史詩，「積粟成塵」只是個導引。顯然，胡曾並不是爲「平話」來創作詠史詩。

至於陳蓋之注，是否有可能成爲後代平話之「祖」？亦即爲平話作者創作之依據？此需用實例來討論，如〈鉅橋〉在「武王兵起無人敵，遂作商郊一聚灰」後的陳蓋之注：

史詩云，帝紂名章又名受，智足以拒諫。曰（應爲言）足以飾非，倒拽九牛，暴搏猛獸。幸惑於妲己，造瓊室鹿臺，飾以美玉，大宮百里中有九市，一百二十日爲就。晝夜與崇侯費仲戲焉。又置炮烙之刑，又刳剔孕婦．積粟糗糧，不思民弊。是時六月雨雪又雨血又雨石。鬼哭山鳴，乃周武王聞紂兄三人皆去，乃以太公爲將，起兵伐紂，囚於商郊，而後殺之，殷遂滅矣。（註三八）

陳蓋之注，部分引自《史記》殷本紀，如「帝紂資辨捷疾，聞見甚敏；材力過人，手格猛獸；知足以拒諫，言足以飾非……愛妲己，妲己之言是從……厚賦稅以實鹿臺之錢，而盈鉅橋之粟。……以酒爲池，縣肉爲林，使男女倮，相逐其間，爲長夜之飲。百姓怨望而諸侯有畔者，於是紂乃重刑辟，有炮烙之法……」（註三九）然而，在《史記》中並無紂王「刳剔孕婦」記載。此四字見於《尚書．泰誓上》：「刳剔孕婦」；事件發生過程見於《呂氏春秋．古樂》：「周文王處岐，諸侯去殷三淫而翼文王。」高誘註：「三淫，謂割比干之心，斷村士之股，刳孕婦之胎者，故諸侯去之而佐文王也。」《帝王世紀》：「紂怒……刳孕婦之腹而觀其胎。」（註四〇）可見陳蓋之注，並非只參考《史記》

一書，他不但引用《史記》，亦引用其他史書記載，並雜以一些民間傳說，或是道聽塗聞，或是誇大其詞，如「是時六月雨雪又雨血又雨石，鬼哭山鳴」等史書並無記載，但具有戲劇性（小說性）的文句。故其注整體來看，就如同前述五種平話的特色一樣：「在歷敘史實而雜以虛辭」，以及「錯別字，音誤字特別多」。因此，平話作者有可能參考陳蓋之注，甚至模倣其敘事風格，而不一定如同陳蓋一樣，參考許多史書，始爲一注。如「剳剔孕婦」。

在《武王伐紂平話》原書中，「剳剔孕婦」爲一圖目（五種平話都沒有卷目或回目，唯每葉上欄有圖，圖邊有一標題，爲此葉內容之大要）（註四一），除非說話人（作者）詳讀《尙書》、《呂氏春秋》、《帝王世紀》等書，否則，不會以「剳剔孕婦」四字爲圖目；說話人很有可能在閱讀完陳蓋之注後，選擇了「剳剔孕婦」爲該葉的主題。

如果這個推論是正確的，那麼胡曾詠史詩的陳蓋之注，很有可能爲平話作者在創作時用來參考與引用的依據。換言之，二者關係有一定的密切度。

以下將再探討第二首出現在《武王伐紂平話》的胡曾詠史詩〈首陽山〉，其情況是否與〈鉅橋〉類似？

2.〈首陽山〉在《武王伐紂平話》中出現之前後文如下：

……前到洛陽，伯夷，叔齊諫武王：「臣不可伐君，子不可伐父。啓陛下，父死不葬，焉能孝乎；臣弑君者，豈爲忠乎？陛下望塵遮道，今日諫大王休兵罷戰。紂君無道，天地自伐，願我王納小臣之言，可以回兵，只在歧州爲君。大王有德，紂王自敗也。」伯夷，叔齊如此之諫，故意先交前面颶塵遮日，只見昏暗，只圖武王聽之回兵不戰。武王不納伯夷、叔齊之諫，言曰：「紂王囚吾父，醢吾兄，損害生靈，剝戮忠良，剖剔孕婦，斷脛看髓，酒池蠆盆，肉林炮烙之刑……若不伐之，朕躬有罪。卿等且退。」二人又諫曰：「大王休兵罷戰，不合伐紂，恐大王逆也。」武王大怒，遂賜二人去首陽山下，不食周粟，采蕨薇草而食之，餓於首陽山之下，化作石人。後有詩爲證，詩曰：

讓匪巢由義亦乖，不知天命匹夫災。
將圖暴虐誠能阻，何是崎嶇助紂來。

又詩曰：

孤竹夷齊恥戰爭，望塵遮道請休兵。
首陽山倒爲平地，應是無人說姓名。（註四二）

在平話中，說話人引用了二首詠史詩，第一首爲周曇詠史詩〈夷齊〉，第二首爲胡曾詠史詩〈首陽山〉。

周曇詠史詩在平話中被引用的不多，而根據《全唐詩稿本》，周曇〈夷齊〉原文是：

讓國由衷義亦乖，不知天命匹夫才。
將除暴虐誠能阻，何異崎嶇助紂來。（註四三）

周曇此詩較平話所載通順合理，原因在於平話引用，大概只聽其字音，不見其字義，故有一些關鍵字是音同字不同，如「何異」變成「何是」，「將除」變成「將圖」。平話作者顯然未看到周曇原詩，只是耳中熟悉，遂信手拈來，以爲佐證。

周曇此詩，評論意味極濃，不是在以詩敘史，而是在以詩評史，批評伯夷、叔齊二人以「匹夫才」勸阻武王伐紂之舉，等於是在間接幫助紂王。這與平話本意相合，說話人將此放在第一首，十分合理。

至於第二首胡曾的〈首陽山〉，前兩句「孤竹夷齊恥戰爭，望塵遮道請休兵」，在陳蓋之注中，完全看不到「望塵遮道」此四字解說。更特別的是，平話謂伯夷、叔齊二人諫阻武王伐紂不成後，是「武王大怒，賜二人去首陽山下，不食周粟」，但在陳蓋之注中，引用《史記》，爲「二子乃隱首陽山，誓不食周粟，採白薇而食，遂餓死」（註四四）。平話中的伯夷、叔齊是「被動」的放逐首陽山，而在陳蓋之注中，二子乃「主動」的隱居首陽山。兩者立論完全相異。由是可知，平話作者是採用胡曾詠史詩，並將胡曾詩中的「望塵遮道」用更通俗的情節予以解說。至於陳蓋之注，平話作者完全不採用。

經由上述之比較分析，得知在《武王伐紂平話》中，得以證實採用的胡曾詠史詩有二首，周曇詠史詩有一首，其所佔的數量比例並不高。而細數胡曾爲商湯與西周之間相關史事所撰之詠史詩，共計有十首（見前述胡曾詠史詩之朝代分類一節），十首中只選用二首，顯然胡曾詠史詩並不是專爲平話的成書而創作的。但平話作者絕對熟悉胡曾的詠史詩，甚至是周曇的詠史詩。平話作者在衆多詠史詩中，選擇能合乎其情節發展與內容主題者。至於陳蓋之注，只是用來參考，並非以其注來主導平話內容發展，或是以其注架構平話情節。平話作者，仍是創作平話底本的主控人。詠史詩，只是用來加強其情節發展與證實其內容確實有據，當然，更有炫耀平話作者文采嫣然，博學多觀的文史修養之功能。

(二)《樂毅圖齊七國春秋後集》

此書演樂毅伐齊事，分爲上、中、下三卷，合計四萬四千餘字，自孟子見齊宣王起，至四國順齊止，亦如《武王伐紂平話》者，依相旁之題榜，即話本之目錄，挈領全書爲四十二回。唯不同於《武王伐紂平話》者，係此書將相旁題榜以黑底白字標於行文之中，令人一目了然，且另增回目，置於文中，使每隔數段，即有一重點標出，若順此重點流覽，則無須詳讀全文，即可掌握全書之概要。全書「黑底白字」之重點共計六十一，較相目多出十九，乃《樂毅圖齊七國春秋後集》特色之一。

此書雖敷演樂毅伐齊事，名曰春秋後集．然細究全文，所記仍以孫臏事爲多，田單僅於火牛破燕事連類及之，且謂遵孫臏之命。按史稱樂毅伐齊，復齊者爲田單，並非孫子，然此書所敘，則爲樂毅、孫臏二人之爭鬥，並導致二人之師父鬥法，詭異已極。而其不合史實，時代錯亂，更不必言，然民間說故事之本色固如是也，早期平話小說之情形固如是也。

據羅燁《醉翁談錄》「小說開闢」云：「論機謀有孫龐鬥志」，是知宋時市人「說話」已有此科，惜其話本不傳，今見最早之本，當首推此書，蓋此書開首即云：「夫後七國春秋者，說爲魏國遣龐涓爲帥，將兵伐韓趙二國。韓、趙二國不能當敵，即遣使請救於齊。齊遣孫子、田忌爲帥，領兵救韓、趙二國，遂合韓、趙兵戰魏。敗其將龐涓於馬陵山下。……其夜，孫子用計，捉了龐涓，就魏國會六國君王，斬了龐涓，報了刖足之恨。」是知本書承繼孫龐鬥志演義之故事演進而成。而其既名《七國春秋後集》，可知必有前集，內容當爲孫龐鬥志。（註四五）

全書引用甚多詩、詞、廟贊、表、詔文。其中引用胡曾詠史詩僅二首，另周曇詠史詩亦引用二首。而胡曾每首詩皆指名道姓，其詩前言必曰：「有胡曾詠史詩爲證。」

全書一開始即用二首「開呵詩」定場，接著即用胡曾與周曇詠史詩證明孫子如何設計敗龐涓，以及斬了龐涓，報了刖足之仇：

……有胡曾詠史詩爲證。詩曰：

墜葉蕭蕭九月天，驅嬴獨過馬陵前。

路傍古木蟲書處，記得將軍破敵年。

其夜孫子用計，捉了龐涓，就魏國會六國君王，斬了龐涓，報了削足之仇。怎見得？有周曇詠史詩爲證。詩曰：

曾嫌勝己害賢人，鑽火明知速自焚。

斷足爾能行不足，逢君誰肯不酬君。（註四六）

在《全唐詩稿本》中，胡曾原詩第二句是「驅兵獨過馬陵前」；而在有陳蓋注的《新雕注胡曾詠史詩》中，此句爲「駈嬴獨過馬陵前」，「駈」爲「驅」之俗字（註四七），嬴、羸同音，可見平話作者應是參看有陳蓋注，米崇吉註評的胡曾詠史詩。

至於周曇原詩題名〈孫臏〉，前兩句爲「會嫌勝己害賢人，鑽火明知速自聞」，語意不通。平話改爲「曾嫌勝己害賢人，鑽火明知速自焚」，較爲合理，也與孫龐鬥智的內容相合。

由上可見說書人在創作話本時，自有主見，並未受到詠史詩的主導。說書人會在衆多的史料中，擷取其所需求的資料。

在本書卷中，再度引用胡曾與周曇的詠史詩。故事情節係田單用孫子之計，以火牛陣大敗燕軍：

……殺得燕兵尸橫滿野，血浸成河。正傳云：殺燕軍片甲不回，復齊七十餘城。怎見得？有胡曾詩爲證。詩曰：

即墨門開縱火牛，燕師營裏血波流。

固存不得田單術，齊國尋成一土丘。

又詩曰：

即墨燒牛發戰機，夜奔驚火走燕師。

是知公子田單輩，克復齊城在一時。（註四八）

平話在這一段情節中，係引用胡曾〈即墨〉一詩。固存，係齊王字也。平話引用這首詩是很有趣的。因爲在平話中，田單用火牛陣破燕，是燕齊之戰中最激烈的一仗，也是春秋後期一件大事。因而史書詳載，描述曲折動人，著墨甚力。《史記·田單列傳》記載甚詳；但在平話中，卻僅用六百餘字輕輕帶過，同時顚倒史實，將田單設火牛陣奇計之功一筆抹煞，並歸之於孫子。(註四九)這種顚倒歷史的態度，固然令人難測，但有趣的是，平話作者卻自相矛盾，情節內容將破火牛陣之功歸於孫子之術，但所引用詠史詩的內容，卻是稱讚田單：「固存不得田單術，齊國尋成一土丘。」胡曾詠史詩在這一首詩的敍述，雖合乎史實，卻與平話內容相異，而平話仍採用胡曾〈即墨〉一詩來爲故事情節做有力的「證明」，這樣矛盾的作法，可以爲之的解釋，當是平話找不出符合同其一樣脫離史實的，且能配合其情節內容的詠史詩，而只好以胡曾詩中的〈即墨〉一首充數。

能夠證明這個解釋者，可以看接下來平話引用的周曇詠史詩，這首詩的原名是〈魯仲連〉，原詩內容是：

昔進燒牛發戰機，夜奔驚火走燕師。
今來躍馬懷橋墮，十萬如無一撮時。(註五〇)

這首詩的主題是魯仲連，他幫助田單收復聊城一事，發生在田單火牛陣破燕軍後。事見《史記・魯仲連列傳》。而平話作者但見「夜奔驚火走燕師」一句，符合火牛陣夜破燕軍一事，遂借用此詩，並改寫第一、三、四句。平話作者改寫此舉，證明了平話所決定或更改的詠史詩，係爲了配合其情節內容。詠史詩在這種情況下，絕對是「被動」的來配合平話的內容，而非爲平話舖路，亦即詠史詩應不是爲平話而寫，但平話卻依賴詠史詩爲其內容「背書」。

《七國春秋後集》的卷下，沒有再引用胡曾、周曇的詠史詩，主要原因在於此書情節發展至此，除封田單為「安平君」外，餘皆作者虛擬，毫無「歷史」可言。（註五一）一個虛擬的故事，如何能從詠史詩上找到「證明」？畢竟，詠史詩最重要的構成就在一個「史」字。背離了歷史，還詠嘆什麼呢？

(三)《秦併六國秦始皇傳》

本書全名《全相秦併六國平話》，別題《秦始皇傳》，全書結構、風格與前二種平話迥異其趣。以結構言，本書有頭有尾，一氣呵成，首敘歷代興亡之「入話」：「世代茫茫幾聚塵，閑將史記細鋪陳。便教五百多權變，怎似三王尚義仁。」繼以「鴻蒙肇判，風氣始開」云云，而歷敘堯、舜之揖讓，三代之征伐，然後更敘及周之得天下及周室之衰微，諸侯互爭，再開始秦鯨吞蠶食六國，席捲天下之故事，直至秦因暴政而為劉邦、項羽所滅，劉邦再用韓信、張良，打敗項羽，統一天下，於是以一史論與史詩結尾：「則知秦尚詐力，三世而亡。三代仁義，享國長久。後之有天下者尚鑑于茲。詩曰：始皇詐力獨稱雄，六國皆歸掌握中。北塞長城泥未燥，咸陽宮殿火先紅。痴愚強作十年調，興感不如一夢通。斷草荒蕪斜照外，長江萬古水流東。」是知本書獨立而完整，絕非承續他書如《七國春秋後集》而來，亦不可能有續集。較之《武王伐紂平話》，有頭無尾（言及太公斬妲己後，即告卷終，武王分封建都鎬京等事俱未再言，就小說結構而言，不算完整），以及《樂毅圖齊七國春秋平話》無頭無尾，本書可謂結構謹嚴，組織工整。（註五二）

以風格言，本書神鬼鬥法成份大減，多半為人與人之爭鬥，雖紀事疏略平淡，且有不實之處，然不失為一風格純正之歷史小說。(註五三)由於此書風格迥異前列二書，知其與前二書作者絕非一人。

本書在採用胡曾詠史詩以為史實佐證的數量上，也因此與《武王伐紂平話》、《七國春秋平話》不同。共計採用了胡曾詠史詩十五首，其數量之多，為五種平話之首。

《秦併六國平話》仍依前例，分上、中、下三卷，三萬五千餘字。其圖目(回目)卻有五十一條之多，較前二種平話多出九條，可知本書敘事較繁雜。全書內容，始於周平王下堂見諸侯，秦滅六國，始皇崩沙丘，李斯矯詔殺扶蘇、蒙恬，立二世，李斯父子被殺，終於群雄並起，劉邦敗項羽，滅秦登基。

根據研究，全書可依風格、形式分為二段，以卅回為界限。卅回之前，除架構依《史記・秦始皇本紀》外，作者頗能發揮其想像力與創作力，盡量於史實外增添趣味化之情節，並不惜反覆用形容詞句描述，以求生動活潑；史實僅為支撐故事發展之「線」，用以貫穿無數脫出歷史軌道之點。而卅回之後至卷終，其內容則不出《史記》範圍，鮮少作者想像與創作技巧，可謂為〈秦始皇本紀〉、〈高祖本紀〉、〈項羽本紀〉、〈李斯列傳〉等篇的融合，無一為作者自寫；除少部分改寫或抄襲錯誤外，餘皆原文照抄或節錄。(註五四)

因此，本節將探討胡曾詠史詩在《秦併六國平話》中扮演何種角色？陳蓋之注是否有主導全部平話之發展？

胡曾詠史詩在本書中之出現，依序如下：

1. 〈軹道〉

漢祖西來秉白旄，子嬰宗廟起波濤。
誰憐君有翻身術，解向秦宮殺趙高。

2. 〈此詩不見《全唐詩》〉

諸國兵來要伐秦，反遭虧將損人兵。
思量無計回軍路，秦勇剛強甚怕人。

3. 〈易水〉

一旦秦皇馬角生，燕丹歸北送荊卿。
行人欲識無窮恨，聽取東流易水聲。

4. 〈雲亭〉

一上高亭日正晡，青山重疊片雲無。
萬年松樹不知數，若個虯枝是大夫。

5. 〈東海〉

東巡玉輦委泉台，徐福樓船尚未回。
自是祖龍先下世，不關無路到蓬萊。

6. 〈博浪沙〉

嬴政鯨吞六合秋，削平天下虜諸侯。
山東不是無公子，何事張良獨報仇。

7.〈長城〉

祖舜宗堯自太平，秦皇何事苦蒼生。
不知禍起蕭墻內，虛築防胡萬里城。

8.〈沙丘〉

年年游覽不曾停，天下山川欲遍經。
堪笑沙丘才過處，鑾輿風起鮑魚腥。

9.〈殺子谷〉

舉國賢良盡淚垂，扶蘇屈死樹邊時。
至今谷口泉嗚咽，猶似秦人恨李斯。

10.〈大澤〉

白蛇初斷路難通，漢祖龍泉血刃紅。
不是咸陽將瓦解，素靈那哭月明中。

11.〈上蔡〉

上蔡東門狡兔肥，李斯何事望南歸。

功成不解謀身退，直待雲陽血染衣。

12.〈高陽〉

路入高陽感酈生，逢時長揖便論兵。
最憐伏軾東遊日，下盡齊王七十城。

13.〈咸陽〉

一朝閻樂統群兇，二世朝廷掃地空。
唯有渭川流不盡，至今猶繞望夷宮。

14.〈軹道〉

漢祖西來秉白旄，子嬰宗廟委波濤。
誰憐君有翻身術，解向秦宮殺趙高。

15.〈郴縣〉

義帝南遷路入郴，國亡身死亂山深。
不知埋恨窮泉後，幾度西陵片月沉。

在這首詩中，有兩首〈軹道〉是重複的，一首不見於《全唐詩稿本》及〈新雕注胡曾詠史詩〉。至於使用情形．前卅回引用胡曾詠史詩三首，（其中一首不見於《全唐詩》），三十回後則頻繁使用，計有十二首，其中一首〈軹道〉與前卅回引用者重複。

三十回後使用胡曾詠史詩，高達十二首。主要原因就如前所述，因爲卅回後的平話內文，幾乎全依《史記》而寫，鮮少作者自創，故胡曾詠史詩在此種情況下，自然發揮了「佐證」的最大功用。幾乎每隔一段史實敘述，即接著「有胡曾詠史詩爲證」。胡曾詠史詩在純粹講史的平話小說中，將其功能發揮至極致。

至於陳蓋所注胡曾詠史詩的注文，是否成爲平話作者採用的底本？不妨以下列一例探究：

在〈咸陽〉詩中，陳蓋之注全文爲：

後語云，秦始皇崩，趙高謀立胡亥爲帝，號二世皇帝。帝用趙高爲丞相，高欲專權，恐人心不隨，乃取苑中鹿進與帝，以爲馬。帝曰鹿，高曰馬；而帝問左右，左右皆隨高，言是馬。輒有言鹿者，高必煞（殺）之。高遂專權，縱暴左右，無敢言者，後天下亂，盜賊起，帝頻以盜賊事責高不治，高懼誅，乃令女婿閻樂領兵入宮煞（殺）矣。兵遂至。樂謂帝曰：「奉命取足下，惟足下裁。」帝曰：「願爲一郡王。」樂曰：「不可。」帝曰：「願封萬户侯。」樂曰：「不可。」帝曰：「願作一黔首。」樂曰：「不可。」揮劍進前，帝自殺矣。樂遂不掠宮殿也。望夷宮乃秦王之宮，在咸陽也。（註五五）

陳蓋注文，包含二則故事，一是指鹿爲馬，一是閻樂殺二世。敘述均十分生動。尤其是閻樂與二世間之對話，更是步步相逼，鮮活逼眞，寫實、生動、活潑。然而，此段史實，在《史記》中的記載也十分類似：

遣樂將吏卒千餘人至望夷宮殿門……閻樂前即二世數曰：「足下驕奢，誅殺無道，天下共畔足下，足下其自爲計。」二世曰：「丞相可得見否？」樂曰：「不可。」二世曰：「吾願得一郡爲王。」弗許。又曰：「願爲萬户侯。」弗許。曰：「願與妻爲黔首，比諸公子。」閻樂曰：「臣受命於丞相，爲天下誅足下，足下雖多言，臣不敢報。」麾其兵進，二世自殺。（註五六）

再看《秦併六國平話》中對此段的描述：

閻樂將吏卒千餘人，入望夷宮殺二世胡亥。胡亥曰：「告閻樂，吾乞一郡爲王。」閻樂弗許。又曰：「願爲萬户侯。」閻樂又弗許。又曰：「願與妻爲黔首，比諸公子。」閻樂曰：「臣受命于丞相誅陛下。」道未畢，引兵進，殺二世。有胡曾詩爲證。（註五七）

從上述三段引文比較，可以發現平話因襲《史記》而來，甚至有些字句無一更動。至於陳蓋之注，則見更改增動的痕跡，且用詞較爲白話。如不將三文之出處列出，陳蓋之注反而近似平話。至於《秦併六國平話》則彷若正史之節本，缺少語言上的通俗與小說的趣味性。

因此，陳蓋之注在這一段歷史故事中，所扮演的角色仍只是胡曾詠史詩的注解，與平話作者是否採用爲底本，無太多之相關性。

〈咸陽〉僅爲個例。然而，細觀平話在卅回後所引用的胡曾詠史詩，凡陳蓋之注，皆不若平話與史書之間因襲關係之親密，如〈殺子谷〉詩中所言李斯矯詔殺扶蘇、蒙恬，陳蓋之注十分簡略，而平話之內文則襲出《史記．李斯列傳》與《蒙恬列傳》，且變動不多。（註五八）又如《雲亭》一詩，敘述「五大夫松」之故事，陳蓋之注僅短短二行，至於平話，則採集了《史記．秦始皇本紀》、《獨異志》、《十洲記》等書。（註五九）內容豐富有趣，超越陳蓋之注甚多。陳蓋之注，顯然不是平話之底本。

總而言之，在《秦併六國平話》一書中，胡曾詠史詩大量用在佐證正史上之記載，得知胡曾詠史詩之來源出處，與正史息息相關；凡屬於平話作者自創之情節內容，則鮮見胡曾詠史詩。胡曾在創作詠史詩時，係依正史記載，有感發為一首又一首之詩，敘史而不論史；非「有意」的為平話而創作詠史詩。

(四)《平話前漢書續集》

本書別題《呂后斬韓信》，仍分上中下三卷，不著撰人。故事自楚霸王項羽烏江自刎起，直至漢文帝即位止，較之《全相秦併六國平話》，本書整體結構不如其完整；又因名為「續集」，當知其應有前集，甚至還有別集接此續集，因一部完整之前漢書講史平話，當自楚漢相爭經呂后斬韓信至王莽篡位止，本書別題《呂后斬韓信》，故可論斷為整本前漢書平話之中間一部分，其前半部與後半部，至今無所見。（註六〇）

全書二萬七千餘字，圖目三十七條，較《秦併六國平話》少十四條。內容大意為：項羽自刎，漢高祖改封韓信，偽遊雲夢，陳豨約眾反漢，高祖遂親征討之，呂后趁此時機，詐騙韓信入未央宮斬之，蒯通申冤，高祖後又殺彭越、英布，商山四皓輔定太子，高祖晏駕，呂后專權，害死戚夫人，酖殺趙王如意，惠帝升天後，呂后更臨朝專攻，使諸呂得勢，陳平乃定計，樊亢、劉澤誅殺諸呂，於是漢文帝即位，巡視周亞夫細柳營，至此本書卷終。

本書與《秦併六國平話》同樣取材於《史記》，然《秦併六國平話》除前半部言六國與秦爭戰時較多形容詞，為作者發揮筆墨處外，下半部大多因襲《史記》而來，有一字不漏照抄者，亦有部分將虛字改換成白話者，然卻絕不離《史記》正軌。反觀本書，雖處處依襲《史記》而來，卻只是架構依稀，內容則多謬誤，甚者自說自話，鮮有一字不漏依《史記》照抄者。取史態度不一，二書作者顯係不同之人。（註六一）

因此，本書引用胡曾詠史詩之數量驟減，總共只有五首。其中兩首為五絕，不見於胡曾現存之一百五十首詠史詩中。胡曾詠史詩在本書中所佔的份量與扮演的角色功能，可謂遠遜於《秦併六國平話》。

在本書中引用的五首胡曾詩，分別如下：

1.（無題）

可惜淮陰侯，曾分高祖憂。

三秦如席捲，燕趙刻時收。

2.（無題）

夜堰沙囊水，舒斬逆臣頭。

高祖無後幸，呂后斬諸侯。

3.〈長安〉

關東初破項王歸，赤幟悠揚日月旗。
從此漢家無敵國，爭教彭越受誅夷。

4.〈四皓〉

四皓言飢食碧松，石岩雲電隱無蹤。
不知俱出龍樓後，多在高山第幾重。

5.〈細柳營〉

文帝鑾輿看北征，將軍亞父有威名。
轅門不聽天子令，今日爭知細柳營。

胡曾詠史詩多爲七絕，因此，前二首五絕冠上胡曾之名，似感突兀。然而，本書引用許多詠史詩、對句，胡曾詩僅佔其中少許，書中許多詠史詩，作者之名並未列出，如果此二首五絕非胡曾所作，平話作者似無必要加上「胡曾」之名；胡曾詠史詩在本書引用詩詞中，既未具主導力量，則上述二首五絕，有可能爲胡曾所作。只是此二首五絕應已亡佚，今不可尋，亦不可考矣。

胡曾詠史詩在本書所佔份量不重，則陳蓋之注自不可能成爲此本講史平話之底本。細觀第三首詠史詩，詩題爲〈長安〉，講述梁王彭越之死。平話中，這段描述十分生動，言高祖至洛陽看花，衆文武皆來，獨彭越不來接駕，陳平以爲彭越數詔不來，恐別有企圖，仍以金寶詔之，彭越欲去，扈徹以爲不可，彭越不聽，赴長安途中，有老鴉呱噪，又有老人哭三聲謂：「不可去。」彭越疑惑，至長安，爲高祖擒下，始悔不聽扈徹之言。高祖乃詔扈徹，扈徹哭道：「太平只許梁王置，不許梁王見太平！」撞階而死；呂后亦讒彭越有反意，高祖遂斬之。（註六一）

平話所述，與《史記．魏豹彭越列傳》所載不同。《史記》曰：「十年秋，陳豨反代地，高帝自往擊，至邯鄲，徵兵梁王，梁王稱病，使將將兵詣邯鄲，高帝怒，使人讓梁王，梁王恐，欲自往謝。其將扈徹曰：『王始不往，見讓而往，往則爲禽矣，不如遂發兵反。』梁王不聽，稱病。梁王怒其太僕，欲斬之。太僕亡走漢，告梁王與扈徹謀反，於是上使使掩梁王，梁王不覺，捕梁王，囚之雒陽……於是呂后乃令其舍人告彭越復謀反。廷尉王恬開奏請族之，上乃可，遂夷越宗族，國除。」（註六二）

至於扈徹所言：「太平只許梁王置，不許梁王見太平」，此言於元雜劇「隋何賺風魔蒯通」第一折亦見之，所不同者，雜劇乃是出於蕭何之口，並用於說韓信者，然字句稍有不同：「……蕭相詩云……常言道，太平本是將軍定，不許將軍見太平……」（註六三）

平話所載，或改寫《史記》，或說話人採集當時民間傳說，但絕不會因襲於陳蓋之注：

《史記》列傳曰，彭越字仲，初起巨野也，爲群益。《爾雅》曰，魯時漢初，楚越有人言越，天下豪傑相立叛也，秦公可効之。越覩時未動也，方今兩龍在巨野盛鬥，且待覩時也。後漢高人伐武，越乃明之言英曰之才已盛，吾可出矣。後佐漢平項羽，功畢，乃封越為梁王。既四方無敵，高祖疑越作亂，故以陰謀誅之。彭越遭戮於長安也。（註六四）

陳蓋之注，文句嚴肅拘謹，節錄史書記載，未加更動，缺乏平話小說中曲折動人、衝突誇張的情節；尤其是節錄史書，注文更加呆板枯燥。若論其為話本底稿，難以讓人信服。

至若四、五兩首，亦如〈長安〉一詩之注解，與平話本色相差許多。故不予再論。

(五)《三國志平話》

本書全名：《至治新刊全相平話三國志》。元不著撰人，三卷，每卷卷首及卷尾各有：「至治新刊全相平話三國志卷之上」（或中、下）一行，惟卷下末行因餘白無多，作「新全相平話三國志下卷終」。卷端扉頁上有「建安虞氏新刊」一橫行，中有圖一幅，所繪似為三顧茅廬，圖下則有「新全相三國志平話」大字分兩行，中夾「至治新刊」四小字。正文上欄三分之一為繪圖，每葉一幅，右上角記圖名，中縫處記「三國上（或中、下）」及葉次，每卷各自起訖，各廿三葉；正文下欄三分之二為平話，半葉廿行，一行廿字，則每卷近萬字，說書時只須略事舖張，可供一次所說。前後兩半葉相密接，沒有板心，此為舊刊中所罕見。首葉圖名下：「古口吳俊甫刊」。

本書於《元刊五種平話》中特為重要，不僅因其為《三國志演義》之前身，更因其為中國歷史小說史中最珍貴之資料。蓋今所知講史，雖以《五代史平話》為最早一部，然論影響力與流行性，《五代史平話》皆遠遜《三國志平話》。早在宋孟元老《東京夢華錄》卷五中記載：「京瓦伎藝，有霍四究說三分，尹常賣五代史」，知三國故事與五代故事於當時並行而彰顯於民間，然而在時光流轉與聽衆喜惡之淘汰下，五代故事漸湮沒無聞，較之三國故事婦孺皆知之通廣性，已不可同日而語，而考之三國故事，除本書外，是否其前尚有更早之本子流傳，固未可知。就先導性而言，本書縱使文采不彰，情節單純，白字連篇，人名、地名音似而實非，於文學史中卻是極珍貴之材料，有相當重要之地位。

與《平話全漢書續集》相較，本書似爲接續前書之作，然而細觀二書卻截然不同。就以本書之楔子而言，其用司馬仲相陰間斷獄之民間故事開啓全文，即難承續《平話前漢書續集》。蓋因果報應早就在《平話前漢書續集》中寫明；謂劉邦死於創，而呂后係被韓信鬼魂射中一箭於左乳上而亡，故無須於本書中再畫蛇添足。此外以取材而言，《平話前漢書續集》雖信實不比史書，然卻依史書架構而來；本書則取材任意，三分爲歷史，七分爲附會傳說與作者想像之作，且書中充滿因果報應之說。（註六五）

因此《三國志平話》中所採用的胡曾詠史詩不多，僅只有二首：

1.〈**檀溪**〉

三月襄陽綠草齊，王孫相引到檀溪。
滴盧何處埋龍骨，流水依然遶大堤。（註六六）

2.〈**南陽**〉

世亂英雄百戰餘，孔明此處樂耕鋤。

蜀王若不垂三顧，爭得先生出舊廬。（註六七）

這兩首詩，詩題分別爲〈檀溪〉、〈南陽〉。其中，〈南陽〉一首，敘說的是劉備三顧茅廬，請孔明出山的故事。此段本之於《三國志．諸葛亮傳》，是家喻戶曉之事。胡曾〈南陽〉一詩，無甚特出之處，但是，平話中此詩的出現，以及〈檀溪〉的運用，卻呈現出一種特殊之處，那就是《三國志平話》之作者有可能讀過陳蓋之注。

首先，以〈檀溪〉爲例。平話中此段言劉備深覺古城非久戀之地，便率衆南投劉表。表待之甚厚，不料快越（應爲蒯越）、蔡瑁二人卻有不忿之心；他們設計使劉表以劉備爲辛冶（新野）太守，又遣關、張先去，單留劉備在城，欲使壯士殺之；幸有一壯士通信，劉備便飛馬而逃，跳過澶溪（應爲檀溪），蒯越嘆道：「眞天子也。」（註六八）

劉備跳檀溪，正史上沒有記載，只謂：

曹公既破紹，自南擊先主，先主遣麋竺、孫乾，與劉表相聞。表自郊迎，以上賓禮待之，益其兵，使屯新野。荊州豪傑歸先主者日益多，表疑其心，陰禦之。〈陳志先主傳〉（註六九）

平話言先主跳檀溪，當係根據此段裴松之注解而來：

世語曰：備屯樊城，劉表禮焉，憚其爲人，不甚信用，曾請備宴會，蒯越、蔡瑁欲因會取備。備覺之，僞如廁，潛遁出，所乘馬名的盧。騎的盧走，墮襄陽城西檀溪水中，溺不得出，備急曰：「的盧，今日厄矣！可努力！」的盧一踊三丈，遂得過。（註七〇）

至於胡曾〈檀溪〉詩中較特別之處，是將劉備所乘之馬「的盧」，改爲「滴盧」，而在平話中，「的盧」也成爲「滴盧」。平話將「的」改爲「滴」，應是受到胡曾詩影響。陳蓋所注〈檀溪〉，內容則深動活潑：

後漢末，先主劉備在南陽時，夜走過檀溪。溪水深急，先主乃乘之馬名滴盧，謂妨主也。先主臨難，急抱馬髮呼之曰：「滴盧、滴盧，今日果敗於吾也。」馬乃竦身躍過此溪，先主遂免難其溪也。（註七一）

比之平話，平話似乎將陳蓋之注更加戲劇化與完整化：

先主走至一河，是檀溪。先主仰面嘆曰：「後有賊兵，前有大水，吾死於此水。」先主馬曰滴盧馬。先主付馬言曰：「吾命在爾，爾命在水，爾與吾有命，跳過此水。」先主打馬數鞭，一勇跳過檀溪水。有蒯越、蔡瑁追至，見先主跳過曰：「眞天子也。」有詩爲證：

三月襄陽綠草齊，王孫相引到檀溪。

滴盧何處埋龍骨，流水依然遶大堤。（註七二）

平話此段故事的戲劇化與完整化，顯然受到胡曾詠史詩與陳蓋之注的影響。

再以〈南陽〉一詩來看，此詩與注出於正史，本身沒有太多特出新奇之處。重點在於平話安排此詩之前後文中，諸葛亮被描述爲似「道士」又似「術士」之人。平話首先將諸葛亮安排於一「道庵」中，其侍僕稱之爲「道童」，「道童」稱諸葛亮爲「師父」，顯然作者有意塑造諸葛亮爲一道士，諸葛亮之身份既似道士，則其本領則爲：

> 諸葛亮是一神仙，自小學業，時至中年，無書不覽，達天地之機，神鬼難度之志，呼風喚雨，撒豆成兵，揮劍成河。司馬仲達曾道：來不可□，□不可守，困不可圍，未知是人也？神也？仙也？（註七三）

此非道士行徑爲何？待到卷下「秋風五丈原」中，諸葛亮更被描述成：「左手把印，右手提劍，披頭點一盞燈，用水一盆，黑雞子一個，下在盆中，壓住將星」，有若比道士更低一級之術士行徑。

諸葛亮這種類似道士行徑，晚唐時期，民間即有「死諸葛走生仲達」說法。（註七四）諸葛亮臨死之前種種爲嚇阻司馬仲達而佈疑陣之作法，有若會法術的道士；這樣的描述，在陳蓋注胡曾詠史詩〈五丈原〉一首中，即可清楚的看出：

〈五丈原〉：

> 蜀相西驅十萬來，秋風原下久徘徊。
> 長星不爲英雄任，半夜流光落九垓。

陳蓋注云：「志云：武侯諸葛亮將軍日北伐魏，魏明帝遣司馬仲達拒之。仲達、蜀軍於五丈蜀原下營，即死地也，遂關城不出戰，武侯患之。居歲，夜有長星墜落於原，武侯病卒而歸。臨終爲□□□儀曰：「吾死之後，可以米七粒，并水於口中，手把筆並兵書，心前安鏡，□下以土，明燈其頭，坐昇而歸。」仲達占之云未死；有百姓告云武侯病死，仲達又占之云未死，竟不取趁之。遂全軍歸蜀也。

（註七五）

陳蓋是咸通年間（西元八六〇—八七三）人，其注多引正史。此註謂出自《三國志》，其實多轉述當時流行之通俗故事。故事的主體即在於諸葛亮「心前安鏡，口下以土」，造成司馬懿的錯覺：「占之云未死，竟不取趁之」。這與當時《四分律行事鈔批》所述民間流傳三國故事情節大體相同。（註七六）但易「取鏡照面」而爲「心前安鏡」，再增飾口中用水含米，手把筆和兵書、明燈其頭等。

由於平話中的三段情節：「先主跳檀溪」、「孔明下山」、「秋風五丈原」，對照平話中所引用之胡曾兩首詩〈檀溪〉、〈南陽〉，以及由陳蓋注胡曾〈五丈原〉之注文來看，《三國志平話》作者應見過陳蓋之注，並受其注影響。陳蓋注與《三國志平話》之間有一定之相關性，這與前面四種平話不受陳蓋注之影響，有很大的不同。

第三節　小　結

胡曾詠史詩在《元刊五種平話》出現的次數，除了在《秦併六國平話》中出現十五次之外，在其他四本平話中，不過出現二至五次，數量不算很多，但重要的是引用胡曾詠史詩時，大多標出其名字，不似其他在五種平話中所出現的詠史詩，多是無名無姓，不易考證。僅憑此點，就說明了胡曾詠史詩被平話作者重視的程度，較諸周曇、羅隱等人高出甚多。胡曾詠史詩在晚唐詠史詩所佔之地位，得以確定；其受到一般民衆的喜愛，更從說話人不斷引用其詩，得以證明。

但是，對於有人認爲「講史」淵源於晚唐的詠史詩（註七七），此一說法，可從上述分析並比較胡曾詠史詩在宋元講史平話中被運用的情形，得以推翻。

大陸學者胡士瑩曾在討論講史的起源和發展時指出，講史始於何時，未能確考，但大致有兩種說法，一是認爲講史淵源於唐代民間講說的歷史故事，一是認爲講史淵源於晚唐的詠史詩，如著名的胡曾、周曇等人的作品。（註七八）對於第一種說法，胡士瑩認爲是正確的；但對第二種說法，他認爲「並不對頭」，所持的理由是：

> 晚唐的詠史詩，有詩評、有講語，通俗易懂，在形式上確和講史評話相近，並且作爲兒童讀物，在當時社會頗爲風行，但它們畢竟是文人的玩意兒，和「講史」這樣一種民間伎藝有性質上的不同。至於用它們來向宮廷進講的人，則是官僚士大夫，也和民間藝人之有特出技能而被搜羅進宮「供話」者不同。按照藝術發展的一般規律，倒頗可能是《詠史詩》吸取了民間說唱歷史故事的長處（包括俗講形式的長處）。當然，《詠史詩》流行以後，其詩評和講語，可能被民間講史藝人作爲參考資料；後來的「小說」話本，平話和章回小說多採取《詠史詩》作爲插詞，也說明說話人善於吸收現成的詩句來豐富自己的藝術。這些並不能說明「講史」淵源於《詠史詩》，「講史」自有其民間的淵源。（註七九）

胡士瑩的論點有其可取之處，尤其是不陷於既定的思維模式中——講史淵源於詠史詩。他並提出另一思考層面，即詠史詩應是吸收了民間說唱故事的長處，以致發展成現有如胡曾、周曇等類型的詠史詩。

但是，胡士瑩並未思考，如果胡曾、周曇等人如此大量製造詠史詩，且預期會成爲講史平話，爲何大部分的宋元講史平話引用胡曾詠史詩只有二至五首？周曇詠史詩，在五種平話中，只出現三次；至於汪遵、孫元晏詠史詩，則是隻字未提？顯然，胡曾、周曇、汪遵、孫元晏等人詠史詩不是在爲講史平話舖路。講史平話不可能淵源於詠史詩。

而在本章中反覆分析和比較胡曾詠史詩在五種平話中所扮演的角色與功能，更清楚的證明了胡曾所代表敘事型的這一類型詠史詩，與平話的關係僅在於是「有詩爲證」的證明關係上。平話不是爲詠史詩而製作，但詠史詩卻增添平話講史的信實度，兩者形成特有的詩文共存體，彼此互相添色增光——平話因而豐富其文學意涵；詠史詩因而廣傳衆人之口。

本章更仔細驗證陳蓋之注與平話間的互承關係，發現陳蓋之注並非如張政烺所言，其爲平話之底本。兩者之間，不論在內容、文字、語言表達等方面，都有很大的差距，平話有可能參考過陳蓋之注（如〈五丈原〉之注），但平話絕未因襲這些注文，或讓這些注文影響自己的創作。

【註　釋】

註　一　見張政烺：〈講史與詠史詩〉，《國立中央研究院歷史語言研究所集刊》，第十冊（民國三十七年四月），頁六四二。

註　二　馬幼垣：《中國小說史集稿》，（台北：時報文化出版公司，民國七十六年），頁八十七—九十。

註　三　同註一，頁六二一。張政烺係以胡曾詩與周曇詩作比較時，歸納出二人不同之處，胡曾詠史詩一、以地名爲題。二、不以年歷爲先。三、無講語。周曇詠史詩一、以人名爲題。二、按時代區分門類。三、有講語。

註　四　鐘葵生：〈胡曾點滴〉，《求索》，第六期（一九八三年），頁一三九。

註　五　吳同瑞、王文寶、段寶林編：《中國俗文學概論》，（北京：北京大學出版社，一九九七年），頁二七五。

註　六　耐得翁：《都城紀勝》，（台北：大立書局，民國六十九年），頁九八。

註　七　吳自牧：《夢粱錄》，（台北：大立書局，民國六十九年），頁三一三。

註　八　周密：《武林舊事》，（台北：大立書局，民國六十九年），頁四五三、四五四。

註　九　西湖老人：《西湖老人繁勝錄》，（台北：大立書局，民國六十九年），頁一二三。

註一〇　兩宋說書的發達盛況，可參考譚達先：《中國評書（評話）研究》，（台北：台灣商務印書館，民國八十二年），頁一七—一九。

註一一　同註一〇。

註一二　同註一〇。

註一三　同註一〇。

註一四　同註一〇，頁廿。

註一五　丁錫根點校：《宋元平話集》上，（上海：上海古籍出版社，一九九〇年），頁一、二。

註一六　同註一五，頁二五五。

註一七　同註五，頁二七六。

註一八　同註一五，見頁二七〇—二七一。

註一九　胡曾：《新彫注胡曾詠史詩》，（台北：台灣商務印書館，民國七十年），頁十四。

註二〇　司馬遷：《史記》，〈周本紀第四〉，（台北：宏業書局，民國六十二年），頁一四九。

註二一　同註一八，頁二。

註二二　同註二〇，頁四五二。

註二三　同註二〇，頁四五三。

註二四　余邵魚：《中國歷史演義全集》，《東周列國誌演義》之二，（台北：遠流出版社，民國六十八年），頁七〇九。

註二五　同註二四，頁七三八。

註二六　儲大泓：《歷代詠史詩選註》，（西安：陝西人民出版社，一九九〇年），頁二〇五。此段係參考儲大泓在註解李商隱〈夢澤〉一詩中提到「細腰」時所做的考証。

註二七　同註二四，頁七一一。

註二八 同註一九，頁二一。

註二九 同註二〇，頁一七三六。《史記》〈楚世家〉記載：「……哀王立二月餘，哀王庶兄負芻之徒襲殺哀王而立負芻為王。是歲，秦虜趙王遷。王負芻元年，燕太子丹使荊軻刺秦王。二年，秦使將軍伐楚，大破楚軍，亡十餘城。三年，秦滅魏。四年，秦將王翦破我軍於蘄，而殺將軍項燕。」

註三〇 同註一五，頁二七二。

註三一 同註一五，頁二七二。

註三二 張政烺在〈講史與詠史詩〉一文中，曾指出胡曾詠史詩興寄頗淺，格調亦卑而盛行數百年，刻本甚多，析而論之，約有兩種用途，一是用為訓蒙課本，二是用為講史話本。

註三三 同註一九，頁一四。

註三四 本節有關元刊五種平話的介紹與內容分析，參見李宜涯：《元至治新刊全相平話五種研究》，（中國文化大學中國文學研究所碩士論文，民國六十七年），頁二一—四五頁。

註三五 許多學者曾分析過平話與演義的關係，如孫楷第：〈三國志平話與三國志傳通俗演義〉，《滄州集》（北京：中華書局，一九六五年），頁一〇五—一二〇。西諦：〈論元刊全相平話五種〉，《北斗》，第一卷第一期（民國廿年一月），頁九五—一〇六。〈三國志演義的演化〉，見粹文堂編：《中國文學研究新編》，（台南粹文堂，民國六十四年），頁一六六—二三九。〈封神演義與武王伐紂平話〉，《中國古典小說論》，（台北：環宇出版社，出版年不詳），頁三六—四五。西文著作有：Crump, J. I."Ping-hu and the Early History of the San-Kuo Chih," JAOS LXXI (1951), pp. 249—255. Idema, W. L. *Chinese Vernacular Fiction* (Leiden: E. J. Brill, 1974), p. 86.

註三六　張敬：〈詩詞在中國古典小說戲曲中的應用〉，《中外文學》，第三卷第十一期(民國六十四年四月)，頁五四。

註三七　鍾兆華：《元刊全相平話五種校注》，（成都：巴蜀書社，一九九〇年），頁四一。

註三八　同註一九，頁三。

註三九　同註二〇，頁一〇五—一〇六。

註四〇　此段言「刳剔孕婦」之來源出處，參見註三四，頁三十七、三十八。

註四一　「刳剔孕婦」圖目見於國立中央圖書館編印之《全相五種平話》一九七，頁三一。另五種平話形式介紹，可見該書頁六。

註四二　見註三十七，頁八〇—八一。

註四三　《全唐詩稿本》，第五十六冊，（台北：聯經出版社，民國六十八年），頁一四八。

註四四　同註一九，頁九。

註四五　同註三四。本書之介紹，詳見註三四，頁3-1—3-2。

註四六　同註三七、頁九八。

註四七　中文大辭典編纂委員會編：《中文大辭典》(十)，（台北：華岡出版社，民國六十八年），頁三四六。

註四八　同註三七，頁一三九。

註四九　同註三四。平話此段所載與《史記・田單列傳》情節之比較，見註卌四，頁三一三一、三三一。

註五〇　同註四三，頁一七六。

註五一　同註三四，頁三一三三、三四、三五對此段比較分析甚詳。指出此書一至廿四回，雖有荒誕之處，大半猶有史書可稽，猶依史綱增改，乃名實相符之「講史」，但廿五回起至四十二回止，皆作者虛構，毫無「史」可言。

註五二　同註三四，頁四一一、四一二。

註五三　同註三四，頁四一一、四一二。

註五四　同註三四，頁四一四〇、四一四一。

註五五　見註四四，頁十八。

註五六　同註二〇，頁二七六。

註五七　同註三七，頁二七〇一二七一。

註五八　同註三四，頁四一三二、四一三三。

註五九　同註三四，頁四一廿八、廿九、卅。

註六〇　同註三四，頁五一一、五一二。

註六一　同註三四，頁五一四。

註六二　同註三四，頁五一一九、廿。

註六三　同註三四，頁五一一九、廿。

註六四　同註四四，頁一三。

註六五　以上有關《三國志平話》之介紹，參見註卅四，頁六一一、二、三。

註六六　同註三七，頁四二四。

註六七　同註三七，頁四二六。

註六八　同註三七，頁四二四。

註六九　陳壽：《三國志》〈先主傳〉，（台北：台灣商務印書館，民國七十七年）。

註七〇　同註六九。

註七一　同註四四，頁十。

註七二　同註六八。

註七三　同註三七，頁四二五、四二六。

註七四　同註三四，頁六一四、五、六、七、八。

註七五　同註七一。

註七六　此段參考註三四，頁六一五、六、七。作者引用一粟的〈談唐代的三國故事〉，（《文學遺產》增刊第十輯），其中唐大覺《四分律行事鈔批》卷廿六有提到孔明死前之交待：「注云『似劉氏重孔明』者劉備也，意三國時也。謂魏主曹丕都鄴，今相州是也，昔號魏都；吳主孫權都江寧，昔號吳都；劉備都蜀，昔號蜀都；世號三都，鼎足而治。蜀有智將，姓諸葛，名高（亮），字孔明，為王所重。劉備每言曰：『寡人得孔明，如魚得水』，後乃劉備伐魏，孔明領兵入魏，魏國與蜀戰。諸葛高(亮)於時為大將軍，善然謀策；魏家唯懼孔明，不敢前進。孔明因致病死，語諸人曰：『主弱將強，為彼所難』，若知我死，必建（遭）彼我（伐）。吾死後，可將一俉土，置我腳下。取鏡照我面。』言已氣絕。後依此計，乃將孔明置於營內，於幕圍之，劉家夜中領兵還退歸蜀。彼魏國有善卜者，意轉判云：『此人未死……』何以知之？蹋土照鏡，故知未死，遂不敢交戰。劉備退兵還蜀一月餘日，魏人方知，尋往看之，唯見死人，軍兵盡散。故得免難者。孔明之策也。時人言曰：『死諸葛亮怖生仲達』。仲達是魏家之將也，姓司馬名仲達。亦云：『死諸葛亮走生仲達』。其孔明有志量，時人號為臥龍，甚為劉氏敬重。』此對後唐景霄《四分律行事鈔簡正記》卷十六亦有提及：「『劉氏重孔明』者，三國時蜀主劉備也。孔明即諸葛亮之字也。襄陽人也，為蜀主所重。自三往召之，方出。次亮為丞相。備嘗云：『寡人得孔明，如魚得水』。後令孔明領兵伐魏，因得病垂死，語諸軍曰：『主弱將強，為彼可難，若知若知(衍二字)吾死，必遭彼伐。可將裓盛土，安吾足下，取鏡照吾面。』言訖而終。置相營內，依語為之，至半夜抽軍歸蜀。經月餘日，魏主有將司馬仲達善卜，卜云：『未死！』何以知之？踏土照鏡，故知在也，不敢進兵。至後方委卒。時人曰：『死諸葛怖生仲達』。此舉俗賢，反況於道聖也。」

根據宋高僧傳，景霄卒於後唐天成二年（西元九二七年），知其成書當於唐末，而上引一段文字，與大覺《行事鈔批》大同小異，知其基本上簡選大覺之舊說。蓋大覺生卒年雖不詳，然《鈔批》卷八、卷十四末各有景龍四年（西元七一〇年）六月八日，景雲元年(西元七一〇年七月改元)十二月十三日大覺之後記，卷十三正文四處提到「至今大唐開元二年(西元七一四年)」，知《鈔批》大約於這一年已定稿，而值得衆人注意乃是：其比李商隱〈驕兒詩〉(西元八五〇年)時間早一百卅餘年，而且所保存有關「死諸葛走生仲達」說法相當奇特，使後人多少得窺唐代三國故事之傳說。而約在同時，劉知幾（西元六六一—七二一年）《史通》（西元七一〇年作）卷五〈採撰〉中亦提到：「至如曾參殺人，不疑盜嫂、翟義不死、諸葛猶存，此皆得之於行路，傳之於衆口。」歷來註家都不得其解，如清浦起龍《史通通釋》曰：「按諸葛猶存，似是成語，俟再詳之。」其實與《行事鈔批》對讀，劉知幾所謂「得之於行路，傳之於衆口。」之「諸葛猶存」傳說，正爲當時流傳民間，膾炙人口三國故事之一。因此，晚唐胡曾「詠史詩」之陳蓋注，應有受到當時民間傳說之三國故事之影響。

註七七　同註一。

註七八　胡士瑩：《話本小說概論》，（北京：中華書局，一九八〇年），頁六九五。

註七九　同註七八。

第六章　胡曾詠史詩與明清歷史演義小說之關係

第一節　明清歷史演義小說概述

宋元講史興盛，除第五章所述《宣和遺事》，《五代史平話》、《元刊全相平話五種》外，根據明初編的《永樂大典》記載，元代遺留下來的平話有廿六種之多、而近時發現的《薛仁貴征遼事略》，亦見於《永樂大典》，但不在廿六種之中。（註一）可見宋元講史的發達。

講史話本的主要特徵是：一、在取材史實的基礎上加以虛構，講說前代興廢之事。二、篇幅較長，分卷分目。三、使用半文半白文體，長於舖敘。四、有「開場詩」與「散場詩」；敘事間穿插詩詞、書傳、信柬、廟贊等。（註二）

宋元講史話本，對明清歷史演義小說，不論在內容敘事的取材、形式結構特徵上，都有顯著的影響。而明清歷史演義小說，同時也在「市民文化」快速發展的推波助瀾下，成爲小說的主流。（註三）

根據孫楷第《中國通俗小說書目》中列舉講史類的小說，共有一五四種，扣除宋元時期的講史八本，明清講史類的小說就有一四六種之多。孫楷第說：「通俗小說中講史一派，流品至雜。自宋元以至於清，作者如林。以體例言之，有演一代史事而近於斷代爲史者；有以一人一家事爲主而近外傳別傳及家人傳者；有以一事爲主而近於紀事本末者；亦有通演古今事與通史同者。其作者有文人，有閭里塾師，瓦舍伎藝。大抵虛實各半，不以記誦見長。亦有過實而直同史抄，憑虛而全無根據者，而亦自託於講史。」（註四）

在一四六種講史類的小說中，凡是講述隋唐以前的演義小說，絕大部分爲明人所著。現依朝代先後，將隋唐之前的「歷史演義」略述如下：

一、《開闢通俗衍繹志傳》六卷八十回，刊行於崇禎乙亥題「五岳山人周游仰止集」。（註五）作者周游的生平不考，所敘始自開天闢地，至武王弔民伐罪爲止。此志傳難得之處，是其增補了過去演義小說所缺少提到「上古史」的一段空白。

二、《盤古至唐虞傳》二卷十四則，《有夏志傳》四卷十九則，《有商志傳》四卷十二則。《大隋志傳》四卷四十六回，此前四志傳皆題「鍾惺景伯父編輯」。（註六）

三、《封神演義》凡一百回，明嘉靖（明世宗年號，西元一五二二至一五六六年）間江蘇興化道士陸西星撰，這是一本以歷史爲背景的神怪書，大致是從《武王伐紂平話》演進而來。敘述周武王伐商紂的史事，摻雜了許多仙法道術，最後紂王自焚而死，周武王入朝歌，姜子牙封神作結。

四、《列國志傳》八卷，明余邵魚撰。余邵魚（約明世宗嘉靖四五年，也就是西元一五六六年前後在世）字畏齋，福建建陽人。此書後由馮夢龍改編爲「新列國志」一百另八回。根據孫楷第的考證，

馮夢龍在改編此書時，「凡余邵魚疏陋處，皆根據古書，加以改訂。」（註七）

五、《孫龐鬥志演義》二十卷，明人撰，作者不詳。又稱《前七國志》。據孫楷第的《中國通俗小說書目》所說，此書有《新鐫全像孫龐鬥志演義》是明朝崇禎刊本。而嘯光軒刊的《前後七國志》，即是此書。至於《後七國志》又名《樂田演義》四卷二十回，清徐震撰。這兩部書分別是明末、清初的作品，書坊將它們合刻在一起始於清康熙五年（一六六六）的嘯花軒刊本。（註八）

六、《西漢通俗演義》八卷一百另一則，題《鍾山居士建業甄偉演義》此書以元治至刊本全相平話中《續前漢平話》為藍本，刪去部分神怪，較接近史實。（註九）《東漢十二帝通俗演義》十卷一百四十六則，題「金川西湖謝詔編集」。《全漢志傳》十二卷，明熊大木撰，熊大木字鍾谷，福建建陽人，為嘉靖時書賈。

七、《三國志通俗演義》相傳是羅貫中所作，明本。（註一〇）羅貫中，元末太元人。《三國志通俗演義》全書二十四卷，分二百四十節。各節標題為單句。後來合二節為一回，標題由單句變成聯句，對仗漸趨工整，詩詞有刪節，總字數則有增加，這就是成為後來通行的《三國演義》，以清初毛宗崗父子評點本最為流行。（註一一）

八、《東西晉演義》西晉四卷，東晉八卷，共十二卷五十回，明無名氏撰。早先刻本不標回數，每卷記年代起訖。而後刻本分回，也只分別在東、西晉分卷之首介紹朝代起訖。

在上述的歷史演義小說中、詩、詞等韻文的運用，亦如宋元講史話本一樣，為其組織結構的特徵之一。這些歷史演義，繼承了話本以詩起、以詩結的特色；在故事進行中，也常常以「正是」、「有詩為證」、「史官有詩云」、「有詞為證」……等，將情節打住，或是總結前段史事，或是評論褒貶，或是加強故事眞實性，或是劃分段落。正文部分則是韻散文交錯運用，散文半白半文敘述故事，韻文則寫景狀物。

因此，明清時期的歷史演義小說，在文內也採用大量的詠史詩。其數量甚至超過平話小說。這些詠史詩，在演義小說中扮演著相當重要角色。以最出名的《三國演義》來說，詩詞在該書中出現次數之多，令人訝嘆。嘉靖本有三四四首；李卓吾評本有四〇九首；清代毛宗崗修定《三國演義》時，將重複類似、俚鄙可笑的詩詞盡皆刪除，又取唐宋名作以充實，但至此還有二〇六首。(註一二)這些詩詞，在《三國演義》中的重要作用，有學者認為，像「章回中的『文眼』一樣，涵蓋了近百個歷史人物的思想性格，數十次歷史事件的史評史論；包容了豐富的歷史文化知識，如儒道釋思想的交融、軍事謀略的展示、歷史地理的沿革、俗諺口碑的流播、傳說道德的弘揚，以及占卜神怪文化；表現了小說家的藝術構思，運用詩詞的藝術特質刻劃人物性格、推動情節發展、構建敘事視角等。」(註十三)

這樣美好的說法，大大的提昇了演義小說中詠史詩的地位與境界。詠史詩有如「章回小說的文眼」，其重要性不亞於正文的敘事情節。事實上，詠史詩與歷史演義小說，就情節的舖張揚厲而言，兩者之間的關係密不可分，相輔相成，除了上述美好的說法外，詠史詩在演義小說中所展現的還有兩個功能，一是以詩證史，二是以詩論史。以詩證史，闡明是歷史小說的可靠性與客觀性，不容讀者置疑。以詩論史則是小說家藉由詠史詩進行其具體的道德是非評判。而這正是歷史小說家與歷史學家的相異之處——歷史學家評判歷史的視野，著重的是對歷史進程的作用與意義，而較少顧及具體的道德評判。而歷史小說家則不同，在反映歷史眞實的同時，也評判道德是非，而且敘事者主觀意識越強烈，道德是非的評判也就越嚴厲和明顯。

因此，本章將就晚唐詠史詩在歷史演義小說中，究竟扮演何種角色——是以詩證史？還是以詩論史？或是二者兼有，進行探究。

第二節　胡曾詠史詩與明清演義小說

在上述描述隋唐之前的明清歷史演義小說中，無數首詠史詩的作者群中，胡曾依舊如在《元刊五種平話》中一樣，有著極爲突出與顯著的表現。尤其是在《列國志傳》、《新列國志》、《東西漢演義》等書中，胡曾詠史詩佔有舉足輕重的地位。因爲，他是所有被引用晚唐詠史詩中，不但有名有姓，被尊稱爲「先生」的詩人，而且數量衆多，令人訝異。晚唐其他著名詠史詩人，如杜牧、李商隱、羅隱只偶而出現一至二次，至於周曇、孫元晏、褚載等人，則根本不見引用。在晚唐諸多詠史詩人中，胡曾是無法令人忽視的一位「名家」。

一、胡曾詠史詩與《列國志傳》

《列國志傳》是在《三國演義》的影響下而成書的。（註一四）在《三國演義》中，胡曾詠史詩並不是該書詩詞中的重心，李白、杜甫、杜牧、劉禹錫等知名人士，都是羅貫中借重的詩人。相對的，胡曾詠史詩在流傳最廣的毛本《三國演義》之二〇六首詩詞中，只佔有六首，其比重是輕微的。但在《列國志傳》中，胡曾詠史詩在短短的十二卷之中，卻被作者引用了廿首。這是十分有趣的現象。

《列國志傳》，余邵魚編撰，成書年代應在嘉靖、隆慶之際。（註一五）共有八卷二百廿六則，不分回，每節隨事立題。此書現存最早刊本是萬曆丙午卅四年（西元一六〇六年）三台館余象斗重刊本，名《新刊京本春秋五霸七雄全像列國志傳》，每卷題「後學畏齋余邵魚編集」，「書林文台余象斗評釋」。另有十二卷本，名《新鐫陳眉公先生評點春秋列國志傳》，係萬曆乙卯四十三年（西元一六一六年）刊本，卷首有陳繼儒序。此本目前藏於台北故宮博物院。八卷本與十二卷本基本相同。（註一六）

《列國志傳》敘述商周春秋列國故事，從妲己驛堂被魅起，到秦統一天下止。全書以通俗的文句，演繹列國歷史故事，其內容一方面根據史書記載，同時也摻雜一些民間傳說及民間藝人的講史平話。如同陳繼儒在《敘列國志》中說，《左傳》的記載，史實若晦若明，經過稗官野史、漁歌樵唱的努力，

使「其事核而詳，語俚而顯」，可以補「經史之所未賅」。(註一七)

因此，《列國志傳》是一本藝術性質不高的歷史演義小說，保有初期講史小說的簡樸特質，文字粗率，缺乏動人的描述力量。但其重要性有二：一、它以時間爲經，以國別爲緯，敘述了從商紂滅亡到秦併六國長達八百年的歷史，是最早把歷史形象化、通俗化的嘗試，爲馮夢龍編寫的《新列國志》奠定了基礎。二、它是《武王伐紂平話》到《封神演義》，《七國春秋平話》(前集)到《孫龐演義》的過渡性作品。《列國志傳》在中國小說演變的發展史中，有著不容忽視的重要地位。(註一八)

最早講述列國故事的是爲宋元講史話本，如《樂毅圖齊七國春秋後集》，《秦併六國平話》，因此，《列國志傳》受其影響甚深，至於《武王伐紂平話》，余邵魚更是大量採用其中的故事情節，如妲己被魅，伍子胥臨潼鬥寶等。因此，《列國志傳》可以說是一本「屬於來自這種民間傳說與說話人傳說」的歷史演義小說。(註一九)

在這三本影響《列國志傳》甚深的元刊平話中，《武王伐紂平話》引用胡曾詠史詩僅二首：〈鉅橋〉與〈首陽山〉。《樂毅圖齊七國春秋後集》亦只引用胡曾詩二首〈馬陵〉與〈即墨〉。但是在《秦併六國平話》中，胡曾詩有十四首被引用，但共出現十五次(其中〈軹道〉一首重複使用二次)。總之，共計十八首胡曾詩史詩在這三本講史平話中出現。

而在《新鐫陳眉公先生批春秋列國志傳》中，胡曾詠史詩幾乎不間斷的出現廿次。而與上述三種元刊平話重複的只有〈馬陵〉一詩。其詩依次如下：

一

岸草青青渭水流，子牙曾此獨垂鉤。
當年未入飛熊夢，幾向斜陽嘆白頭。〈渭濱〉

二

漢江一帶碧流長，兩岸悲風起綠楊。
借問膠舟何處沒，欲停蘭棹紀昭王。〈漢江〉

三

阿母瑤池宴穆王，九天仙樂送瓊漿。
漫誇八駿奔如電，歸到人間國已亡。〈瑤池〉

四

恃寵嬌多得自由，驪山舉火戲諸侯。
祇知一笑傾人國，不覺胡塵滿玉樓。〈褒城〉

五

息亡身入楚王家，回首春風一面花。
感舊不言長掩淚，祇應翻恨有容華。〈息城〉

六

鄧侯城壘漢江干，自謂根深百世安。不用三甥謀楚計，臨危方覺噬臍難。〈鄧城〉

七

小白匡周入楚郊，楚王雄霸亦咆哮。不師管仲爲謀計，爭敢言徵縮酒茅。〈邵陵〉

八

茫茫春草沒章華，因笑靈王昔好奢。台土未乾簫管絕，可憐身死野人家。〈章華台〉

九

行行西至一荒陂，因笑唐公不見機。莫惜驌驦輸令尹，漢東宮闕早時歸。〈驌驦〉

十

野田極目草茫茫，吳楚交兵兩岸傍。誰料伍負入郢後，大開陵寢撻平王。〈柏舉〉

十一

楚國君臣草莽間，吳王戈甲未曾閑。

包胥不動咸陽哭，爭得秦兵出武關。〈秦廷〉

十二

夾谷鶯啼三月天，野花荒草謾爭妍。
來遲不見侏儒死，空笑齊人失措言。〈夾谷〉

十三

越王兵已在山棲，豈望殘生出會稽。
何事夫差無遠慮，更開羅網放鯨鯢。〈會稽山〉

十四

子胥今日委東流，吳國明朝亦古丘。
堪笑夫差諸將相，更無人解守蘇州。〈吳江〉

十五

草長黃池千里餘，歸來宗廟已坵墟。
出師不用忠臣諫，徒恥窮泉見子胥。〈吳宮〉

十六

吳王恃霸棄雄才，貪向姑蘇醉綠醅。
不覺錢塘江月上，一宵西送越兵來。〈姑蘇台〉

十七

東上高山望五湖，雲濤煙浪接天隅。
不知范蠡歸舟後，曾有忠臣寄跡無。〈五湖〉

十八

豫讓酬恩歲已深，高名不朽到如今。
年年橋上行人過，誰有當時國士心。〈豫讓橋〉

十九

墜葉蕭蕭九月天，驅羸獨過馬陵前。
路傍古木蟲書處，記得將軍破敵年。〈馬陵〉

二十

此乘良馬到燕然，此地何人復禮賢。
欲問昭王何處所，黃金臺上草連天。〈黃金台〉

這廿首詩在《列國志傳》出現的場次，永遠是第一位。亦即《列國志傳》每述說一段史事時，少則以一首，多則以五首來詠嘆或證明，而每當一則以上詠史詩出現時，胡曾永遠名列第一。如卷九，述說越國大敗吳國，斬吳王首級，「焚吳氏宗廟，掃盡其宗族，取其寶器，驅其宮女，留大將軍諸稽郢，屯守吳都，開倉以賑吳民，大駕東歸」，隨即接上：

胡曾詠史詩云：

吳王恃霸棄雄才，貪向姑蘇醉綠醅。
不覺錢塘江月上，一宵西送越兵來。

又宋賢楊誠齋（名萬里）先生題姑蘇台詩云：

插天四塔雲中出，隔水諸峰雪後新。
道是遠瞻三百里，如何不見六千人。

唐人高啓先生題館娃宮，詩云：

館娃宮中館娃閣，畫棟侵雲峰頂開。
猶恨當年高未極，不能望見越兵來。

本朝東屏先生詠史館娃宮，詩云：

初收奇貨錦裁新，百媚生輝曉夜春。
樂盡臥薪嘗膽日，五湖歸載有功人。（註二〇）

胡曾詠史詩在《列國志傳》中的地位，可謂是相當被看重的。所引用詩詞的作者，除了胡曾詩得以考證之外，其餘引用最多的詩人尚有「皇明東屏先生」、「潛淵居士」、「高啓先生」，此外，「唐梁肅先生」、「宋賢東坡蘇先生」、「宋賢楊誠齋先生」亦偶而見之；至於不知姓名的「史臣」亦常引用。但不論何人，當四、五位詠史詩人同被徵引敘述同一歷史人物或事件時，胡曾詠史詩毫無例外的被放置在最前面。除了胡曾詩特別被《列國志傳》的編撰者余邵魚重視可作爲理由外，胡曾詠史詩最能配合小說中的故事情節，應該也是重要原因。前述卷九越國大敗吳國是一例子。胡曾詠史詩前兩句「吳王恃霸棄雄才，貪向姑蘇醉綠醅。」，很清楚的將吳國敗亡之因寫出，下兩句「不覺錢塘江月上（應爲江上月），一宵西送越兵來」，簡明扼要說出吳國敗亡只在一夜之間。這首詠史詩，遠較接著引用的楊誠齋、高啓與東屛先生的詩，要來得更貼近故事情節。

再看卷一，敘述西伯聞子牙之名，特率群臣至子牙垂釣之渭水邊拜見子牙。兩人相談甚歡：

西伯曰善。謹奉教，愿乞先生名姓，以慰懸仰。子牙曰：「臣之祖貫本在商都，姓姜名尚字子牙，號飛熊。因避商亂，徙居東海之濱。久聞侯伯善養老，復遷于此。」西伯大喜，顧謂群臣曰：「飛熊入夢，信不誣矣。昔吾先祖太公嘗言數十年後，當有聖人至此，以興吾國。然則吾之太公，久望子矣。」遂拜子牙爲太公望，因勸登車而歸。子牙苦辭，西伯不從。並收其家屬，載於後車而歸。時子牙年已八十二矣。

唐胡曾先生詠史詩云：

岸草青青渭水流，子牙曾此獨垂鉤。
當年未入飛熊夢，幾向斜陽嘆白頭。

皇明東屛先生詠史詩云：

清渭蕭蕭白髮翁，波光明月漾微風。

得璝收斂絲綸晚，曾未思君到熱中。

又史臣詠一律云：

渭水溪頭一釣竿，鬢霜皎皎兩眉皤。

胸藏星斗沖天焰，氣吐虹霓掃日寒。

養老來歸西伯下，避危超出紂王關。

自從夢入飛熊後，造起周綱卻不難。

後子牙果能成周。唐梁肅先生有一律云：

一顧成周力有餘，白雲閑釣五溪魚。

中原莫道無麟鳳，自是皇家結網疏。

世傳子牙釣於磻溪邊之石，有腳跡尚在。宋賢東坡蘇先生曾題其石云：

聞道磻溪石，猶存渭水頭，

蒼蒼雖有跡，大釣本無鉤。（註二一）

在這些詠史詩中，可以清楚的看出，胡曾詩最能周全的勾勒出故事的原貌，內容簡扼有力，詞意清淺明白，較之後三人詩之拗口，超出甚多，無怪乎被放置在第一位。東坡之詩固好，但只單詠一石，故被放置最後。

《列國志傳》中所引用廿首胡曾詠史詩，全部見之於「新雕注胡曾詠史詩」。由於此廿首詩，有些所敘述歷史故事中之情景，並非源自史書所載，而《列國志傳》中的故事情景，卻與胡曾詩相似；這不禁令人懷疑《列國志傳》之情節結構，有部份是依胡曾詠史詩而成，亦即是以胡曾詠史詩爲主幹，然後再依次添加枝葉。

例如，在《列國志傳》卷八中，敘述伍子胥滅楚後欲開平王之墓報仇，然遍尋不得，後一老叟告訴子胥：

叟曰：「平王初死之時，恐明輔在吳，借兵復仇，故將其棺沉於城東蓼臺湖內。將軍必欲得之，須向此湖搜索，方可見也。」子胥即引兵至湖口，見湖水茫茫，青草並無，不知所向，乃命善游水之士數百，尋其鎮所，搬起棺槨。子胥即令毀之，其中並無屍骨，但錦衣所裹，一棺銅鐵而已。子胥以老叟之言爲誣。叟曰：「此棺有二，上層設銅鐵，以疑後人，下層乃貯平王之眞屍耳。」子胥令毀棺，下層拽出其屍，驗之，果楚平王之身也。子胥一見平王之屍，怨氣沖天，手持九節銅鞭，踏于平王屍上，左足踐其腹，右手抉其目，即令左右取其屍．重鞭三百，悉火毀其衣衾棺木，棄于原野。唐人胡曾先生詠史詩云：

野田極目草茫茫，吳楚交兵兩岸傍。
誰料伍負入郢後，大開陵寢撻平王。（註一二一）

在這一段故事中，《列國志傳》所載內容，主要見之下列史書：《史記》〈伍子胥列傳〉：「及吳兵入郢，伍子胥求昭王既不得，乃掘楚平王墓，出其屍，鞭之三百然後已。」以及《吳越春秋》

〈闔閭內傳〉第四：「吳王入郢止留，伍胥以不得昭王，乃掘平王之墓，出其屍，鞭之三百，左足踐其腹，右手抉其目，誚之曰：『誰使汝用讒諛之口，殺我父兄，豈不冤哉。』」（註二三）

但是《列國志傳》在敘述子胥在找尋平王墓時，特別以「見湖水茫茫，青草並無，不知所向」等形容句法，描寫子胥在找尋時的情景狀況，這種仿若親身經歷的景色描寫，顯然是受到胡曾詠史詩第一句「野田極目草茫茫」的影響。而這一種主觀的、仿若親眼見之的描寫，在言簡意賅講究客觀的史書中是不可能出現的。《列國志傳》的編撰者余邵魚，顯然熟讀了胡曾一五〇首的詠史詩，然後依著次序，一一排列，再根據詩的內容添枝加葉。一本講述各國興廢的歷史演義小說，因而誕生。

而綜看《列國志傳》中所引用的廿首胡曾詠史詩，依其排列出場的順序閱讀，可以清楚發現，這廿首詩宛若一部《列國志傳》的提要，或是綱目。以「詩題」排列如下：全書（《列國志傳》只分十二卷，無卷目，亦無題目）從西伯訪子牙開始〈渭濱〉，回溯周代開始衰亡的三個主因〈漢江、瑤池、褒城〉，然後是楚滅息國〈息城〉、鄧國〈鄧城〉，與齊相爭之事〈邵陵〉；楚靈王奢靡無道至死〈章華台〉；接著是楚國與伍子胥、吳與越之間的恩怨情仇〈柏舉、秦庭、夾谷、會稽山、吳江、吳宮、姑蘇台、五湖〉；中間摻雜三家分晉故事〈豫讓橋〉與孫龐鬥法故事〈馬陵〉；最後燕昭王招賢納才〈黃金台〉，然終難挽六國頹勢，俱被秦併。

胡曾詠史詩在《列國志傳》中，可謂充分的發揮其「以詩證史」的功用，同時，還引領著故事情節的發展。如果問胡曾詠史詩的價值與意義何在？即以此兩點，胡曾詠史詩已有其存在之必要，其對後世歷史演義小說之構成，絕對有提綱挈領之用。

再從另一個角度來看，如果《列國志傳》完全不採用胡曾詠史詩，只引用其他許多不知眞實姓名之詠史詩，很明顯的將會失色許多。因爲這些詩在簡明有力的概括故事情節，或是貼近故事情節等方面，皆不如胡曾詠史詩，甚至文詞較胡曾詠史詩更爲「俗下」難懂。胡曾詠史詩在通俗歷史演義小說中，毋寧說是扮演著一提昇文氣與格調之重要角色。在習慣雅正文學風格與特色之士人眼中，胡曾詠史詩的確難入法眼；但在通俗文學之階層中，胡曾詠史詩卻成爲有一定格調與水準之作品，能幫助通俗小說更添姿色。在《列國志傳》中，胡曾就是這樣一位爲通俗小說看重的詩人，不但置於衆詩之首，每首詩前均將姓名寫出，同時還冠以「先生」二字尊崇之。在明清歷史演義小說中，《列國志傳》是第一本將胡曾詠史詩提昇爲全書重要地位的書。這使得馮夢龍在改寫《列國志傳》爲《新列國志》時，也不敢輕忽胡曾詠史詩在書中的份量，而輕易將其刪除。胡曾詠史詩在《新列國志》中，仍佔有相當重要之地位。

二、胡曾詠史詩與《新列國志》

《新列國志》是明末馮夢龍（明萬曆二年至清順治三年，西元一五七四—一六四六年），以余邵魚編寫之《列國志傳》爲底本而改寫成的一本鉅著。全書由《列國志傳》的十二卷、廿八萬字，擴展到一百零八回，七十餘萬字。（註二四）

馮夢龍之所以改寫《列國志傳》，主要是認爲該書「鄙俗不文，神怪滿篇，紀事又多不合史實」。（註二五）於是，馮夢龍「砍掉了武王伐紂到西周亡這段歷史，集中寫春秋戰國時代，成爲東周列國的歷史演義。他還刪掉了「與史實不符，任意虛構的情節，並對人名、年代、地點錯訛處加以訂正」。（註二六）

經過馮夢龍改寫後的《新列國志》，成爲「典型的以史書記載演成的一部歷史小說」。（註二七）而與余邵魚編寫的《列國志傳》呈現出兩種不同類型的歷史小說。胡萬川認爲：「列國志傳是粗俗無文的，結構零散的，來自民間，也保留了大量民間色彩的小說。而新列國志則是以左傳、國語、史記……等等所記列國事蹟演義而成的一部文筆流暢、結構緊密的文人著作。」（註二八）

這部被認爲是「文人著作」的歷史小說，照理對於一向被詩家認爲「俗下」的胡曾詠史詩，不會如《列國志傳》一樣的重視，甚至應刪除許多，而代以其他詩人的詠史詩。但是，全書引用胡曾詠史詩高達廿五首，其中，與《列國志傳》重複的只有七首，刪除的有十三首，新添的則有十八首，而這些均不見於《全唐詩稿本》與《新雕注胡曾詠史詩》。

下面，依胡曾詠史詩出場之次序，將回目與詩一一列出如下，以資比對。

㈠第三回：犬戎主大鬧鎬京　周平王東遷洛邑

1.

錦繡圍中稱國母，腥羶隊裏作番婆。

到頭不免投環苦，爭似爲妃快樂多。

(二)第四回：秦文公郊天應夢　鄭莊公掘地見母

2.

寵弟多才占大封，況兼內應在宮中。

誰佑公論難容逆，生在京城死在共。

3.

黃泉誓母絕彝倫，大隧猶疑隔世人。

考叔不行懷肉計，莊公安肯認天親。

(三)第十回：楚熊通僭號稱王　鄭祭足被脅立庶

4.

百萬雄兵踞漢江，天無二日敢稱王。

隨人懼禍行推戴，從此中原作戰場。

(四)第十一回：宋莊公貪賂搆兵　鄭祭足殺壻逐主

5.

明欺弱小恣貪謀，只道孤城頃刻收。

他國未亡我已敗，令人千載笑齊侯。

(五)第十九回：擒傅瑕厲公復國　殺子頹惠王反正

6.

息亡身入楚王家，回看春風一面花。

感舊不言常掩淚，祇應翻恨有容華。

(六)第廿四回：盟召陵禮款楚大夫　會葵邱義戴周天子

7.

楚王南海目無周，仲父當年善運籌。

不用寸兵成款約，千秋伯業誦齊侯。

8.

鄭用三良似屋楹，一朝楹撤室難撐。

子華奸命思專國，身死徒留不孝名。

(七)第卅二回：晏蛾兒踰牆殉節　群公子大鬧朝堂

9.

違背忠臣寵佞臣，致令骨肉肆紛紛。

若非高國行和局，白骨堆床葬不成。

(八)第卅七回：介子推守志焚綿上　太叔帶怙寵入宮。

10.

羈紲從遊十九年，天涯奔走備顛連。
食君刳骨心何赤，辭祿焚軀志甚堅。
綿上煙高標氣節，介山祠壯表忠賢。
只今禁火悲寒食，勝卻年年掛紙錢。

(九)第卅八回：周襄王避亂居鄭　晉文公守信降原

11.

逐兄盜嫂据南陽，半載歡娛並罹殃。
淫逆倘然無速報，世間不復有綱常。

(十)第卅九回：柳下惠授詞卻敵　晉文公伐衛破曹

12.

曹伯慢賢遭縶虜，負羈行惠免誅夷。
眼前不肯行方便，到後方知是與非。

(十一)第四一回：連谷城子玉自殺　踐土壇晉侯主盟

13.

避兵三舍爲酬恩，又誡窮追免楚軍。

兩敵交鋒尚如此，平居負義是何人。

14.

弟友臣忠無間然，何堪歃犬肆讒言？
從來富貴生猜忌，忠孝常含萬古寃。

㈩第四七回：弄玉吹簫雙跨鳳　趙盾背秦立靈公

15.

誰當越境送妻孥？只爲同僚義氣多。
近日人情相忌刻，一般僚誼卻如何？

㈫第五十回：東門援遂立子接　趙宣子桃園強諫

16.

外權內寵私謀合，無罪嗣君一旦休。
可笑模棱季文子，三思不復有良謀。

㈬第五八回：說秦伯魏相迎醫　報射月養叔獻藝

17.

軍中列陣本奇謀，士燮抽戈若寇仇。
豈是心機遜童子，老成憂國有深籌。

(十五)第六五回：弒齊光崔慶專權　納衛衎寧喜專政

18\.

孫氏無成甯氏昌，天教一矢中孫襄。

安排兔窟千年富，誰料寒灰發火光？

(十六)第六七回：盧蒲癸計逐慶封　楚靈王大合諸侯

19\.

亂賊還將亂賊誅，雖然勢屈肯心輸。

楚虔空自誇天討，不及莊王戮夏舒。

(十七)第七十回：殺三兄楚平王即位　劫齊魯晉昭公尋盟

20\.

漫誇私黨能扶主，誰料強都已釀奸。

若遇郟敖泉壤下，一般惡死有何顏。

21\.

茫茫衰草沒章華，因笑靈王昔好奢。

臺土未乾簫管絕，可憐身死野人家。

(十八)第七三回：伍員吹簫乞吳市　專諸進炙刺王僚

22.

父兄冤恨未曾酬，已報淫狐獲首丘。

手刃不能償夙願，悲來霜鬢又添秋。

㈩第七五回：孫武子演陣斬美姬　蔡昭侯納質乞吳師

23.

行行西至一荒陂，因笑唐公不見機。

莫惜驌驦輸令尹，漢東宮闕早時歸。

㈡第八三回：誅芊勝葉公定楚　滅夫差越王稱霸

24.

吳王恃霸逞雄才，貪向姑蘇醉綠醅。

不覺錢塘江上月，一宵西送越兵來。

25.

東上高山望五湖，雲濤湮浪接天隅。

不知范蠡歸舟後，曾有忠臣寄跡無？

㈢第八四回：智伯決水灌晉陽　豫讓擊衣報襄子

26.

豫讓酬恩歲已深，高名不朽到如今。
年年橋上行人過，誰抱當時國士心。

㈢第八九回：馬陵道萬弩射龐涓　咸陽市五牛分商鞅

27.
墜葉蕭蕭九月天，驅羸獨過馬陵前。
路旁古木蟲書處，記得將軍破敵年。

上述廿七首詠史詩，每首詩之前，必有「胡曾先生詠史詩云」，或「唐胡曾先生有詩云」等字句，故可知這些詠史詩均爲胡曾所作。但在第八十回，有一首詩描述吳王放走越王勾踐之事，這首詩沒有署名，而是以「史官有詩云」代之，詩爲：

越王已作釜中魚，豈料殘生出會稽。
可笑夫差無遠慮，放開羅網縱鯨鯢。

這首詩亦是胡曾所作，只是有些字句略作更動。在《新雕注胡曾詠史詩》中，此詩係以〈會稽山〉爲題，全詩爲：

越王兵已在山棲，豈望殘生出會稽？
何事夫差無遠慮，更開羅網放鯨鯢。

二首相較，在《新列國志》出現，應被馮夢龍更動過的「史官有詩云」的這首詩，用詞似乎較胡曾原詩強烈，如用「釜中魚」代替「在山棲」，「可笑」代替「何事」更貼近。也許是被更動過，故不被冠上胡曾之名。但不論如何，在《新列國志》中出現的胡曾詠史詩，至少有廿八首。

廿八首胡曾詠史詩中，與《列國志傳》重複者計有6.、21.、23.、24.、25.、26.及上述〈會稽山〉等八首，其餘的廿首，完全是馮夢龍新添加的。換言之，馮夢龍刪除了《列國志傳》中十二首胡曾詠史詩，另添加廿首新的胡曾詠史詩。只是，這廿首詠史詩，完全不見於《全唐詩稿本》與《新雕注胡曾詠史詩》，亦即現存的一五〇首胡曾詠史詩中，看不到這廿首詩。如果這廿首皆爲胡曾所作，但今已亡佚，那胡曾詠史詩至少應有一七〇首。

這廿首詠史詩，格調亦不甚高，而其句法亦與其他一五〇首相似，即皆採用套裝句法，句型固定，如

——考叔不行懷肉計，莊公安肯認天親。

——若非高國行和局，白骨堆床葬不成。

——淫逆倘然無速報，世間不復有倫常。

——可笑模稜季文子，三思不復有良謀。

——眼前不肯行方便，到後方知是與非。

——若遇郟敖泉壤下，一般惡死有何顏。

這種若非如此，則將會如何的句型，於胡曾詠史詩中處處可見，形成了後世詠史詩常用及習用一

種套句。（註二九）自胡曾以後，詠史詩遂自成一種不同於杜牧、李商隱等人的類型。這也是為什麼張政烺會認為，眞正的詠史詩不是起於一般認為的班固，而是晚唐的胡曾。（註三〇）胡曾不僅僅只是大量的製作詠史詩，更在於他創作出詠史詩的固定格式，不論好壞，他為詠史詩設定出的固定模式，使後來的詠史詩人，難以跳脫出來。

試看《新列國志》中，最常見的詠史詩人「髯翁」，其詠史詩的格局與句型，幾乎與胡曾詠史詩一樣：

昔日同心起逆戎，今朝相軋便相攻。
莫言崔杼家門慘，幾個奸雄得善終？（第六六回，頁七一四）
三年拘繫辱難堪，只為名駒未售貪。
不是便宜私竊馬，君侯安得離荊南？（第七五回，頁八三一）

又如「史官有詩云」亦如是：

更衣執轡去如飛，險作咸陽一布衣。
不是春申有先見，懷王餘涕又重揮。（第九八回，頁一一一九）
商君車裂武安誅，幾個功名得完辜？
莫怪蔡君奪位巧，夢中直把應侯呼！（第一〇一回，頁一一五八）

《新列國志》中引用的詩、詞、歌、書、祝辭等，十分的多，將近四百餘首。在這麼多的詩人中，胡曾仍是除了「髯翁」、「潛淵居士」、「史官」、「後人」等人外，最具知名度，也出現最多的詠史詩人。

馮夢龍在重寫《列國志傳》為《新列國志》時，除了敘事的脈絡大抵是依據《列國志傳》，其他部分幾乎都是自己重寫的。（註三一）他除了大量參考史書來糾正《列國志傳》的「不合史實」以外，書中文句也大量的更動，而《列國志傳》中原有的詩詞，也大部份刪去重寫。（註三二）馮夢龍在《新列國志》卷首的「凡例」中，就明白指出：「小說詩詞，雖不求工，亦嫌過俚。茲編盡出新裁，舊志胡說，一筆抹盡。」（註三三）這說明了他為何刪去十二首在《列國志傳》中的胡曾詠史詩；但馮夢龍卻無法解釋，他為何又添加廿首胡曾的詠史詩？而這些詠史詩的格調與文辭，並未較刪除者來得文雅或高尚，甚而更為「俚俗」。

不過，從馮夢龍在敘述楚王仗威擄息嬀之歷史故事時，刪除《列國志傳》中所引胡曾〈息城〉一詩：「息亡身入楚王家，回首春風一面花。感舊不言長掩淚，祇應翻恨有容華。」（註三四）改用杜牧詠史詩：「細腰宮裏露桃新，脈脈無言幾度春。畢竟息亡緣底事？可憐金谷墜樓人。」（註三五）可以看出馮夢龍的確在更動《列國志傳》一些詩文中，費了心力。同樣是描述息嬀故事，他選擇了杜牧，刪除了胡曾。胡曾在他心中的地位，顯然比不上較能代表雅正文學的杜牧。

胡曾比不上杜牧，但是，在與「東屏先生」、「潛淵居士」等在《列國志傳》經常出現的詠史詩人相較，馮夢龍寧取胡曾。如《列國志傳》卷之九，在敘述范蠡幫助越王平吳復國後，功成不居，當晚乘輕舟逃入五湖之中。接著，用三首詠史詩來概括說明：

胡曾先生詠史詩云：

東上高山望五湖，雲濤煙浪接天隅。
不知范蠡歸舟後，曾有忠臣寄跡無？

東屏先生詠史詩云：

鴟夷皮號諱談軍，重寶輕舟破水雲。
君子謀成身退有，未聞禽鳥相人君。

潛淵讀史至此，曾有古風一篇云：

縱橫鴟鳥倏倏舉，使君發矢貫翎羽。
鴟鴞已墜縱橫志，使君心契五湖水。
五湖風景五湖秋，樂與同遊險不遊。
古來王佐非周召，見幾不作功成羞。
君不見，狡兔死兮走狗烹，
飛鳥落處良弓收，敵破謀亡皆類此，
何必睠睠思故土。一葦扁舟一竿竹，
清風凜凜高千古。

到了馮夢龍的《新列國志》第八十三回，同樣的情節，謂范蠡「涉三江，入五湖」，接著馮仍採用「胡曾詠史詩云」為證，但後面的二首詩，馮夢龍全刪了。可見胡曾在馮夢龍的心目中，仍有一定的地位。

以詩敘史，以詩證史，仍是胡曾詠史詩在《新列國志》中最主要的功用。試看《新列國志》新增的廿首胡曾詠史詩，每一首詩均如同《列國志傳》同樣引用的另八首詩，都概括一件史事，有敘有證，充分發揮詠史詩在演義小說中畫龍點睛與提昇境界的功用。至於這些詩在《新列國志》中是否如在《列國志傳》中具有一樣提綱挈領的作用，答案則是否定的。胡曾詠史詩在《新列國志》中，無法掌握全局，因為，馮夢龍能充分的運用史傳材料，且脈絡分明的依史實發展的軌跡，將複雜的史傳材料演成可讀性甚高的一百零八回的小說。近八十萬字的豐富內容，絕非胡曾詠史詩所能涵括。在《新列國志》中，馮夢龍精心串連與編寫的列國故事才是主體，至於胡曾詠史詩，僅為點綴助味的小菜。但在各家小菜中，胡曾詠史詩仍是頗被看重的一道。

三、胡曾詠史詩與《東周列國志》

《東周列國志》是我國古代歷史小說中，流傳相當廣的一部書。它的名聲，甚至遠遠超過《列國志傳》與《新列國志》；而受後人重視的程度，僅次於《三國演義》。（註三六）

《東周列國志》其實是《新列國志》的化身。這部書出現在清朝乾隆年間。由蔡元放評點。蔡元放是清朝雍正、乾隆年間的人，看到明末馮夢龍所寫的《新列國志》一書，覺得有益教化，就刪改了一些內容，並加上他的導讀、評注，書名則改爲《東周列國志》。（註三七）

蔡元放將《新列國志》改爲《東周列國志》，除了評注點點外，最重要的是，他將《新列國志》的開場詩改了，並刪去了正文中八十餘首詩詞，另外又更動了一些字句，刪改了幾個回目，幾處人名。至於情節內容，則一仍其舊。胡萬川表示：「我們雖然知道東周列國志是由新列國志而來的，並且內容大抵相同，但不敢說東周列國志就是新列國志，更不敢說它是馮夢龍寫的。因爲比起新列國志，東周列國志是瘦了許多，被蔡元放割掉了一些肉。」（註三八）

在瘦了身的《東周列國志》中，胡曾詠史詩也因而減少了四首。這四首詩分別是

㈠第十回：

百萬雄兵踞漢江，天無二日敢稱王。
隨人懼禍行推戴，從此中原作戰場。

㈡第八三回：

東上高山望五湖，雲濤煙浪接天隅。
不知范蠡歸舟後，曾有忠臣寄跡無？

㈢第八四回：

豫讓酬恩歲已深，高名不朽到如今。

年年橋上行人過，誰有當時國士心。

(四)第八九回：

墜葉蕭蕭九月天，驅羸獨過馬陵前。
路傍古木蟲書處，記得將軍破敵年。

在這四首被蔡元放刪去的詩，第一首是現存胡曾詠史詩一五〇首中所沒有的；其餘三首，不但在一五〇首之中，且在《列國志傳》與《新列國志》中皆有出現。蔡元放的刪動，顯然有其特別用意。以第一首來看，這首詠史詩的面貌極其模糊，如果不對照前後文，很難得知意旨爲何？一首題意不清的詠史詩，其存在的價值可有可無；因此這首詩的被刪，是可以理解的。

至於第二、三、四首詠史詩，很清楚的讓人了解詩中的主題人物與故事。第一首是范蠡功成身退，隱身五湖之中的故事；第二首是豫讓「士爲知己死」，爲智伯報仇的故事；第三首是孫龐鬥法，龐涓最後死於馬陵道上的故事。這三首詩在胡曾一五〇詠史詩中，還算是相當不錯的詩，尤其第三首的最後兩句：「年年橋上行人過，誰抱當年國士心」，胡曾展現他難得明白顯露的批判觀點，藉由豫讓的行徑，感嘆人心不古，舉目當今，有誰堪爲「國士」？這麼強烈的批判精神，使這首詩的格調與胸襟不同於其他一般純粹敘事的詠史詩。至於第四首詩，除了在《列國志傳》、《新列國志》中出現外，也在元刊平話《樂毅圖齊七國春秋後集》中被引用，以及明刊本《新鐫全像孫龐鬥志演義》中被引用；可謂是一首十分通俗，大家熟悉有關描述孫龐鬥法的詠史詩。因此這三首詩會被蔡元放刪去，是十分令人訝異的事。

如果一定要探究蔡元放刪除此三詩的理由，或許是他認爲胡曾詠史詩在全書中出現的次數已很多，且全書已進尾聲，故予以一一刪去。像出現在八十九回的第四首描述龐涓死於馬陵的詠史詩：「萬弩森羅伏馬陵，盡誇孫子善行兵。先機鬼谷曾參透，八字分明定一生。」也一併被蔡元放刪去。而潛淵這首詩較胡曾的詩更貼近龐涓被孫臏設計而亡的故事內容。由此詩一併被刪，可以看出蔡元放《新列國志》中許多詩詞的刪除，並沒有一定的原則和標準。

根據胡萬川所言，蔡元放刪去《東周列國志》正文中八十餘首詩詞，則胡曾廿八首詩中，只刪去四首，爲被刪詩的廿分之一。從此角度來看，蔡元放對胡曾詩還是相當認同的，並認爲在歷史演義小說中，胡曾詠史詩仍有不可搖動的地位。

四、胡曾詠史詩與《三國演義》

《三國演義》原名《三國志通俗演義》，也稱《三國志演義》，是中國長篇歷史小說中最出色的一本書。

《三國演義》主要在描寫漢晉之際，魏、蜀、吳三國割據稱雄，爭奪全國政權的故事。從東漢末靈帝中平元年（西元一八四年）黃巾起義開始，到西晉初武帝太康元年（西元二八〇年）統一天下爲止，幾乎包括了整整一個世紀的政治、外交、軍事鬥爭的複雜進程。其內容的豐富、人物的衆多、情

節的曲折複雜、結構的宏偉，在中國小說史上有著不朽的地位。（註三九）

《三國演義》的作者是羅貫中，爲元末明初人。（註四〇）。由於三國故事流傳已久，正史有晉朝人陳壽寫的《三國志》史書、南朝宋人裴松之爲《三國志》作的注，注文多出本文好幾倍，輯錄了三國人物大量的傳聞軼事。與此同時，有關三國的故事，也一直在民間流傳。杜寶的《大業拾遺錄》記載，隋煬帝觀看水上雜戲，內中已有曹操譙水擊蛟，劉備檀溪躍馬等節目，劉知幾的《史通・采撰》記載，唐初流傳著「死諸葛能走生仲達」的故事。晚唐李商隱《驕兒詩》：「或謔張飛胡，或笑鄧艾吃」，連兒童都會笑謔三國人物，可知三國故事極爲普遍。到了宋、元時期三國故事大量進入說唱的藝術的領域，並被搬上舞台。宋孟元老《東京夢華錄》記載，北宋時「說三分」已成爲「講史」中的獨立科目之一。元雜劇中的三國故事則多達四十多種；元至元年間刊行了話本《三分事略》，而至今流存最早，也是唯一一部講三國的話本，則是元至治年間建安虞氏刊刻的《全相三國志平話》。（註四一）此書結構已初具《三國演義》的規模。羅貫中就是在上述史書、民間傳說和民間藝人創作的話本、戲曲的基礎上，經過文學的構思與創造，寫出了《三國演義》。

目前，《三國演義》流傳的版本，共有三種，最早的一本是明弘治甲寅（西元一四九四年）序、嘉靖壬午（西元一五二二年）刊刻的《三國志通俗演義》，簡稱嘉靖本。全書廿四卷，二百四十則，題「晉平陽侯陳壽史傳，後學羅貫中編次」。文字簡樸，一般認爲比較接近羅貫中的原本。其次是明末的《李卓吾先生批評三國志》，和嘉靖本相比，雖然只增加了眉批和總評，並把二百四十則合併爲一百廿回，但內容和嘉靖本幾乎一樣。第三種版本則是清初毛綸、毛宗崗父子假託「古本」，對《三國演義》作了修訂評點，後人稱之為「毛本」。毛本一出，「一切舊本乃不復行」（魯迅語）（註四二），從此成為以後三百年間最流行的版本，直至今日。

毛本與其他版本的不同，可從胡曾詠史詩在其中被運用的情形明顯看出。詩詞在《三國演義》三種版本中的數量都很多，是《三國演義》整體結構中不可或缺的重要部份。根據大陸學者鄭鐵生的研究和統計，嘉靖本有三四四首；李卓吾本有四〇九首；毛本則「將疊床層架、俚鄙可笑的詩詞盡皆刪除」，再取唐宋名作加以充實，計有二〇六首。（註四三）

而在這麼多的詩詞當中，三種版本的《三國演義》均有採用胡曾的詠史詩，其中嘉靖本和李卓吾評本採用了十二首，毛本則刪除八首，留下四首，張政烺曾謂明弘治嘉靖本引用「胡曾先生詠史詩」，計有十二首之多；（註四四）鄭鐵生謂毛本《三國演義》直接引用和改寫的胡曾詠史詩有六首之多。（註四五）後者數字並不正確。

下面，先依胡曾詠史詩於嘉靖本和李卓吾評本之出場次序，一一列出：

㈠**第廿三回**：

黃祖才非長者儔，禰衡珠碎此江頭。

今來鸚鵡洲邊過，唯有無情水碧流。〈江夏〉

㈡**第卅回**：

本初屈指定中華，官渡相持勒虎牙。
若使許攸財用足，山河爭得屬曹家。〈官渡〉

(三)**第卅四回**：

三月襄陽綠草齊，王孫相引到檀溪。
滴盧何處埋龍骨，流水依前遶大堤。〈檀溪〉

(四)**第卅八回**：

岸草青青渭水流，子牙曾此獨垂釣。
當時未入非熊兆，幾向斜陽嘆白頭。〈渭濱〉

(五)**第卅八回**：

七里青灘映石層，九天星象感嚴陵。
釣魚臺上旡絲竹，不是高人誰解登。〈七里灘〉

(六)**第卅八回**：

亂世英雄百戰餘，孔明方此樂耕鋤。
蜀王不自垂三顧，爭得先生出舊廬。〈南陽〉

(七)**卷九**：

古墓崔嵬約路岐，歌傳薤露到今時。

也知不去傳皇屋，祇爲曾烹酈食其。〈田横墓〉

(八)第五十回：

烈焰西焚魏帝旗，周郎開國虎爭時。

交兵不假揮長劍，已挫英雄百萬師。〈赤壁〉

(九)第八十八回：

五月驅兵入不毛，月明瀘水瘴煙高。

誓將雄略酬三顧，豈憚征蠻七縱勞。〈瀘水〉

(十)第一〇四回：

蜀相西驅十萬來，秋風原下久徘徊。

長星不爲英雄住，半夜流光落九垓。〈五丈原〉

(十一)第一一二〇回：

曉日登臨感晉臣，古碑零落峴山春。

松間殘露頻頻滴，酷似當初墮淚人。〈峴山〉

(十二)第一二〇回：

王濬戈鋋發上流，武昌洪業土崩秋。

思量鐵索眞兒戲，誰與吳王畫此籌。〈武昌〉

毛本在上述十二首詩中，只留了〈江夏〉、〈官渡〉、〈瀘水〉與〈峴山〉這四首詩。顯然，毛氏父子與羅貫中對胡曾詠史詩有不同的評價與看法。

一般認爲，毛本對《三國演義》的內文並未作太大的變動，主要是在某些細節和人物性格的描寫上有修改，更多的則是在藝術上的提高。如增刪情節、辨正史事、潤色文字、整頓回目等，其中在刪換論讚詩詞方面，毛本將原來「既多且陋的論讚詩詞、或刪或換，使之純淨、清爽」。（註四六）

換言之，在毛氏父子的心目中，有些胡曾詠史詩應是「陋」俗的，所以只留用四首，其中〈官渡〉一首的前二句，還將之修改爲「本初豪氣蓋中華，官渡相持枉嘆嗟」。這首描述許攸獻計，袁紹拒之，曹操納之的詩，反諷意味極強，因爲許攸本是袁紹的部屬，後降曹操；袁紹拒絕自己的臣子，而曹操卻採納新降謀士的意見。相形之下，曹操勝過袁紹甚多。所以全詩重點在後二句「若使許攸財用足，山河爭得屬曹家？」毛氏將前二句修改、更動，可說除了使原詩更通俗外，並未有更深刻的意義。

因此，毛本《三國演義》在詩詞的採用上，如果說有比嘉靖本進步之處，應是其善用唐代名家詠史詩，同時刪除許多與三國內容不相干的詠史詩。

像毛本刪除的六首胡曾詠史詩，其中〈渭濱〉、〈七里灘〉，前首描述姜子牙，後首言及東漢嚴光，與正文並不相關，故刪之有理。

至於毛本自己添加的詠史詩，大多是唐代有名詩人的詠史詩，如八十五回：「劉先生遺詔託孤兒，諸葛亮安居平五路」，寫道劉備託孤，然後駕崩，毛本添加杜甫的〈詠懷古蹟五首〉之四：「蜀主窺吳向三峽，崩年亦在永安宮。翠華想像空山外，玉殿虛無野寺中。古廟杉松巢水鶴，歲時伏臘走村翁。武侯祠屋長鄰近，一體君臣祭祀同。」

毛氏父子愛用有名詩人之詠史詩，不惜刪去胡曾及一般無名詩人詠史詩的心態，可由文中描述諸葛亮之死的前後文中之引詩看出。在一〇四、一〇五回中，諸葛亮出師未捷身先死的故事，讓後人有無限的唏噓感嘆。在嘉靖本與李卓吾評本中，共引用了八首七絕，二首七律詠嘆，其中有杜甫的「長星昨夜墜前營，訃報先生此日傾。虎帳不聞施號令，麟臺惟顯著勳名。空餘門下三千客，辜負胸中十萬兵。好看綠蔭清晝裏，於今不復雅歌聲。」白居易的「先生晦跡臥山林，三顧那逢聖主尋，魚到南陽方得水，龍飛天漢便爲霖。託孤既盡慇懃禮，報國還傾忠義心。前後出師遺表在，令人一覽淚沾襟。」以及元稹的「撥亂扶危主，慇懃受託孤。英才過管樂，妙策勝孫吳。凜凜出師表，堂堂八陣圖。如公全盛德，應嘆古今無。」這三首詩前均將詩人姓名寫出，至於其他詠史詩，包括胡曾的〈五丈原〉，則只謂「後人有詩曰」。而毛氏只留下這三位名人的詩，其餘全部刪除，事實上留用的這三首詩，均不見今傳之杜甫、白居易與元稹的詩集中。（註四七）這三首詩恐是羅貫中僞託爲三名人之詩。毛氏不察，將之留用。

毛宗崗也增添李商隱與劉禹錫的詩作。如一一八回，寫道漢亡，「後人因漢之亡，有追思武侯詩曰：猿鳥猶疑畏簡書，風雲長爲護儲胥。徒令上將揮神筆，終見降王走傳車。管樂有才眞不忝，關張無命欲何如。他年錦里經祠廟，梁父吟成恨有餘。」

這首詩即李商隱詠史詩〈籌筆驛〉，諸葛亮伐魏時曾駐紮在這裡，其實是可有可無。羅貫中因此連提都不提，就只敘述漢亡時的情況；但毛宗崗卻將之引用，穿插於文後。毛氏顯然是爲了安插名人詩作而用。李商隱的這首詩相當有名，被放置在漢亡的文後，卻有些牽強，但爲了增添該書的文學性與藝術性，李商隱詩有加分的功用，毛宗崗乃加添此詩。

有學者認爲，毛宗崗穿插李商隱的這首詩，「表達了小說家的史識」。（註四八）其實，表達史識並非毛氏本意，如何增強《三國演義》的文學性，才是毛氏在增增刪刪時的取捨標準。

因此，毛本在最後一回東吳滅亡的情節中，刪除了胡曾的詠史詩〈武昌〉，代之以劉禹錫的名作〈西塞山懷古〉：

西晉樓船下益州，金陵王氣黯然收。
千尋鐵鎖沉江底，一片降旗出石頭。
人世幾回傷心事，山形依舊枕寒流。
今逢四海爲家日，故壘蕭蕭蘆荻秋。（此詩爲三國演義之引詩，與原詩略有出入）

這首詩格調高昂，筆力雄健，毛氏將之放在三國歸一統的最後情節中，除了表達深厚的情感與闊大的意境，更爲《三國演義》增添出詩文輝映，情趣橫生的文學美感。

毛氏修訂羅貫中的《三國演義》，其對詠史詩詞所增添或刪減的目的，就在提升該書的文學性與藝術性，成爲一本具有美感的文學作品。因此，羅貫中的寫作風格，就與毛氏的刪增風格形成一個對比，即「俗文」對「雅文」。

而羅貫中善於引用胡曾詠史詩的寫作風格，突顯了胡曾詠史詩在民間講史藝術中「俗」又有「力」的地位，但這也是毛氏爲何將胡曾詩從十二首刪至只剩四首的原因。

即以前引毛氏增添劉禹錫〈西塞山懷古〉一詩來看，嘉靖本在此段魏滅吳，三國一統的情節中，原是採用胡曾〈武昌〉一詩予以描述和詠嘆：

王濬戈鋋發上流，武昌洪業土崩秋。
思量鐵索眞兒戲，誰與吳王畫此籌。

這首詩不論在文辭與意境上，都無法稱得上是佳作，鄙、俗、白、直，應是恰當的評語，但更重要的是此詩無法涵蓋三國一統的大格局場面，只是闡述其中的一環，毛氏父子因此除了將最後情節文字略爲更動與整合外，最大的變動就是刪去此詩，代之以劉禹錫的〈西塞山懷古〉，劉詩一出，全文的境界就顯現出來，格局放大，情意無限。《三國演義》得以以「通俗小說」之姿，邁向文學經典殿堂，毛氏父子的刪評有一定之貢獻。

經由上述，可以得知詠史詩在演義小說中角色的扮演與運用，對全書在邁向「雅正文學」或是「通俗文學」的範疇中有很大的影響力。而胡曾詠史詩在「通俗文學」中的角色扮演，其重要性更是出乎一般的想像。

在嘉靖本的《三國志通俗演義》中，這個被認爲最貼近羅貫中作品本色的版本，胡曾詠史詩雖只出現十二次，但每次出場之時，羅貫中必謂「後胡曾先生有詩曰」、「胡曾先生詩曰」。不像其他出現的詠史詩，大多爲「後人有詩曰……又有詩曰……」或是「史官有詩曰……」、「宋賢有詩曰……」。胡曾詠史詩在明初通俗小說的市場中，仍是爲市井藝人熟悉與詳讀的。

羅貫中在撰寫《三國志通俗演義》時，甚至爲引用胡曾詠史詩而特意寫出一些不甚相關的情節。如在卷八「定三分亮出茅廬」這一節中，羅貫中寫孔明在劉備三顧茅廬後，決定出山，然後連續用三首胡曾詠史詩詠嘆：

玄德等在庄中共宿一宵。次日，收拾同出茅廬，昔日文王夜夢非熊。往渭濱請姜子牙，同車載歸，立成天下。後胡曾先生有詩曰：

岸草青青渭水流，子牙曾此獨垂鉤。
當時未入非熊兆，幾向斜陽嘆白頭。

漢光武曾三宣嚴子陵，胡曾先生有詩曰：

七里清灘映石層，九天星象感嚴陵。
釣魚臺上無絲竹，不是高人誰解登。

今玄德三請孔明出茅廬，胡曾先生有詩曰：

亂世英雄百戰餘，孔明方此樂耕鋤。
蜀王若不垂三顧，爭得先生出舊廬。

次日，諸葛均回，孔明囑付曰吾受劉皇叔三顧之恩，不容不去也，汝可躬耕於此，以樂天時，勿得荒蕪田畝，待吾功成名遂之日，即當歸隱於此，以足天年，均拜而領諾。（註四九）

羅貫中連續以三首胡曾詩詠嘆孔明出山，前兩首係以姜子牙、嚴光來做比擬，但這樣的比擬，其實是不相干也無必要的。毛本因而將三首全部刪除。但羅貫中一口氣用三首胡曾詠史詩，在明代歷史演義小說中還是鮮見的。這說明了胡曾詠史詩在通俗演義的作家眼中，是相當被重視的，認爲他的詩最能達到雅俗共賞的地步，或是其詩已是家喻戶曉，故信手拈來，更增閱讀時之親切感。

晚唐詠史詩在《三國演義》中，胡曾詩被採用的最多。杜牧的〈銅雀台〉（毛本第四八回，嘉靖本與李卓吾詳本亦皆收入）與李商隱的〈籌筆驛〉各一首被選用；此外，羅隱的一首詠史詩：「傷人餓虎縛休寬，董卓丁原血未乾。玄德既知能啖父，爭如留取害曹瞞？」（毛本第十九回，嘉靖本與李卓吾評本亦皆收入）也被選用。

在晚唐衆家詠史詩中，胡曾詠史詩獨受青睞，大陸學者鄭鐵生認爲原因有二：一、通俗，二、關風，即風化問題。他說：「胡曾的詠史詩在晚唐算不得上乘之作，只因一、通俗，二、關風，即風化問題。所以當時在民間就廣爲流傳，還被作爲兒童教材，普及於民間。其詩能得到民間的認同，這很值得重視。大概正是這個原因，古代歷史小說很喜歡引用胡曾的詩，《三國演義》借用胡曾的詩就有六首。這一現象爲我們透露了一個信息，通俗是古典小說選取詩詞的一個極爲重要的因素，因爲演義小說大都經過話本講說的漫長成書時期，走向案頭文學是後期的事情了。」（註五〇）

胡曾詩在當時是否被當作兒童教材，這個觀點應是承襲自張政烺，下章將予以討論。但鄭鐵生指出了「通俗」還是胡曾詠史詩盛行的主因；至於「風化」，鄭鐵生並未清楚說明，這涉及胡曾詠史詩的史觀，本書將另有專章予以討論。

總之，在羅貫中編次的《三國志通俗演義》中，胡曾詠史詩在大量的詩詞中仍佔有其獨特且重要的位置，且扮演著《三國演義》由俗至雅的關鍵角色；嘉靖本與毛本對胡曾詩採用的多寡，就是最好的說明。而不論選用的多寡，胡曾詠史詩將與《三國演義》的盛行，永遠流傳後世，不至因「通俗鄙下」而湮沒不彰。

五、胡曾詠史詩與《東西漢演義》

在元刊平話五種中，胡曾詠史詩出現最多的是《秦併六國平話》一書，共計採用十五首；至於《前漢書續集》，只採用五首，其中兩首爲五絕，不見於胡曾現存之一五〇首詠史詩中。而這兩本平話，到了明代，遂演化成《西漢演義》與《東漢演義》，後人合稱之爲《東西漢演義》。

《東西漢演義》的形成，當然不是從《秦併六國平話》與《前漢書續集》直接演化而成。其內容除了依據《史記》、《漢書》、《後漢書》、《資治通鑑》等史書外，也吸收了自唐俗講以來的通俗文藝中的兩漢故事，如敦煌變文中的《季布罵陣詞文》，前述的元刊兩種平話，元雜劇中的《張子房圯橋進履》、《漢高祖濯足氣英布》、《蕭何月下追韓信》、《隋何賺風魔蒯通雜劇》等。（註五一）

目前留存明代講述《東西漢演義》的版本有下列四種：

一、《京本通俗演義按鑒全漢志傳》，明萬曆十六年清白堂刊本。鰲峰後人熊鍾谷編次。

二、《新刻按鑒編集一十四帝通俗演義》，明潭陽三臺館元素訂梓，鍾伯敬評。

三、《兩漢開國中興傳志》，撫宜黃化宇校正。萬歷己巳三十三年書林詹秀閩繡梓。

四、《東西漢演義》：原爲二部書，一爲明萬歷年間鍾山居士甄偉編寫的《西漢通俗演義》，一爲金川西湖謝詔編集的《東漢十二帝通俗演義》。二書先各自以單行本面世，後再合刻，稱之爲《東西漢演義》。（註五二）

在這四種不同版本的《東西漢演義》中，胡曾詠史詩出現次數的頻繁，令人訝嘆，有的不著名姓，但一看即知係引用胡曾詩；有的則一開首即引用胡曾詩，其中以第一種《全漢志傳》引用最多，共計廿七首。至於晚唐其他詩人詠史詩，只有羅隱的一首七律被引用。

下面，將就上述四本《東西漢演義》中所提及的胡曾詠史詩一一列出，予以分析比較，探究胡曾詠史詩在《東西漢演義》中扮演何種的角色！

㈠《京本通俗演義按鑒全漢志傳》

這本《全漢志傳》是由《西漢志傳》與《東漢志傳》組成。西漢六卷六十一則，東漢六卷五十七則，合計十二卷一百一十八則。二傳各有序，均題「萬歷十六年秋月書林余氏克勤齋梓」。《西漢志傳》卷一題「京本通俗演義按鑒全漢志傳」，署「鰲峰後人熊鍾谷編次，書林林文台余世騰梓行」。

熊鍾谷即熊大木，福建建陽人，是嘉靖、萬歷年間活躍的通俗小說編刊者。克勤齋乃福建建陽書坊。《東漢志傳》卷一署「愛日堂繼葵劉世忠梓行」，尾葉圖中有木記云：「清白堂楊氏梓行」。清白堂亦爲福建建陽書坊，《大宋中興通俗演義》即爲其所刊。（註五三）

此書目前藏於日本蓬左文庫，上海古籍出版社據以影印。在「前言」部分，大陸學者樓含松指出，元明兩代的兩漢故事小說，以這本《全漢志傳》敘兩漢史事最爲完備。其中除《西漢志傳》卷三至卷四之「文帝駕幸細柳營」，和平話《前漢書續集》內容相似，應爲襲取平話而有所增寫；至於韓信訪異人、高祖咬牙封雍齒、滴淚斬丁公、議立如意等，均爲平話所無；在某些人名和情節方面，亦與平話有異。至於《東漢志傳》則與謝詔編集的《東漢十二帝通俗演義》情節略同。（註五四）

在《全漢志傳》中，胡曾詠史詩共出現廿七次。其中《西漢志傳》廿二次，《東漢志傳》五次。在上述的四本《東西漢演義》中，此書是引用胡曾詩最多的一本。現將本書各卷所引胡曾之詩，一一列舉於下（刻本錯別字甚多，但仍依該書所刻之詩爲準）：

一

建草青青渭水流，子牙曾此獨垂鉤。
當時未入飛熊兆，幾向斜陽嘆白頭。〈渭濱〉

二

積粟成塵竟不開，惟知拒諫剖賢才。

武王立起無人敵，隨作商郊一聚灰。〈鉅橋〉

三

阿母瑤池宴穆王，九天仙樂送瓊漿。

慢誇八駿奔如電，歸到人間國已亡。〈瑤池〉

四

祖舜祖堯自太平，秦皇何事苦蒼生。

不知禍起蕭墻內，虛築防胡萬里城。〈長城〉

五

白蛇切斷路人通，漢祖龍泉血染紅。

不是咸陽將瓦解，素靈那哭月明中。〈大澤〉

六

漢祖西來秉白旄，子嬰宗廟起波濤。

誰知王有番身術，解卻秦宮斬趙高。〈軹道〉

七

項籍鷹揚六合晨，鴻門開宴賀亡秦。

樽前若用謀臣計，豈作陰陵失路人。〈鴻門〉

八

義帝南遷路入郴，國王身死亂山深。
不知埋恨窮泉後，幾度西陵井水沉。〈郴縣〉

九

此水雖非禹鑿開，廢丘山下重營回。
莫言只解東流去，曾使章邯自殺來。〈廢丘山〉

十

韓信經營接鏌鋣，英雄叱吒有誰加。
猶疑轉戰逢勍敵，更向軍中問左車。〈泜水〉

十一

虎捲龍皮白刃秋，兩分天下指鴻溝。
項王不覺英雄挫，欲問彭城醉玉樓。〈鴻溝〉

十二

不辨賢良一似愚，豈知片舌害全軀。
東齊一下遭油鑊，何似高陽作酒徒。

十三

項籍鷹揚六合晨，鴻門開宴賀亡秦。當時若聽謀臣計，豈作陰陵失路人。〈鴻門〉

十四

爭帝圖王勢己傾，八千兵敗楚歌聲。烏江不是無舡渡，恥向東吳再起兵。〈烏江〉

十五

關東新破項王歸，赤幟悠揚日月旗。從此漢家無敵國，爭教彭越受誅夷。〈長安〉

十六

四皓忘機食碧松，石岩雲電隱高蹤。不知俱出龍樓後，多在商山第幾重。〈四皓〉

十七

文帝鑾輿看比征，將軍亞夫有威名。轅門不聽天子令，今日爭知細柳營。〈細柳營〉

十八

太子啣冤去不回，臨高徒立望思臺。

至今漢武銷魂處，猶有悲風日上來。〈望思臺〉

十九

北入單于萬里疆，五千兵敗滯窮荒。
英雄不伏蠻夷死，更築高臺望故鄉。〈李陵臺〉

二十

衰草茫茫際碧天，問人云此是居延。
停驂一顧猶腸斷，蘇武爭禁十九年。〈居延〉

二十一

明妃遠嫁泣西風，玉筋雙垂出漢宮。
何事將軍封萬户，卻將紅粉去和戎。〈漢宮〉

二十二

玉貌原期漢帝招，誰知西嫁怨天驕。
至今青塚愁雲起，疑是佳人恨未消。〈青塚〉

二十三

七里灘青映石層，九天星夜感嚴陵。
釣魚臺上無絲竹，不是高人誰解登。〈七里灘〉

二十四

光武經營業未興，王即兵革整憑陵。

須知後漢功臣力，不及滹沱一片冰。〈滹沱河〉

二十五

光武爲君蓋世雄，度人才量立元戎。

漢軍立馬蒲關下，大喝三聲便見功。

二十六

七里灘清映石層，九天星象感嚴陵。

釣魚臺上無絲竹，不是高人誰解登。〈七里灘〉

二十七

銅柱高標險塞垣，南蠻不敢犯中原。

功成自合分茅土，何事翻銜薏苡冤。〈銅柱〉

在這二十七首詩中，第七首與第十三首〈鴻門〉重複使用，第二十三首與第二十六首〈七里灘〉也重複使用，中間只有一些文字略作更動。第十二首與第二十五首，共計二首不見於胡曾現存的一五〇首詩中。

在二十七次出現的詩中，有八次作者不言明該詩係胡曾所作，而以「詩云」、「有詩爲證」代替

「胡曾先生有詩曰」或「胡曾詩曰」；其餘十九次皆將胡曾名字列出。在全書近百首的詩詞中，胡曾詠史詩佔了五分之一之強。該書的作者，尤其是《西漢志傳》，可以說幾乎是以胡曾詠史詩爲骨架，然後再開枝散葉，增骨添肉，完成了這部以敘史爲主的演義小說。

胡曾詩在此書受重視的程度，從卷首即可看出。全書一開始，尚未開始敘述，即直引一首胡曾的〈渭濱〉，然後幾句話交待周朝一統天下後，再引〈鉅橋〉一詩：

詩曰：

建（應爲岸）草青青渭水流，子牙曾此獨垂鉤。
當時未入飛熊兆，幾向斜陽嘆白頭。

公孫乾遇呂不韋

按鑑本傳，昔日文王夢入飛熊兆，獵于渭濱，得姜子牙，後爲武王師，號爲尚父。七日之間立起周朝天下。怎見的，戊午日兵臨孟津，甲子日血浸朝歌。將紂辛敗于牧野，服金玉之服，積薪自焚而死。殷爲天子卅一世，共計六百二十九年而歸于周。詩爲證：

積粟成塵竟不開，惟（應爲誰）知拒諫剖賢才。
武王立（應爲兵）起無人敵，隨（應爲遂）作商郊一聚灰。

作者直引的這兩首詩，並未言明是胡曾的詩，但〈渭濱〉在《列國志傳》中出現過，在嘉靖本《三國志通俗演義》中也出現過。〈鉅橋〉在《武王伐紂平話》被引用；兩詩在此三書中，皆寫出作者胡曾之名，且在胡曾一五〇首詠史詩中，算是相當通俗且出名的詩，或許本書的作者認爲這是大家耳熟能詳的詩，不需再寫出是誰的詩，故隱去胡曾之名。

再以另一個角度來看，從上述引文可以發現，這本《全漢志傳》的文句相當粗糙、口語，而且錯別字很多，很有可能此書只是說書人的底本，或許是從元代時期即流傳下來的底本，被後人一刻再刻，到了明代，再被書商熊大木翻刻，由於元刊本遺佚，就成了明刊本。這個推論主要來自於本書與元刊五種平話的刻本形式、字體、上圖下文之編排皆十分相似，而且同樣源出福建建陽一帶，內文也同元刊五種平話一樣，錯別字、音誤字很多，文句不順；如果不比對內容，會誤以爲《全漢志傳》是元刊五種平話中的一種。在本書可能是早期（宋、元時期）說書人底本的情形下，一開始自然是先引一首開場詩，或曰定場詩，說書人直接指出：「詩曰：建（應爲岸）草青青渭水流……」；不用胡曾之名，就是爲了直接以詩切入，符合宋元話本之格式。試看《新編五代史平話》，除了《晉史平話》卷上缺頁外，其餘每卷一開始，即是：「詩曰……」然後再導入正文，如《梁史平話》卷上第一段全文爲：

詩曰：

龍爭虎戰幾春秋，五代梁唐晉漢周。

興廢風燈明滅裏，易君變國若傳郵。

粵自鴻荒既判，風氣始開。伏羲畫八卦而文籍生，黃帝垂衣裳而天下治。作十三卦以前，民用便有個弦木爲弧，剡木爲矢，做著那弓箭，威服乖爭。那時諸侯皆已順從，獨蚩尤共著炎帝侵暴諸侯，不服王化。黃帝乃帥諸侯，興兵動眾，驅著那熊、羆、貔、貅、貙、虎、猛獸做先鋒，與炎帝戰于阪泉之野，與蚩尤戰于涿鹿之地；鬥經三合，不見輸贏。有那老的名做風后，乃握機制勝，做著陣圖來獻黃帝。黃帝乃依陣布軍，遂殺死炎帝，活捉蚩尤。萬國平定。這黃帝做著個廝殺的頭腦，教天下後世習用干戈。（註五五）

再如《宣和遺事》，前集一開始也是：「詩曰……」，只不過此詩爲七律，然後再導入正文。（註五六）

如果《全漢志傳》爲元代刊本，可以知道胡曾應是當時講史者最認同的詠史詩人。胡曾詠史詩雖不是專爲說書人所創作，但顯然其內容、格式、文句，均受說書人喜愛，於是在研擬小說綱要與鋪排情節時，即以胡曾詠史詩爲主要依據，不僅符合當時話本小說的寫作形式，又因胡曾詩的通俗淺顯，得以迎合大衆口味。《全漢志傳》的原作者，或說是原編輯者，應是在此種情況下成書。

在中國小說史中，宋元之際的話本小說，與白話小說之起源有密不可分的關係，而宋代說話人往往採用唐市人小說爲話本。（註五七）而晚唐胡曾詠史詩在宋元講史話本中扮演吃重的角色，出現次數之多爲歷來詩人少有，胡曾詠史詩應可斷定對中國白話小說的形成與擴展，有著默默奉獻，不爲人知的功勞。

試看《全漢志傳》中出現了廿七次的胡曾詠史詩，單就其依次出現排列而成的「詩內容」，已可看出全書故事之綱要。《東西漢演義》中主要的情節，在胡曾詠史詩中俱可看見，如劉邦斬白蛇起義〈大澤〉、鴻門宴〈鴻門〉、章邯自殺〈廢丘山〉、殺彭越〈長安〉、商山四皓輔太子〈四皓〉、光武中興〈滹沱河〉等；甚至一些較細微、不爲衆人皆通俗知曉的歷史情節，如〈郴縣〉、〈泜水〉、〈望思台〉、〈銅柱〉等詩中描述之內容，胡曾也能顧及周到，一一寫出。在這種情況下，講史之人不引用胡曾詠史詩也很難，因爲如此現成而又通俗的詩句，在歷來詩人中極少，更可說是根本就沒有創作過。胡曾詠史詩的寫作方式，激發了說書人的靈感，甚而啓發了說書人創作成書的動機。胡曾詠史詩在宋元講史話本乃至於爲明清歷史演義小說的蛻變與成熟的過程中，可以說扮演著一個極爲重要的「架構」，或說是「點綴」與「聯繫」的角色，這些角色，從《全漢志傳》中出現了二十七次胡曾詠史詩，即可得到證明。

(二)《新刻按鑒編集一十四帝通俗演義》

這本書亦稱爲《全漢志傳》。（註五八）只是此書與前述之熊鍾谷編次的《全漢志傳》不同。其共有十四卷，牌記：《繡像東西漢全傳》，右上題「鍾伯敬先生評」，左下題「寶華樓梓」，目前藏於北京大學圖書館。本書亦稱《全像按鑒演義東西漢志傳》。明萬曆年間初刻本題爲「漢史臣蔡邕伯喈彙編，明潭陽三台館元素訂梓」、「鍾伯敬先生評」。目次後題：《新刻按鑒編集一十四帝通俗演義全漢志傳》。三台本現已不存，只留有寶華樓印行的本書。（註五九）

這本《繡像東西漢演義》，鮮爲人知。根據大陸學者孫一珍考證，有關兩漢故事，向爲人們樂道，至今保留下來的有元至治年間刊刻的《全像平話前漢書續集》、明代萬曆年間刊刻的熊大木編次的《全漢志傳》，與至今仍廣爲流傳的明代劍嘯閣刊刻的《西漢通俗演義》與《東漢通俗演義》。而本書卻鮮爲人知，現僅北京大學圖書館存有一部，因此彌足珍貴。（註六〇）

這本歷史演義小說分卷，卷又分則，而不分回，每卷的則數多寡不等。其中一至九卷演西漢故事；九至十四卷演東漢故事。書中涉及的歷史跨度較大，內容相當豐富，從周文王遇姜子牙開篇，一直寫到東漢明帝時班超征西域結尾。全書寫作內容，據孫一珍表示：「與類似題材的歷史演義相比較，本書更接近史實記載。……寫法偏重記敘史實，而較少藝術渲染。」（註六一）

本書採用胡曾詩共計十八首，出現則達十九次。其中與前本《全漢志傳》重複的有十二首，分別是：〈長城〉、〈大澤〉、〈軹道〉、〈長安〉、〈烏江〉、〈四皓〉、〈細柳營〉、〈望思臺〉、〈漢宮〉、〈青塚〉、〈七里灘〉、〈滹沱河〉、〈銅柱〉等。其中〈七里灘〉在本書中重複引用二次，與前本《全漢志傳》相同。

至於在本書中出現，但在前本《全漢志傳》沒有引用的胡曾詠史詩，則有四首，分別爲〈博浪沙〉、〈圯橋〉、〈殺子谷〉與〈上蔡〉。

本書亦有二首爲現存一五〇首胡曾詠史詩中所沒輯錄的，其詩分別爲：

一

楚漢紛紛百戰餘，酈生遊說入齊墟。

連城七十須更下，卻恨韓侯復反初。（頁二一四）

二

光武爲君蓋世推，度人才量立元戎。

漢軍立馬蒲關下，大喝三聲便見功。（頁六四六）

這兩首詩，第一首爲前本《全漢志傳》所未引用，第二首則與前本《全漢志傳》同樣採用。同樣是描述兩漢的故事，這前後兩本《全漢志傳》的文字與情節敘述，其實大同小異，但差別處就在胡曾詠史詩。凡是兩書引用相同胡曾詠史詩的地方，內容大同小異，頂多有幾個字的更動，尤其是在東漢部分，許多地方幾乎一模一樣。如本書在「吳漢喝聲，取了蒲關」這一段中的描述，與前本《全漢志傳》內文完全相同，而二者引用的胡曾詩，亦皆不見於現存一五〇首胡曾詠史詩中。（註六二）兩書相襲之處，十分明顯。

但是，前本《全漢志傳》與本書仍有許多不同處，而胡曾詩的引用與否則爲一重要指標。如前所述，前本《全漢志傳》引用胡曾詩高達廿七首，本書只有十八首，相差了九首，其中有五首爲本書新引，而爲前本《全漢志傳》所未引；這其中的差距，造成二書在內容上的不同。

基本上，本書的完成應是在前本《全漢志傳》之後。因爲，本書在詩詞的取捨與應用上，較爲整齊，亦即有經過處理。在這一方面，本書有如馮夢龍編撰之《新列國志》，刪除並整理了運用許多詩詞之《列國志傳》。

下面，是兩書在描述項羽烏江自刎這一段中的文字與詩詞敘述，可比較二書之相異點：

熊鍾谷編次之《兩漢志傳》：

……楚王獨騎奔走至烏江，見舡公亭長橫舟而待之。亭長曰：「大王獨騎到此，子弟兵八千，今無一人。江東父老，倚門專望。」王曰：「江東地方千里，聚兵十萬，復與漢王戰。」（亭長曰：「后有漢軍至，請大王上舡。」王欲上舡，長曰：「此舡疏漏，可過人，不可度馬。」王曰：「我有何面目見江東父老。」有胡曾記史詩，又張天覺詩爲證：

爭帝圖王勢已傾，八千兵敗楚歌聲。

烏江不是無舡渡，恥向東吳再起兵。

又張天覺詩曰：

不修文德治文明，天道如何向力爭。

隔岸故鄉歸不得，十年虛得拔山名。

楚王曰：「吾騎烏騅馬，沖陣負重，日行千里，怎忍棄之？此馬與公。」亭長接馬上舡，長曰：「漢軍近矣。」王曰：「兵有多少？」長曰：「軍有五隊，約五千漢軍，須臾至。」項王叱吒之聲步戰五將皆退，怒殺十人。王呼鄉人呂馬通曰：「吾與爾一場富貴。」言訖拔劍在手，攬髮自刎而死。呂馬通方向前跪取王首回。有羅隱詩爲證：

俛首咸陽事可嗟，楚王恩義隔天涯。

八千子弟歸何處，萬里鴻溝屬漢家。
九里山前爭日月，血流垓下定龍蛇。
拔山力盡烏江刎，今古悠悠尚怨嗟。
呂馬通將楚王首級見漢王，漢王視之不忍，令人送於江東……有詩嘆曰：
萬戰英雄死沒歸，祠堂誰爲立前題。
漢官楚國歌聲起，一日俄然社稷離。
力盡烏江騅不逝，傷心爭忍別虞姬。
英雄蓋世今何在？血染霜鋒實可悲。
又詩曰：
刀劍垓下夜不停，楚歌散盡八千兵。
潰國破敵三更出，失路都無百計行。
單劍指呼猶斬將，萬人避易尚何驚。
不言決死天亡楚，四海干戈卒未寧。
曹道沖讀史至此，作一絕句詩：
憑仗威雄勢已休，只因不用直臣籌。
可憐八尺英雄體，一日分張封五侯。

史官學士司馬遷曰：吾聞周生曰，楚有重瞳，以爲羽亦是聖人也……。（註六三）

寶華樓梓行之《東西漢全傳》：

霸王一日之間，凡經九戰，殺漢大將九人，兵一千數。遂沖出至烏江。欲渡無用。忽亭長駕船近岸，乃謂王曰：「江東雖小，地方千里，大王數有重名，可聚眾得數十萬人，亦足王也。願大王急渡無失。況今臣獨有舡在此，若漢兵至，臣駕舡抵中流波，決不能過。任王行也。王淚曰：「天之亡我。□□□□，籍與江東子弟八千人渡江而西，今無一人還，縱使江東父老憐而王我，乜何面目見之？縱彼不言，籍獨不愧於心乎？」亭長泣而言曰：「勝敗乃兵家之常……王可急渡，漢兵將至矣。」王曰：「蒙汝忠言，吾豈不明，吾實羞見江東父老。」亭長懇王上舡。王見其心切，乃曰：「蒙君□意，吾有此馬騎坐，數戰以來，所向無敵，一日能行千里，今恐爲漢兵所得，又不忍殺之，今賜與公，見此馬即如見我也。」亭長曰：「王無馬，何以戰漢兵？」王曰：「吾不思戰矣。」命小卒牽上渡舡。其馬咆哮跳躍，回顧霸王，戀戀不捨去，王亦大泣不能言。亭長方欲開渡，其馬長嘶數聲，跳大江波心，一躍不知所往。亭長大驚，遂放舟而去。王見馬投江死，復同眾軍步行，持短刀與漢接戰，又殺數百人。忽於漢將中見大將呂馬通，曰：「爾非吾故人乎？」馬通近前曰：「臣實大王故人，不知大王有何相囑？」王曰：「吾聞得我頭者千金，賞萬户侯，吾與爾，爾有恩德，可取獻功。」遂拔劍自刎而死。時大漢五年十二月，烏江自刎，年三十一歲。後唐帝諸賢有詩曰：

爭帝圖王勢已傾，八千兵散楚歌聲。

烏江不是無舡渡，恥向東吳再起兵。

羅隱有詩一首云：

九里山前爭日月，血流垓下定龍蛇。

拔山力盡烏江刎，今古悠悠尚怨嗟。

曹道沖讀史至此，作絕句云：

憑仗威雄勢已休，只因不用直臣籌。

可憐八尺英雄體，一日分張付五侯。

史官學士司馬遷曰：吾聞周生曰，楚有重瞳，以爲羽亦是聖人也……。（註六四）

二書的文句均極粗陋、口語，是典型五種平話之文句模式。但後書較前書敘述詳細，在使用詠史詩方面，後書刪減甚多。前書引用六首，且多爲七律；後書只引用三首。前書該段第一首詩謂爲胡曾之詠史詩，但接著又表示有張天覺詩，易讓人混淆；後書乾脆將作者全部刪去，改以「唐帝諸賢有詩曰」，事實上這是胡曾詠史詩〈烏江〉。至於羅隱之詩，則不見於《全唐詩稿本》，後書將原七律刪去前四句，而成七絕，使全詩簡潔有力。後書的三首詩較前書引用的六首，更能符合內文的大意，且因俱爲七絕，使行文俐落，令人不致望文生厭。七絕詠史詩之爲用即在此！

總之，不論本書是否完成於《全漢志傳》之後，二書在重要情節上，俱愛引用胡曾詠史詩爲不爭之事實；胡曾詠史詩的引用，甚至使二書展現出不同的風格。而胡曾詠史詩之深入通俗講史小說作者的心中，以致影響其敘事風格，亦可見之。

(三)《兩漢開國中興傳誌》

本書爲明萬曆乙巳(西元一六〇五年)冬月詹秀閩刊本。首題「按鑑增補全像兩漢志傳」，署「西清堂詹秀閩藏板」。卷一題「京板全像按鑑音釋兩漢開國中興傳誌」，署「撫宜黃化宇校正，書林詹秀閩繡梓」。由上海古籍出版社據日本蓬左文庫藏本影印。(註六五)

全書共計六卷四十二則。前四卷廿八則敘西漢事，後二卷十四則敘東漢事。

根據該書「前言」作者樓含松研究，本書與元刊《全相平話前漢書續集》、明代熊鍾谷（熊大木）編《全漢志傳》的內容，基本相同，文字亦多雷同，三書有密切的關係。孫楷第《中國通俗小說書目》引日本長澤規矩也語，謂此書較《全漢志傳》爲詳。大塚秀高《增補中國通俗小說書目》謂此書實由《全漢志傳》中提取，並適當增寫而成。《全漢志傳》刊於萬曆十六年（西元一五八八年），本書刊於萬曆卅三年（西元一六〇五年）。此書前四卷相當於《西漢志傳》之前三卷和卷四之前四則，後二卷相當於《東漢志傳》之前二卷，分則及則目俱不同。樓含松以爲「此書較《全漢志傳》文字更爲通暢，詩詠有所增加，部分內容有所增刪和調整，書中人名稍有差異。」(註六六)

樓含松並比勘本書卷四與《前漢書續集》同，而《全漢志傳》相應部分則增加不少內容，如韓信訪異人，高祖斬丁公、封諸將、敦禮樂、招田橫等事，平話及本書均無。《全漢志傳》敘韓信手下差人謝公著向蕭何告發韓信謀反，平話及本書則爲婦人青遠向蕭何首事，其情節亦略有差異。比勘三書，可知本書的祖本當爲《前漢書續集》。有《續集》必有《正集》，惜已佚，而從此書可推知《正集》之內容。（註六七）

本書引用胡曾詠史詩有十八首，由於本書字數較前二書少了近二分之一（前二書俱分上下二冊，本書僅爲一冊），因此，在比例上本書算是採用相當多的胡曾詩。

此十八首詠史詩，與《全漢志傳》相同使用的計有十五首，依次分別是：〈鉅橋〉、〈瑤池〉、〈長城〉、〈大澤〉、〈鴻門〉、〈郴縣〉、〈廢丘山〉、〈鴻溝〉（《全漢志傳》第十二首，爲現存胡曾一五〇詠史詩中不見者）、〈烏江〉、〈四皓〉、〈細柳營〉、〈七里灘〉、〈滹沱河〉（《全漢志傳》第廿五首，亦不見現存之胡曾詠史詩中）。

另本書引用胡曾〈垓下〉一首，是前二書所未採用。（註六八）〈垓下〉一詩爲：

拔山力盡霸圖隳，倚劍空歌不逝騅。
明月滿空天似水，那堪回首別虞姬。

這首詩係描述項羽烏江自刎前，其愛妾虞姬與他相泣，後自刎而死之故事。前二書均未引此首〈垓下〉，只有本書在與前二書同引許多相關詩詞後，獨自再引「胡曾先生有詩曰：……」，將〈垓下〉一詩放入文中。顯然作者（或曰編者）巧手蕙心，熟讀胡曾詠史詩，認爲此段情節符合〈垓下〉一詩，予以引入，並以此突顯本書與前二書之不同處——作者並非全部襲用前人所編著之書，而是另有「創見」。

本書亦引用二首胡曾的五絕詠史詩，此二詩只在元刊平話《後漢書續集》中出現過：

一

可惜淮陰侯，曾分高祖憂。
三秦如席捲，燕趙刻時收。

二

囊沙隆且沒，渡嬰魏豹休。
漢皇無後幸，呂后斬王侯。（註六九）

這兩首五絕，第一首與元平話相同，第二首則前兩句與元平話相異，元平話爲「夜偃沙囊水，舒斬逆臣頭」。由於此二首五絕俱不見現存胡曾一五〇首詠史詩中，除有可能爲亡佚之詩外，另可證明出本書與《後漢書續集》有一定之關係，如同樓含松所言，本書的祖本當爲《後漢書續集》。

從胡曾詠史詩的引用，看出二書之相關性，這或許是今後在研究平話、演義等講史性小說之因襲、承繼方面，值得注意的一個方向。而這也是胡曾詠史詩應用在平話、演義上的另一實質功能，而這種可供後人比對查校的實質功能，則非當時使用胡曾詩之作者能所考量到的功能。

(四)《東西漢演義》

明代兩漢的演義小說很多，但不論在思想內容與藝術成就等方面，皆不爲世人稱道，如前述三本，均無法同《三國演義》相比。到了萬曆後期，鍾山居士甄偉編寫了一本《西漢通俗演義》；金川西湖謝詔編集了一本《東漢十二帝通俗演義》；後兩本合刻，稱之爲《東西漢演義》。這本《東西漢演義》遂成爲長期以來，衆人習慣與喜愛閱讀的讀本，並流行至今。

《西漢演義》編者甄偉，在他的書序中，曾說明了他編寫的理由：

閒居無聊，偶讀《西漢卷》，見其間多牽強附會，支離鄙俚，未足以發明楚漢故事，遂因略以致詳，考史以廣義；越歲，編次成書。言雖俗而不失其正，義雖淺而不乖於理。詔表辭賦，模仿漢作，詩文論斷，隨題取義。使劉項之強弱，楚漢之興亡，一展卷而盡在目中。此通俗演義所由作也。（註七〇）

由他的書序，可以得知《西漢演義》應是綜合前人所作，擇優集之，有人認爲：「然考察其作品，其成就遠不止發明楚漢故事，揭示史書所蘊之意，以及替古人作詔表奏章等等。思想之博大深刻，技巧之嫻熟新奇，語言之流利典雅，在古代歷史演義小說中，應屬上乘之作。」（註七一）

至於《東漢演義》，如同前述三本，「每回的內容不均衡，有的章回太短，祇能說是一個故事的大綱。二是引用的奏章書信太多，且多是抄錄自《漢書》、《後漢書》的，有的晦澀難懂，一般水平的讀者每讀到這些地方，都會感到乏味。相比之下，《西漢演義》在這一方面的處理方式上，要高明得多。」（註七二）

胡曾詠史詩在本書中出現的次數亦相當多，而若依其引用的詩題來看，與《全漢志傳》相同者甚多，至於沒有引用者，則可一目瞭然，知係編者所刪，而所刪者不僅是胡曾之詩，亦是刪除與其相關之史事。

胡曾詠史詩在本書中共出現廿五次。其在《西漢演義》中出現廿一次，在《東漢演義》中出現四次。下面，依次列出，以看出其與前三書之關係爲何？並探討胡曾詠史詩在本書中究竟扮演何種角色？

《西漢演義》中之胡曾詠史詩：〈長城〉、〈博浪沙〉、〈圯橋〉、〈殺子谷（仿作）〉、〈大澤〉、〈上蔡〉、〈軹道〉、〈鴻門〉、〈金牛驛〉、〈郴縣〉、〈廢丘山〉、〈睢水〉（此詩不見一五〇首胡曾詩，全詩爲：「睢水波濤接海涯，古堤寒柳鎖煙霞。至今兩岸堆人骨，盡是高皇敗楚家。」）、〈高陽〉（此處共引三首胡曾詩，除第一首〈高陽〉見現存一五〇首胡曾詩外，另兩首不見。此二首詩分別爲：一、楚漢爭鋒血刃污，高才挾策欲洪圖。誰知鼎鑊遭烹日，何似高陽作酒徒。二、楚漢紛紛百戰餘，酈生遊說入齊墟。連城七十須臾下，卻恨韓侯一紙書。其第一首亦見於《全漢志傳》、《繡像東西漢演義》與《兩漢開國中興傳誌》。）、〈鴻溝〉、〈烏江〉、〈長安〉、〈四皓〉，以及兩首五絕（見前書）。

《東漢演義》中之胡曾詠史詩：〈七里灘〉、〈滹沱河〉、〈五丈原〉（此詩仿胡曾〈五丈原〉，胡曾原詩爲：「蜀相西驅十萬來，秋風原下久徘徊。長星不爲英雄住，半夜流光落九垓。」此詩在本書中被仿改爲：「嚚將空謀望斗臺，秋風隴下久徘徊。長星不爲奸雄伴，夜半流光落九垓。」）、〈銅柱〉。

下面，以圖表將四書所用之胡曾詠史詩排列出，以清楚這些詠史詩是如何的運用在兩漢故事中：

		《兩漢志傳》	《繡像東西漢演義》	《兩漢開國中興誌傳》	《東西漢演義》
1	渭濱	✓			
2	鉅橋	✓		✓	
3	瑤池	✓		✓	
4	長城	✓	✓	✓	✓
5	殺子谷		✓		✓
6	博浪沙		✓		✓
7	圯橋		✓		✓
8	大澤	✓	✓	✓	✓
9	軹道	✓	✓		✓
10	鴻門	✓		✓	✓
11	上蔡		✓		✓
12	郴縣	✓		✓	✓
13	廢丘山	✓		✓	✓
14	泜水	✓			
15	鴻溝	✓			✓
16	金牛驛				✓
17	高陽				✓
18	鴻門	✓			
19	烏江	✓	✓	✓	✓
20	垓下			✓	
21	長安	✓	✓		✓
22	四皓	✓	✓	✓	✓
23	細柳營	✓	✓	✓	
24	望思台	✓			
25	李陵台	✓			
26	居延	✓			
27	漢宮	✓	✓		
28	青塚	✓	✓		
29	七里灘	✓	✓	✓	✓
30	滹沱河	✓	✓	✓	✓
31	銅柱	✓	✓		✓
32	五丈原				✓
33	不辨賢良一似愚、豈知片舌害全軀。東齊一下遭油鑊、何似高陽作酒徒。	✓		✓	✓
34	光武爲君蓋世雄、度人才量立元戎。漢軍立馬蒲關下、大喝三聲便見功。	✓	✓	✓	
35	楚漢紛紛百戰餘、酈生遊說入齊墟。連城七十須臾下、卻恨韓侯復反初。(一紙書)		✓		✓
36	可惜淮陰侯、曾分高祖憂。三秦如席捲、燕趙刻時收。			✓	✓
37	囊沙隆且沒、渡嬰魏豹休。漢皇無後幸、呂后斬王侯。			✓	✓
38	睢水波濤接淮涯、古堤寒柳鎖煙霞。至今兩岸蛙人骨、盡是高皇敗楚家。				✓
合計	38首	27首	18首	17首	25首

從上面的圖表，可清楚看出，胡曾詠史詩被運用在兩漢演義小說中，高達卅八首，其中被四本書皆引用者，爲〈長城〉、〈大澤〉、〈烏江〉、〈四皓〉、〈七里灘〉、〈滹沱河〉等六首。而這六首，前四首屬西漢故事，後二首屬東漢故事，其所述事件皆是東、西漢歷史中最重要的環節。胡曾詠史詩掌握了兩漢歷史發展的脈動，所以其詩能圓暢無阻的被說書人或編書人加以運用。

而從四本書運用胡曾詠史詩的次數與詩題來看，可以知道成書最晚的《東西漢演義》，綜合了前面三本的重要情節，刪去了一些不是很必要的內容，也保留和增加了一些有趣的故事，這使得全書節情較爲緊湊，並且主題集中，可讀性提高。

然而，胡曾詠史詩仍是有其局限性。早期東西漢演義中所引用之詩詞，除了「有詩曰」、「有詩挽之曰」、「後史官有詩曰」等許多不知名姓作者之詠史詩外，唯一用得最多有名有姓的詩，就是胡曾的詠史詩；但到了後期，甄偉編寫的《西漢演義》，也知曉配合其他較出名詩人之詩。如項羽烏江自刎，四本書皆引用胡曾〈烏江〉一詩，但其中《西漢演義》卻在引用胡曾〈烏江〉詩之前，單獨的將杜牧詠嘆此段史實的詠史詩〈題烏江亭〉寫出（註七三）：

勝敗兵家不可期，包羞忍恥是男兒。

江東子弟多豪俊，捲土重來未可知。

這是前三本東西漢演義小說中所沒有的的情況。但有趣的是，這首杜牧出名的詠史詩，除了只出現在《西漢演義》中外，其餘版本的東西漢演義小說均未引用。顯然，胡曾詠史詩在甄偉編寫《西漢演義》之前，幾乎為其他編寫兩漢故事作者全盤接受，且未與其他同樣描述類似事件之詩作比較；直至甄偉，才將杜牧之詩放進，且居於前導地位，而胡曾的〈烏江〉則放置在最後，與其他三詩並列，且連名字亦未提，僅以「後唐、宋諸賢有詩曰」帶過。（註七四）

這樣的情形，說明了胡曾詠史詩是早期歷史性話本、演義小說的最愛。胡曾詠史詩在民間藝人的心中，有著不可動搖的地位。凡是講史性作品，胡曾詠史詩必為參考引用之主要詩作。胡曾詠史詩成為通俗歷史演義小說中最主流的作品。直至晚期，即使後來者加添一些文人詩詞，以增文學光采，胡曾詠史詩仍未被棄置。胡曾詠史詩在通俗文學中，實扮演不可忽視之重要角色。

第三節　小　結

綜合上述，可以清楚看出明清演義小說中的詩詞運用，除去了許多不知姓名，無從考證的詠史詩外，胡曾詠史詩可謂是明清演義小說的最愛。而越是早期編次的演義小說，引用的胡曾詠史詩也越多。胡曾在明清通俗文學中的角色扮演，有著重要的功能與影響。

以《列國志傳》而言，短短的十二卷文字，即引用了廿首胡曾詠史詩，除了充份發揮「以詩證史」的功用外，並引領著故事情節的發展。這與熊大木編次的《全漢志傳》十分相似，在十二卷一一八則文字中，引用了廿七首胡曾詠史詩，小說中的重要情節，幾乎都在胡曾詠史詩中出現。胡曾這種大量描述史事過程的詠史組詩的寫作方式，應是歷來詩人中的第一位。這樣的創新作風，不僅激發了說書人的靈感，更進而成就了說書人成書的動機。胡曾詠史詩對宋元講史話本與明清演義小說的蛻變、發展，可謂扮演著一個相當重要的「點綴」與「聯繫」，幾近「架構」的角色。這樣角色的扮演，使胡曾詠史詩隨著演義小說的不朽而流存下來，不至如唐代一些三、四流詩人的詩，永遠隱沒不彰，無人閱讀。

胡曾詠史詩的運用，同時也是演義小說在邁向「俗」文學或是「雅」文學的一個重要指標。在這裏，所謂「雅」與「俗」，其實在後人的眼中，只要是演義小說，皆歸之於俗文學的範疇中，但對當時演義小說的編撰者而言，他們卻不自覺的以刪減胡曾詠史詩作為提昇「俗」文學進入「雅」文學的重要指標。如毛宗崗父子修訂羅貫中的《三國演義》，就非常注重詠史詩在文中所顯現的深刻意境與文學美感。毛氏父子將羅貫中《三國演義》中原本十二首的胡曾詠史詩，刪去八首，只剩四首，使得毛本《三國演義》，得以以「通俗小說」之姿，邁向了文學經典殿堂。

當然，胡曾詠史詩的刪減，並不是毛本《三國演義》走向文學經典的最主要原因，但卻有一定的影響。而這相對顯示胡曾詠史詩與通俗文學有著密不可分的關係。即以兩漢演義小說中，運用了高達三十八首的胡曾詠史詩來看，這些大部份於早期完成的兩漢演義作品，文學成就均趕不上毛本《三國演義》，也不及蔡元放評點《東周列國志》，這說明了胡曾詠史詩是早期民間藝人心中的最愛。在歷代優秀詩人的詩作中，胡曾詠史詩獨獲青睞，成為通俗歷史演義小說中的主流詩作；即使到了晚期，一些出色知名詩人的詩詞被大量加入（如毛本《三國演義》），胡曾詠史詩仍未被棄用。胡曾詠史詩以在明清演義小說中的表現，成為通俗文學中相當重要且值得研究的一環。

【註釋】

註一　此段引用吳同瑞、王文寶、段寶林編：《中國俗文學概論》（北京：北京大學出版社，一九九七年），頁二八〇。此段主要是參考胡士瑩：《話本小說概論》（Ⅰ），（北京：中華書局，一九八〇年）第十七章第三節，頁七一一。

註二　此段參考註一中所提二書。

註三　齊裕焜：《明代小說史》，（浙江：古籍出版社，一九九七年），頁七一一八。

註四　孫楷第：《中國通俗小說書目》，（台北：鳳凰出版社，一九七四年）。在此書中，作者共列出一百五十四種講史小說。在頁四「分類說明」中，作者指出，「通俗小說中講史一派，流品至雜。自宋元以至於清，作者如林」。

註五　為明崇禎八年，一六三五年。

註六　轉引自凌亦文：《新列國志研究》，（私立中國文化大學中文所博士論文，民國七十六年五月），頁二六。

註七　同註六，頁二六一二七。

註八　同註六，頁二六一二七。

註　九　同註六，頁二六。

註一〇　同註四，頁三〇。

註一一　徐朔方：《三國志通俗演義》，（上海：古籍出版社，一九九〇年），頁一。

註一二　鄭鐵生：《三國演義詩詞鑒賞》，（北京：北京出版社，一九九五年），頁二。

註一三　同註一二。

註一四　同註一，頁一六〇。作者引用可觀道人在《新列國志敘》中所言：「自羅貫中氏《三國志》一書，以國史演爲通俗演義，汪洋百餘回，爲世所尙。嗣是效顰日衆，因而有《夏書》、《商書》、《列國》、《兩漢》、《唐書》、《殘唐》、《南北宋》諸刻，其浩瀚幾與正史分籤並架。」

註一五　同註一，頁一六一。

註一六　同註一，頁一六一。

註一七　同註一，頁一六一―一六二。

註一八　同註一，頁一六三―一六四。

註一九　本段參考馮夢龍新編、胡萬川校注：《新列國志》篇首胡萬川所寫之〈新列國志的介紹〉一文，（台北：聯經出版公司，民國七十年），頁四―五。

註二〇　此段引自《新鐫陳眉公先生評點春秋列國志傳》卷九。本書爲十二卷本微捲，現藏於台北故宮博物院。

註二一　同註二〇，卷一。

註二二　同註二〇，卷八。

註二三　此段言伍子胥鞭平王屍之史書記載，引用謝海平：《講史性之變文研究》（台北：嘉新水泥公司文化基金會，一九七三年），第三章：〈「伍子胥變文」題材考〉，頁二一七。

註二四　同註三，頁一六四。

註二五　同註一九，頁五。

註二六　同註三，頁一六四。

註二七　此句套用胡萬川語。見註一九，頁五。

註二八　同註一九，頁五。

註二九　見第四章第二節胡曾詠史詩之分析。

註三〇　張政烺：〈講史與詠史詩〉，（《國立中央研究院歷史語言研究所集刊》，民國三十七年四月，第十冊），頁六〇一—六四六。

註三一　同註一九，頁五。

註三二　同註一九，頁五。

註三三　見註一九。本書中將「凡例」印出，「凡例」未編頁碼，置於「可觀道人」之「序」後二頁。

註三四　見故宮博物院所藏《列國志傳》卷之三，見註二〇。

註三五　同註一九，頁一六六。

註三六　曾良：《東周列國志研究》，（上海：古籍出版社，一九九八年），頁一。

註三七　同註一九，頁二。

註三八　同註一九，頁二。

註三九　羅貫中著、吳小林校注：《三國演義校注》，（台北：里仁出版社，民國八十三年），頁一。

註四〇　羅貫中的生平，現在所知甚少。據賈仲明《錄鬼簿續編》記載：「羅貫中，太原人，號湖海散人，與人寡合，樂府隱語，極爲清新。與余爲忘年交，遭時多故，天各一方，至正甲辰復會。別來又六十餘年，竟不知其所終。」賈仲明是元末遺民，《錄鬼簿續編》作於明永樂二十年（公元一四二二年），他說至正甲辰（公元一三六四年）和羅貫中見過面，並說是「忘年交」，由此可推測羅貫中是公元一三三〇到一四〇〇年之間的人，也就是主要生活在元順帝和明太祖統治的年代。以上資料參看註三九，頁三。

註四一　以上內容參看註三九，頁二。

註四二　同註三九，頁三、四。

註四三　同註一二。

註四四　同註三〇，頁六二四。

註四五　同註一二，頁三四四。

註四六　同註三九，頁四。

註四七　同註三九，頁一一八四、一一八五。在本書中，吳小林於校注中指出這三首詩均不見於三人之詩集。

註四八　見註一二，頁四四七。

註四九　羅貫中：《三國志通俗演義》，（《古本小說集成》(二)，（上海：古籍出版社，一九九〇年），頁一二二〇—一二二一。

註五〇　同註一二，頁七。

註五一　本段參考甄偉、謝詔編著，朱恒夫、劉本棟校閱：《東西漢演義》，（台北：三民書局，民國八十七年八月），頁一。

註五二　同註五一，頁二、三。

註五三　熊鍾谷編：《全漢志傳》上，（上海：古籍出版社，一九九〇年），頁一。本段所引爲樓含松在本書「前言」中的第一段。

註五四　同註五三。頁一、二。

註五五　《新編五代史平話》，（台北：河洛圖書出版社，民國六十六年四月），頁三。

註五六　《宋元平話集》上，（上海：古籍出版社，一九九〇年六月），頁二六九。

註五七　胡從經：《中國小說史學史長編》，（上海：文藝出版社，一九九八年四月），頁二九二—二九六。在本書中，作者對宋元小說與白話小說起源之間的關係及各家說法，有詳盡的介紹，並認爲唐代市人小說往往被宋代說話人採用爲話本。而唐代市人小說流傳者甚少，所知見者僅有一篇，即張政烺所撰之《一枝花話》，（《申報．文史》，一九四八年六月廿六日，第廿九期）。

註五八　上海古籍出版社出版系列《古本小說集成》，將此書亦名爲《全漢志傳》，但在「前言」中，則指出此書與嘉靖年間熊大木（熊鍾谷）編的《全漢志傳》不同。

註五九　孫一珍：《前漢志傳》，（上海：古籍出版社，收錄於《古本小說集成》，一九九〇年），頁一。此段引自孫一珍爲該書所寫的「前言」。

註六〇　同註五九。

註六一　同註五九，頁二。

註六二　這兩段情節描述，分見萬歷本熊鍾谷編次《全漢志傳》（下），（上海：古籍出版社，一九九〇年），頁一四〇，及寶華樓梓《東西漢全傳》（下），（上海：古籍出版社，一九九〇年），頁六四六。

註六三　同註五三，頁一四九—一五二。

註六四　同註五八，頁二六六—二六九。、

註六五　黃化宇校正：《兩漢開國中興傳誌》，（上海：古籍出版社，一九九〇年），頁二。

註六六　同註六五，頁一。

註六七　同註六五。

註六八　同註六五，頁二一四。

註六九　同註六五，頁二五五。

註七〇　甄偉、謝詔編著：《東西漢演義》，（台北：三民書局，民國八十七年八月），頁二。

註七一　同註七〇。此爲該書校注朱恒夫於引言中之語。

註七二　同註七〇。

註七三　同註七〇，頁三九七。

註七四　同註七〇。

第七章　晚唐敘事型詠史詩源流之探討

前文已經述及，晚唐詠史詩可以明顯的分成兩種風格迥然不同的類型。一類是杜牧、李商隱、溫庭筠等人的詠史詩，他們用純文人或是純文學的角度來創作詠史詩，以史懷古、託古諷今成爲他們詠史詩的主要特色。另一類就是以胡曾、汪遵、周曇、孫元晏等創作大批七絕詠史詩爲主的敘事型詠史詩，通俗淺易，以詩敘事爲主要特色，並與俗文學關係十分密切。

杜牧、李商隱等屬於感懷、議論、諷喻，帶有文學美感的詠史詩，其源流與形成就如同傳統詩歌的起源一般，發自於詩人內心感情自然的流露，以及在中國悠久文化與歷史的氛圍下，自然產生與形成的詩類。在本論文第二章第一節〈詠史詩的興起〉中，有詳細的解說。這一類型的詠史詩，也是歷來正統文學評家所重視與研究的。

相對的，在多方面透露出俗文學的特點，具有獨特寫作體式的胡曾、周曇等人的敘事型詠史詩，歷來爲正統評家所輕視。絕大多數的詩評者，對這一類型的詠史詩沒有好評。但是，這並不意味其失去研究的價值。僅從宋、元至明清以來，許多平話與歷史演義小說大量的引用胡曾等人的詠史詩，就可以了解這一類型詠史詩在俗文學中的份量以及其存在的價值。

但是，敘事型詠史詩的形成，顯然就與杜牧、李商隱等創作的詠史詩，有著絕然不同的興起背景與因素。因爲兩者大不相同之處，固然在於文字技巧、內容風格的不一，更在於胡曾、周曇等人的詠史詩，動輒百餘首，這樣的創作方式可謂是「有意的製作」。「有意的製作」與「自然感情流露的創作」，兩者之間的內涵與意境，自然有極大之差異。

事實上，晚唐五代之際，七絕大型組詩即已盛行，這是一個相當引人注目的詩史現象，其中「詠史」一體，尤爲多產。（註一）對於晚唐部份詩人大量的創作詠史詩，歷來已有一些研究者試圖找出其形成的原因與作用。但是由於資料的不足，這些研究者均只能從有限的記載來做推測。這些分析與推測，可以幫助後人解決一些疑惑，對晚唐敘事型詠史詩有進一步的了解。

以下將分別概述與比較各家對晚唐胡曾、周曇等敘事型詠史詩的看法，從而可深入了解這類型詠史詩的興起、形成之因。

第一節　張政烺的看法

早在民國三十年九月二十日，張政烺即著作〈講史與詠史詩〉一文。（註二）這是第一位對晚唐周曇、胡曾等詩人所寫出大量詠史詩予以深入研究的學者。

全文結論，作者歸結四點：

㈠詠史詩始於胡曾，前無所承，與漢魏人元詠史絕無關係。懷古題壁本詩人習氣，大量著作七言絕句亦晚唐諸家之共同趨向。（如王建宮詞、曹唐小游仙、王渙惆悵詞、羅虯比紅兒之類是也。）胡曾詠史詩即匯合此兩種風氣而生。

㈡胡曾詠史詩在當時或略後，即已用為兒童讀物，蒙師教授，講語遂興，而米崇吉逐篇評解實開平話之端。

㈢周曇進講詠史詩為講史之祖。其詩每首題下注大意，詩下引史而以己意論斷之，乃兼有胡曾詩陳蓋注米崇吉評註三者之善，樹立了平話之規模。

㈣平話即由詠史詩演變而來，平者詩評，話者講語也，故必是講史人之話本始有此稱，小說中無詠史詩，亦不稱平話也。通俗演義始于羅貫中，乃仿平話而作之大衆讀物，不是專為說話之用。

（註三）

對於第㈠點，張政烺並沒有特別詳細的解說，尤其是在胡曾詠史詩與組詩之間的關係上。

至於第㈡點，這是張政烺的創見，發前人之所未發。他所持的論點與舉證如下：

咸通間邵陽叟陳蓋首為胡曾詠史詩作注，蓋與曾同時同里，疑即其鄉之老塾師也。米崇吉續序云：

余聞玉就琢而成器，人從學以方知。是乃車胤聚螢，孫康映雪。每思百氏，爰及九流，皆由博識於一時，故得馨香於千古。余非士族，跡本私門，徒堅暗昧之材，謬積討論之志，莫不采尋往策，歷覽前書。黃帝方立史官，蒼頡始爲文字，既有墳籍，可得而言。近代前進士胡公名曾，著詠史律詩一百五十篇，分爲三卷。余自冠歲以來備嘗諷誦，可爲是非罔墜，褒貶合儀。酷究佳篇，實深降歎。管窺天而智小，蠡測海而理乖，敢課顓愚，逐篇評解。用顯前賢之旨，粗裨當代之聞，取誚高明，庶幾奉古云爾。

米氏乃西域米國歸化人，即昭武九姓之一。崇古蓋胡兵之子弟，故云「余非士族，跡本私門」。孫星衍曰：「其續序云近代胡曾，是米俱唐人也」，（廉石居《藏書志》〈內編〉卷上）今按至遲亦當在後唐之世。是胡曾詠史在當代已用爲兒童讀物。按年代改排之不知始予何時，然觀與注《古千文》，《蒙求》合刻，則至明代猶爲訓蒙之書。程敏政詠史《絕句序》（《篁墩集》卷二十三）：

詩美刺與春秋褒貶同一扶世立教之意，後世詞人遂有以詩詠史者。唐杜少陵之作妙絕古今，號詩史，第其所識者皆唐事，且多長篇，讀者未能遽了。胡江東有《詠史絕句》，則自上古以至南朝，分題紀要，殆庶幾矣。顧其詞意併弱，作者未有取焉。予家居見塾師以小詩訓童子，乃首以市本無稽韻語，意甚不樂。因以所記古七言絕句詠及史者手書授之。上自三代下及宋元，凡二千餘年，以時比次，得數百篇，又以其猥雜而不便于一覽也，加汰之，存者二百篇。其問世之治亂，政之得失，人才之賢正邪否，大抵略備。然以其不出於一人一時之手也，故或婉詞以寓意，或正言以示警，蓋有一事而史更數十百言記之不足，詠以二十八字發之有餘者，徐考之亦不獨可教童子也。觀者諷詠而有得于美刺褒貶之間，感于意，創于惡，其於經學世教豈不小有所益哉。

此云「胡江東」殊誤，羅隱自號「江東生」，胡曾無江東之稱，然其所指必即胡曾詠史之改編本，固可無疑。程氏舉詠史詩爲胡曾詩風行中之一種反動力量，乃集多人之美以代一家之作，故其體製篇數，皆略相似。覩其云蓋有一事而史更數十百言記之不足，詩以二十八字發之有餘，亦可以瞭然胡曾詠史盛行于蒙塾之故矣。（註四）

但是，張政烺並未提及胡曾是在何種情況下，著手寫出一百餘首的詠史詩。而這些詠史詩既然是「在當代已用爲兒童讀物」，胡曾是否爲寫兒童讀物才創作詠史詩？張政烺之文並未對此點提出合理的解說。

至於第㈢、㈣點，爭議頗大。但後來學者（如下列三位）仍多援引其觀點，並開始注意胡曾、周曇等人的詠史詩。

第二節　克倫普（James I. Crump）的看法

西方資深的漢學家克倫普（James I. Crump）於一九五一年發表一篇論文〈平話及三國演義的早

期歷史〉（註五），文中第四節〈胡曾與詠史詩〉、第五節〈周曇及其詩〉，引用張政烺的論點，然後再加上自己的看法，認爲《三國志演義》的藍本即爲《三國志平話》，而平話之祖即爲詠史詩。

爲了證明他的觀點（亦即張政烺的觀點），作者特別將早期「平話話本」的共同特色列出，然後與胡曾、周曇詠史詩特色比對，以證明二者關係密切：

我們且把早期「平話話本」的共同特色再列出來：

㈠皆爲關於傳統正史或流傳的野史的敘述。很明顯這一點適用於米崇吉對胡曾詩的所謂「評解」，毫無疑問亦合於周曇對其詠史詩的「講語」。

㈡卷首目錄繁多（或前文所述置於圖畫中的標題，性質與目錄同）。胡曾詩集每卷之前均置目錄，此目錄亦即詩的題目而已。值得一注意的是：五代史平話及宣和遺事中的目錄，與所有「全相」話本中的圖畫標題一樣，常與所用的詠史詩內容相配合。很可能說書者從增注本胡曾詩集中因襲了設目錄的習慣，而以後用圖畫來配合詩的內容亦變得十分普遍。

㈢散文與詠史詩輪流敘述。平話中詩引出散文。散文復引出另一詩。胡曾的一五〇首詠史詩（唯一有散文解說的詠史詩）以歷史上著名的地方爲題材，前一詩的散文解說不可能引進緊接著的下一首詩，因下一首詩不一定關乎較後歷史上有名的地方。既然如此，著書者引用到胡曾的詩時，便要從中挑選適當的，並以自己的散文敘述來塡補兩首詩在時間距離上的一段空白。我認爲引用胡曾詩的說書者的確用上這種方法，因一世紀或稍後，周曇的詩以年代先後爲序；如此

則很方便地成爲說書者的敘述綱領。因周曇的講語一定承上接下，引出下一詩，正符合平話中的講述方式。（註六）

作者並找出《元刊五種平話》及《三國志演義》（兩種版本，作者指爲一九四九年版及近代版，應是指嘉靖本與毛本）中所使用的胡曾、周曇與羅隱的詠史詩，認爲「那些用平話做爲腳本或話本的說書者顯然源於詠史詩人，他們不但承繼了形式，而且大量引用了詠史詩人的作品」，從而認定詠史詩的諸種用途——「首先用於教學，使孩童認識歷史；其次爲貴族子弟的老師們所用；再後則成爲市廛中講史者的藍本」。（註七）

對於克倫普(James I. Crump)的觀點與論證，翻譯者於「譯後記」則指出，該文因係作者較早期作品，有關平話的資料及研究尚未完全，所引資料亦多直接從張氏一文中轉載過來，未經細心考證，故「全篇組織不夠嚴密，兼有謬誤之處，至今已無太大參考價值」。（註八）

譯者除了認爲沒有必要強調《三國志演義》係將《三國志平話》加以潤飾或加上其他細節使之複雜化而成，因三國事略在民間流傳已久，自然成爲通俗小說及話本的題材；同時也指出作者謂「平話之祖即爲詠史詩」，有再三討論的必要。（註九）

譯者表示，「作者以爲說書者常以詠史詩爲骨架，再添上相關的歷史故事，或利用這些詩的散文『註解』，如此連貫起來便成爲話本或至少已具備話本之雛形。作者所謂周曇的詠史詩及其講語『正符合平話中的講述方式』，意即在於此。此種溯源所得的結論，有時難免過於草率牽強，且近乎本末倒置。詠史詩之用於平話或話本中，主要原因大抵有三：一是用來表示說書者本人亦有相當學問（其實不然），而聽衆多是市井之徒，如此有助於自高身價，招徠聽衆。此與說書者自稱『王六大夫』、『陳三官人』、『書生』等其目的應係相同。二是話本通常不很長，加插了大量的詩，吟誦之間，多少有助於延長說書時間，緩慢情節發展。三是從前中國人好詩，此由來已久，不用贅言。故說書者（小說中亦然）常中間引述一二詩以吸引聽衆。如此看來，詠史詩（或詩）應用於話本中的目的，應是商業性大於學術性，而詩本身則爲多餘的裝飾品，與故事情節或敘述內容無任何直接關係，更不能說是『平話之祖』」。（註一〇）

譯者提出詠史詩非「平話之祖」的論點，係就詠史詩本身的功能性而言。這只是一種觀點。本書第五章則就胡曾詩中的陳蓋注、米崇吉評註內文，與平話內容一一比對，確切的驗證二者之間的互承關係，不論在內容、文字、語言表達，都有很大的差距，平話有可能參考過陳蓋之注，但平話絕未因襲這些注文，或讓這些注文影響自己的創作。若論「詠史詩爲平話之祖」，是過於牽強的說法。

但譯者認爲克倫普（James I. Crump）的文章無參考價值，亦失之嚴苛。譯者忽略克倫普(James I. Crump）在文中如此重視胡曾、周曇的作品，甚至在宋元流傳的平話中比對使用胡曾、周曇等詠史詩的次數。雖然克倫普（James I. Crump）沒有更深入的分析胡曾、周曇詠史詩，及敘事型詠史詩與通俗歷史演義小說之間的關係，但作爲一位西方的漢學研究者，能看到中國通俗演義小說中愛引用胡曾的詠史詩，並追究其與平話之間的關係，克倫普（James I. Crump）已展現出其慧眼獨具的識見。

因爲單就胡曾詠史詩被歷史類的平話與演義大量使用，其就不該湮沒在中國俗文學史中。

第三節　任半塘的看法

任半塘於一九五九年七月完成《唐聲詩》一書。其於〈上編〉第九章「雜吟與聲詩」中，引用唐郭湜《高力士外傳》中所敘述盛唐宮中的休閒娛樂：「或講經、議論、轉變、說話」。這四藝中，「議論」於事於經，俱無所演；「講經」宜包含俗講在內；「說話」顯然不帶吟唱；「轉變」顯然又在講經或俗講之外，宜是伎藝人所爲。蜀韋縠《才調集》曾載吉師老看〈蜀女轉昭君變〉詩，亦稱「轉變」，其內容乃歷史故事、傳奇情節。（註一一）

任半塘並根據程毅中〈略談宋元講史的淵源〉（《文學遺產》二一一期）、〈關於變文的幾點探索〉（《文學遺產》增刊一〇）等文，將唐代講唱、說話伎藝的源流系統列表如下（註一二）：

- 講唱—有說有吟
  - 變文
    - 俗講—僧侶所爲—在道場—如《雙恩記》。
    - 轉變—男女伎藝人所爲—在變場—如《昭君變》。
  - 詠史—講史—宮廷所有—設吟座—如周曇詠史詩。
- 說話—有說無吟
  - 宗教宣傳—僧侶所爲—在寺觀—如〈廬山遠公話〉。
  - 職業賣藝—男女伎藝人所爲—在宅院—如〈一枝花話〉。

任半塘因而表示，唐人有「詠史詩」一體，配合說白，而成講吟。其完備之本，今雖不傳，而胡曾、周曇、孫元晏三家之詠史詩，則仍可見其大體。他引用張政烺〈講史與詠史詩〉一文，謂「胡曾世次懿宗咸通《全唐詩》載曾詠史詩一百五十首。有《新雕注胡曾詠史詩》本，乃同時人陳蓋所注。周曇生在唐末，《全唐詩》載其詠史詩一百九十五首。周詩分唐虞、三代、春秋戰國、秦、前漢、後漢、三國、晉、六朝、隋十門，詩系於人，同一人之第二首題『再吟』，第三首題『又吟』。開端有〈吟敘〉曰：『歷代興亡億萬心，聖人觀古貴知今。古今成敗無多事，月殿花臺幸一吟。』更接以〈閒吟〉曰：『考摭妍媸用破心，翦裁千古獻當今。閒吟不是閒吟事，事有閒思閒要吟。』具見全詩之宗旨所在。若其藝，則徹頭徹尾曰『吟』，並末曰『唱』。孫元晏時代未詳，詠史詩七十五首，有吳、晉、宋、齊、梁、陳六門，每詩一人或一事。《郭璞脫襦》曰：『吟坐因思郭景純』，〈烏衣巷〉曰：『滿川吟景只煙霞』。張政烺謂『吟坐』，乃指講史之場所而言；『吟景』之意，疑即是當時講史亦有圖畫，以佐解說。」（註一三）

他對張氏根據天祿《琳瑯書目》後編六，謂周詩於每首題下注大意，詩下引史，而以己意論斷之，謂之「講語」，乃其原本之情況。又謂「詩必動聲，長言以吟之，後世說書者猶大抵如此。平話即由詠史詩演變而來。『平』者詩評，『話』者講語也。講史一藝，蓋出於晚唐之詠史詩。初由童蒙諷誦，既而宮廷進講，以至於走上十字街頭。」

任半塘對於詠史吟唱源頭的看法，提出他的意見：

惟此等詠史之吟唱，實不始於晚唐。《魏書》一〇九〈樂志〉：道武時，「有掖庭中歌『眞人代歌』，上敘祖宗開業所由，下及君臣廢興之跡，凡有百五十章，絲竹合奏，郊廟宴饗亦用之。」《通典》一四二所載同；又一四六曰：「後魏樂府，始有北歌，即魏『眞人歌』是也。代都時，命掖庭宮女晨夕歌之。」按百五十章之量不爲少，可以比胡、周、孫三家之詠。「祖宗開業」之敘，帶「頌聖」作用，事所難免，不足責。若「君臣廢興之跡」，必不以本朝爲限，則與三家詠史尚有何別？歌辭既如此之多，勢必間插說白。說話之伎早有於漢、魏，何況南北朝！特此種帶說帶唱、旨在勸戒之事，雖處掖庭，未必始終爲宮女之任，以後或已別委藝人。其伎既絲竹合奏，又曰「北歌」，屬於「北狄樂」（據《通典》）應是正式歌曲，非晚唐講史僅作吟誦而已者所能擬矣。惜其歌辭究作齊言，有類我漢族之詩體否？用漢詩齊言體，能不爲四言樂章，而已入五、七言格否？尚無從考明。

胡曾詠史詩爲後世話本所採用者頗多。但後世說書者對於話本內之「詩曰」云云、「辭曰」云云，是否果如張氏所指「詩必動聲，長言以吟之」，尚是問題。如宋羅燁《醉翁談錄》曰：「白得辭，念得詩，說得話，使得砌。」對於詩、辭明明「白」、「念」而已，未云吟、唱。《清平山堂話本》、《花燈轎蓮女成佛記》之入話，有七律一首，話本緊接云：「卻纔白過這八句詩」，亦云「白」，而不云「吟」。竊恐晚唐詠史之詩篇雖傳入後世話本，若其吟詠之法，則並未傳入說話伎藝。（註一四）

任半塘這段話，主要在考證晚唐胡曾、周曇詠史之詩是否能夠吟唱？基本上是「其詩亦曾配合說白，講吟於市廛或宮廷間」，只是吟聲沒有曲牌，與聲詩不同。（註一五）。在這段話中，他指陳出一個有趣的觀點，如果講史能夠吟唱，則其並不始於晚唐之詠史詩，而是源自北魏時的「眞人代歌」。這樣的說法，只是任半塘的推測，並無更進一步的解說。「眞人代歌」的內容爲何，不得而知。而後來亦有學者張晨對此提出疑問，並認爲晚唐胡曾、周曇等人的詠史詩，另有起源。

第四節　張晨的看法

上海社會科學院文學研究所助理研究員張晨，於一九九四年四月在《上海社會科學院學術季刊》第〇〇四期，後亦於一九九五年第〇〇五期《中國古代、近代文學研究》，發表一篇論文：〈傳統詩體的文化透析——《詠史》組詩與類書編纂及蒙書的關係〉，綜合了張氏與任氏二人對晚唐詠史詩源起與形成的觀點，然後提出他的看法。

他首先肯定他們「注意到了童蒙諷誦的特定背景，肯定了詠史詩與社會生活和俗文學的關係，確是啓沃後學的創見。」（註一六）

但是，他指出，何以在《眞人代歌》後，數百年間，這種大型「組詩」會絕跡？直至晚唐方始重現？童蒙諷誦與講史究竟有無直接關係？詠史組詩有無其他更明確的源頭？這些問題張氏與任氏均懸而未決，因此，「詠史」一體形成的具體過程仍然模糊不清。

張晨則認爲，諸家「詠史」組詩是一種有特色的俗文學創作，性質屬於唐人自創一格的學校讀物，其體式可溯源至初唐時期類書體制的〈雜詠〉的興起；類書、蒙訓教材是「詠史」組詩形成背景中兩個重要因素。（註一八）

他首先指出，類書對大型組詩是有影響的，其始見於李嶠《雜詠》。「作爲一詠物組詩，它的吟詠對象是從日、月、星、風到珠、玉、金銀包羅甚廣，實質上是利用類書體制寫作的大型組詩。《全唐詩》所錄不分門類，使人不易看出它原先的性質；日本所存刻本則清楚地分爲乾象、坤儀、芳草、嘉樹、靈禽、祥獸、居處、服玩、文物、武器、音樂、玉帛十二部，每部系以十首五言律詩，皆以名物爲題，共一百廿題。門類標目即使不能肯定爲作者所擬，也與題詠內容序列一致。這樣系統的編排體例，與同時期出現的《藝文類聚》、《初學記》、《北堂書鈔》等一批類書的體例相合；這幾部官修類書門類還較繁複，以《和刻本類書集成》所收後來的類書相比較，門類更爲接近。因此，可說唐代類書啓發了分類雜詠詩的創作，其體制特點決定了《雜詠》必然是大型組詩的形式。」（註一九）

他認爲有了「雜詠」一類詩的流行，後世「詠史」組詩就有了體式上的借鑒。但從「雜詠」到「詠史」尚有發展變化的中間階段。而不能視爲直接的過渡。「雜詠」之後出現了王建「宮詞」百首，其敘寫當代宮闈瑣事，「只言事而不言情」，旨在用於市井傳唱，故得「天下皆誦於口」；但王建「宮詞」與訓俗內容的「詠史」方向仍然不一，二者是共同豐富了七絕大型組詩的實踐，卻仍分屬平行發

展的兩條線索。「詠史」組詩的傳統，仍需別作探求。（註二〇）

至於「詠史」組詩是否如任半塘所說，係源於北魏的《眞人代歌》，張晨提出他不同的看法：

> 這裡尚需分辨《詠史》與民間伎藝的關係。任半塘先生曾認爲，《詠史》組詩配合說白講解爲「說話之伎」所用，猜測有連綴各詩的「講語」，並認爲其源可溯至北魏《眞人代歌》。這就需要先討論《眞人代歌》的性質。《魏書·樂志》記「掖庭中歌《眞人代歌》，……郊廟宴饗亦用之」，顯然是一種頗爲嚴肅的歌詩，且爲樂官所奏，而非伎人或學官所吟誦。《眞人代歌》的內容，也未必是歌唱歷代史事。所謂「眞人」，在這裡是指開國或興復之君王。《魏書·樂志》記「上敘祖宗開基之由，下及君臣廢興之跡」，下句爲上句制約，有兩種可能的含意，一是「君臣廢興」即指北魏一季歷朝君臣廢興，或北魏立國之際各交戰國的群臣廢興；二是雖及歷代史事，仍以北魏祖宗開創業績爲主，借歷代君臣之事作陪襯。其云「上敘」、「上及」，非「首敘」、「更云」，說明不是平行關係，則以北魏爲主無疑，因而《眞人代歌》應是歌頌北魏一代歷史的長篇分章歌詩。詩雖不存，但有旁證可參，如曹魏《鼓吹曲十二章》從「楚之平」、「戰滎陽」、「獲呂布」、「克官渡」直到「定武功」等，孫吳仿作《鼓吹曲十二章》「炎精曲」、「漢之季」、「攄武師」等，各標君命正統，同用于郊廟，演唱人也非說詩伎人，而是樂官。這樣，《眞人代歌》從詩體性質看，與晚唐《詠史》組詩並沒有聯繫。如此方可解釋，何以兩者中間有數百年的「空缺」，就因兩者本非同一傳統的作品。其實《眞人代歌》一

類詩並無空缺，如唐代就有《鼓吹鐃歌十三章》（柳宗元作），述高祖太宗龍起平定海內之事跡及當時群雄興替，正與《眞人代歌》、曹魏《鼓吹曲十二章》等成爲另一個系列。所以，認爲《詠史》組詩出于《眞人代歌》這樣的「說話之伎」的看法，對《詠史》和《眞人代歌》兩者的認識都不夠確切。（註二一）

張晨因此以各類官學、私塾的蒙訓教材爲考查重點。「唐代公私教育發達。在校初級的鄉校村學，以啓蒙學童爲職司，其課本多採《千字文》、《太公家教》、《開蒙要訓》及雜科類書或俗諺格言集等，大都粗略淺陋，只能起到讓學童借助記誦粗識事物名義的作用，效果有限。僅據此來認識唐代學校是不夠充分的。那麼在程度稍高的州郡之學及私塾家學使用什麼教材呢？我以爲主要有三類讀物，一是正統經史典藉，如敦煌抄本甚多的《論語》、《左傳》等；二是旨在辭章聲韻技巧訓練、用作觀摩範本的詩文作品，三便是爲輔助第一類正統經史的教學，而以經史爲綱目、兼採前朝故事和民間傳說直接撰作的詩文作品，這類作品兼爲蒙訓讀物和文學創作，它們的產生是唐代學校教材的一大進步。這裡需考慮後兩類作品的互相關係，正是在民間教學環境中名家詩文的傳布，對于《詠史》那種的俗體詩的產生有直接作用，而以詩文體裁直接寫作教學讀物，又同時彌補前一類作品側重寫作技巧而不及訓誡的不足。」（註二二）

張晨先論證李嶠的《雜詠》是當時理想的課本，被用作寫作範本，由京師學館而及地方，廣爲流布。但直接當作蒙訓教材而寫作的、體式更完整的詩篇是在中唐時出現，其代表作品爲敦煌本七言古詩《古賢集》。詩如：「君不見秦皇無道枉誅人，選士投坑總被墳；范睢折肋人疑死，隨緣信業相于秦；相如盜入胡安學，好讀經書人不聞……」，提供學童諷誦的特點十分明顯。但更爲成熟的蒙訓詩篇，或者說詩體教材，則是趙嘏《編年詩》的出現。（註二三二）

張晨最後說明了因有《編年詩》這樣的範例，才有在同樣環境、爲同樣目的的「詠史」組詩的產生：

……《編年詩》今存敦煌抄本（S. 619）序云：「編年者，十三代史間，自初生至百歲，賦其詩以編紀古人百年之跡，……七言八句，凡一百一十『章』，」是以史傳爲基礎，取古人事跡按年歲編排，每歲系以一至二首七律，共百餘首組成的大型組詩，今殘存二十八首，也已足夠說明性質，《唐才子傳》卷七趙嘏條下錄《渭南集》外，有《編年詩》二卷，「悉取十三代史事跡，自始生至百歲，歲賦一首二首，總得一百一十章」，得到一可貴實證。《新唐書・藝文志》趙嘏《渭南集》外亦錄《編年詩》二卷，《通志》藝文八著錄趙嘏《編年詩》一卷，《崇文總目》卷五著錄《趙氏編年詩》，應指同一作品。最早移錄此卷的王重民先生曾引《崇文總目》，也極有眼光地注意到其與通俗類書的聯繫，惜未推及《唐才子傳》，而近年《唐才子傳》整理者又多未注意敦煌卷子，故此作的歸屬長期未得確定。趙嘏曾作「刻意揣摩，近于試帖」的《昔昔鹽》，同爲課考所用，又近體中七篇較爲擅長，因此《編年詩》基本可信爲趙嘏的一部爲《全唐詩》失載而保存于敦煌寫卷中的大型組詩。詩的特點是雜取相關故實，加以揉合，顯爲「訓俗」或「授徒」而作，詩如「衛玠風姿秀入神，鍾繇小子非常倫。曾過學舍羨流輩，不惜金環與丈人。神滿涕夷初執硯，書論忠孝願終身。此時東漢賢皇后，捧額含情不自承。」（五歲）可見其概。序又云「其有不盡舉一年之事，而複雜以釋老者，蓋唯詩句之所在。」說明是湊合成篇，不太講究組織脈絡，與實際情形也相吻合，有些詩句嵌合典故，銜接生硬。所以組詩的意圖正像《古賢集》一樣，仍是以標準的詩體形式，將歷史知識串聯起來，其產生環境和寫作動機只有從蒙訓讀物這一角度，方能有合理的解釋。正是有了《編年詩》這樣直接的範例，在同樣環境，爲同樣目的的《詠史》組詩才得以產生，文人寫作供給塾師或教宣使用的性質豁顯。王夫之曾評「胡曾《詠史》一派」說，「直堪爲塾師放晚學之資」，恰好點明了作品的功用。同是以近體詩組織成齊整舖排的大型組詩，李嶠《雜詠》與趙嘏《編年詩》，通過學校教育而聯繫了起來。可以說《雜詠》取資類書所啓示的大型組詩體制經《編年詩》的利用接受，轉出一支兼顧教訓與吟詠的俗體詩傳統，最終形成《詠史》組詩體制。（註二四）

張晨的論文，是綜合張政烺與任半塘兩位的觀點，然後在反覆論證過程中，尋求出個人創見：晚唐「詠史」大型組詩，還是以類書體制的「雜詠」爲濫觴，以比綜史事之詩體教材如「編年詩」爲直接模式，在民間教育的環境中產生的俗體詩。

第五節　小　結

以上是四位學者對晚唐敘事型詠史詩源起、形成的看法。本章之所以特別詳細敘述他們的論證與觀點，原因有二：一是晚唐敘事型詠史詩向來在唐代文學研究中未受重視，因其在唐詩發展過程中，屬於非主流。此四位學者卻能發現胡曾、周曇等詠史組詩的特殊之處，從而探尋源流，許多論點均能發前人所未發，雖有部分論點因資料的不足而有商榷餘地，但仍瑕不掩瑜，值得引述，使以後學者對晚唐敘事型詠史詩的形成有更進一步的了解；二是晚唐敘事型詠史詩的源流與形成，與俗文學有密不可分的關係。而兩者之間的關係，可從四位學者的論證過程中，清楚的呈現出來。是以本章詳細引述，就是彼等之考證與討論頗具參考價值。

四位學者的論點，有相同處，也有相異處。而後三位的論點，不論同異，其實都是從張政烺〈講史與詠史詩〉一文引發出來。可以說，張政烺的這篇論文，是歷來論詠史詩與俗文學關係最原始，也是重要的一篇。而後三位的論點中，以張晨的最完備，也最能延續講史與詠史詩之討論，其不論是同意或否定張政烺的論點，均有深入之分析和探究。

四人論點完全一致者，爲晚唐敘事型詠史詩爲民間蒙學所用，尤其是胡曾詠史詩，應爲民間啓蒙兒童之歷史教材。張政烺首先提出此前人未見之看法，克倫普（James I. Crump）與任半塘全盤接受之，而張晨除肯定外，更上溯至中唐時期即有類似教材，如敦煌本七言古詩《古賢集》。

胡曾詠史詩不僅如張政烺考證於唐末在兒童蒙學中盛行，甚至在宋、元、明之時，恐怕都還在被用爲民間啓蒙之歷史教材，爲民間最通俗流行的俗體詩。因爲，從本論文第六、七兩章之分析比較來看，胡曾詠史詩在宋、元、明講史平話與通俗歷史演義小說中，幾乎被作者以隨口吟出、信手拈來的方式出現，其次數的頻繁，超過晚唐，更是超過整個唐朝的任何一位詩人。有些詩甚至連續在各種不同內容的演義小說中出現，其在民間爲衆人耳熟能詳的程度，絕對超過一般學者的想像。事實上，明代楊愼的《升菴詩話》曾記載一段「胡曾詠史」，已足資證明直至明代，胡曾詠史詩仍爲鄉村兒童啓蒙之用：

「漠漠黃沙際碧天，問人云此是居延。停驂一顧猶魂斷，蘇武爭銷十九年。」此詩全用杜牧之句。愼少侍先師李文正公，公曰：「近日兒童村學教以胡曾詠史詩，入門先壞了聲口矣。」愼曰：「如〈蘇武〉一首亦好。」公曰：「全是偷杜牧之〈聞胡笳詩〉。」退而閱之，誠然。曾之詩，此外無留良者。（註二五）

楊愼（明弘治元年至嘉靖卅八年，西元一四八八——一五五九年），是明正德六年（西元一五一一年）殿試第一的學者。（註二六）在他這段記載與評論中，透露出二個訊息，一是當時兒童村學教授胡曾詠史詩；二是楊愼與其師皆熟知胡曾詠史詩。否則楊愼如何會在老師一提到胡曾詩時，脫口而出：「如胡曾〈蘇武〉一首亦好。」而其師又怎知胡曾〈蘇武〉一詩係抄襲杜牧的〈聞胡笳詩〉？故可知胡曾詠史詩直至明代仍在村學間盛行，即使是士大夫階層也都熟知。

至於謂敘事型詠史詩爲講史平話前身，這是張政烺、克倫普（James I. Crump）與任半塘皆認同的看法，任半塘並認爲敘事型詠史詩配合說白，而成講吟，惜今日無留傳之本。而講吟專爲宮廷進講，周曇詠史詩的體式與相關記載，是最好的例子。

謂敘事型詠史詩爲講史平話前身之論點，後人爭議頗大。爲克倫普（James I. Crump）翻譯的二位譯者，就認爲此說過於草率牽強。（註二七）本書於第五章更做比較研究，證明二者只有互補關係，平話並非依照詠史詩先後次序及其講語而成者。張晨亦持反對意見，他係以詠史詩內容來看，論點十分清楚，也十分合理：

> 《詠史》組詩本身是否以民間講唱或宮中進爲寫作背景？需看作品。比較當時流行的作爲民間講唱文學的歷史題材作品，如《捉季布傳文》、《季布歌》及《伍子胥「變文」》、《李陵變文》等，都是敷演一個完整的故事，而不同于后世的《二十五史彈詞》，所以諸家《詠史》組詩至少與已知唐代講唱文學的體制不甚符合，即就故事而言，胡曾〈華亭〉寫陸機，〈彭澤〉寫陶潛，〈灞岸〉寫王粲，孫元晏〈庾信〉，事取文人，不同于講史系統。又汪遵有〈屈祠〉、〈招屈亭〉、〈漁父〉三題寫屈原，周曇〈毛遂〉、〈子貢〉、〈胡亥〉各有二題，是否有足夠的故事〈說白〉或〈講語〉相配十分可疑，相形之下，照例故事頗豐的隋煬帝在周曇《詠史》中僅有一題，更顯得不均衡。此外胡曾、汪遵以地名繫詩，似缺乏便于貫穿全篇的敘事線索；

胡、周《詠史》傳本雖有注或講解，卻並不是原作者所撰說白，而與李嶠《雜詠》的張廷芳注性質相同，孫元晏《郭璞脫襦》有「吟坐因思郭景純」一句，單憑「吟坐」尚無從認定暗示學校的講席，當然更不能確證與講場相聯繫。又《烏衣巷》云「滿川吟景只煙霞」，吟景更不宜如任半塘猜測為圖畫如變相之屬，進而据以推斷《詠史》為配合圖畫的講唱文本。」（註二八）

至於周曇詠史詩被認為是進講宮廷之用，張晨亦以周曇詠史詩的內容來看，其中暗含怨尤與諷刺，認為並不合適於宮廷中說講。（註二九）

總之，在上述各家論詠史詩之源起及功用上，以張晨所論最為完備。他推翻了張氏認為詠史詩起源於唐初王建「宮詞」等大型組詩的看法，也否定了任半塘認為是源起於北魏時的「眞人代歌」。但晚唐詠史大型組詩之源起，是否如他所言係以類書體制的「雜詠」為濫觴，由於目前所存資料有限，仍有待更多的史料與學界對此做更多的比較，方可作出更明確的論證。但可以確定的是，晚唐詠史組詩絕對有自己的源頭，與傳統上認為係源自於漢、魏如班固、左思以至晚唐杜牧、李商隱等因感懷而自然流露的詠史詩不同。即使如班固、陶潛，或是李商隱、溫庭筠也會創作出一些「質木無文」，類似胡曾等人作品，但此類型的詠史詩仍舊與胡曾、周曇等的詠史詩不同，因為源頭不同。源頭不同，創作動機自然不同，創作後的成果與用途更是不同。敘事型詠史詩自晚唐胡曾開始，已如張政烺所言，自成一派；不論其文字技巧與內涵深度為何，這一類型的詠史詩已成為後世平話小說與歷史演義中不可或缺的重要一環，而胡曾更因為被標立為這一類型詠史詩之主要創作者，特別是在中國俗文學史中，自應有其之地位。

【註釋】

註一 張晨：〈傳統詩體的文化透析——《詠史》組詩與類書纂及蒙學的關係〉，《中國古代、近代文學研究》，第〇〇五期（一九九五年五月），頁五—一七九。在該文注一中，作者指出除胡曾、周曇、孫元晏）等諸家〈詠史〉外，尚有今佚失的孫元晏《覽北史》三卷、杜輦《詠唐史》十卷、閻承晥《詠史》三卷，《六朝詠史》六卷，童汝爲《詠史》一卷，冀坊《詠史》十卷等。

註二 張政烺：〈講史與詠史詩〉，《國立中央研究院歷史語言研究所集刊》，第十冊（民國卅七年四月）在此文中的前言，作者特別註明，他是於卅一年九月廿日完成此篇論文。

註三 同註二，頁六四五。

註四 同註二，頁六二〇—六二一。

註五 克倫普（James I. Crump）著，梁欣榮、王淑華譯：〈平話及三國演義的早期歷史〉，（台北《中外文學》，民國六六年二月，第六卷第二期）。在本文後附有著者於一九七七年五月十六日來信，謂此篇論文係廿五年前舊作。此文原始之出版資訊爲 "P'ing-hua and the Early History of The San-kuo Chih," Journal of American Oriental Society, no. 71 (1951)。此與原作者的博士論文有關，其係在發表此篇文章前一年畢業於耶魯大學，博士論文爲 "Some Problems in the language of the Shihbian Wuu-Day Shyy Pyng-Huah" (Ph. D. disertation, Yale University, 1950)，係在討論五代史平話中的一些用語問題。

註　六　同註五，頁一九七—一九八。

註　七　同註五，頁一九九。

註　八　同註五，頁二〇四。

註　九　同註五，頁二〇五。

註一〇　同註五，頁二〇五—二〇六。

註一一　任半塘：《唐聲詩》，（上海：古籍出版社，一九八二），頁四六六。

註一二　同註一一，頁四六七。

註一三　同註一一，頁四八二。

註一四　同註一一，頁四八三。

註一五　同註一一，頁十九。

註一六　同註一。

註一七　同註一。

註一八　同註一。

註一九　同註一，頁五一—八〇。

註二〇　同註一，頁五一一八一。
註二一　同註一，頁五一一八四。
註二二　同註一，頁五一一八一。
註二三　同註一，頁五一一八二。
註二四　同註一，頁五一一八三。
註二五　丁福保輯：《歷代詩話續編》，（北京：中華書局，一九八三年），頁七七四。
註二六　中國大百科全書總編輯委員會，《中國文學》編輯委員會主編：《中國大百科全書》，（北京：中國大百科全書出版社，一九八八年），頁一一四五。
註二七　同註一〇。
註二八　同註一，頁五一一八四。
註二九　同註一，頁五一一八五。

第八章　晚唐敘事型詠史詩史觀之研究

第一節　唐代史學的特色

敘事型詠史詩往往令讀者有一種在直陳歷史的感覺，也就是因爲其歷史性太強，常被詩評家予以貶抑，認爲其用字不夠優美，意境不夠遼闊，感情不夠深遠，文采不夠發揮。就中國傳統的詩詞標準而言，敘事型詠史詩的確沒有令人迴腸蕩氣的澎湃精神，也沒有讓人拍案激賞的字句工仗，但這或許正是敘事型詠史詩有意造成之處，因其作者寫作的本意就不在此。

前文已經述及，胡曾爲敘事型詠史詩之主要作者，其詠史詩不但廣受歷史類的平話、演義小說所引用，也被後來研究者推崇爲此類型詠史詩之「祖」，爲同時代或後來詩人在創作此類詠史詩時所仿效。故本章以胡曾詠史詩爲例，探討其寫作詠史詩之觀點，並進一步從其詩中分析其史觀。

中國在傳統上文史不分，一般文人兼有文史上的修養。如《春秋》、《史記》等史書都爲文學家所熟悉。故文學家常有歷史的寫作，而史家亦有豐厚的文學修養。即以中國魏晉以迄唐末的中古時期而論，謝靈運曾撰《晉書》，沈約著有《宋書》。韓愈曾爲史官，撰寫過《順宗實錄》。（註一）而

柳宗元則有〈非國語〉、〈封建論〉、〈天問〉等歷史文章。就是劉勰《文心雕龍》亦與史學關係密切，其中有〈史傳〉篇。(註二)

這種文史互通的現象，很可能是當時史學大興的原因。中國中古時期著史大興，作為正史的二十五史，其中有八部歷史成於唐初。(註三)三通之首的《通典》與劉知幾的《史通》都是唐代史家的重要貢獻。而官修的起居注、時政記、實錄、國史，私人的專史、方志、野史、筆記，雜說數量都很多，是以「史料盈積，史書群出，史學風氣遂瀰漫社會。『四境之內，家有文史』，不衹是梁武帝時代的現象。蓬勃發展的文學，此時與史學合流；極盛一時的玄學、佛學，亦與史學相通；『既文，既博，亦玄，亦史』，怪異的現象，說明歷史的無所不在。於是一個史學的社會形成。」(註四)

在史風盛行之下，文人紛紛寫史，「一代之史，至數十家」，是當時寫史的盛況。「寫後漢史者二十九家，寫三國史者十九家，寫晉史者十八家，寫十六國史者三十一家，寫南朝史者三十九家，寫北朝史者十八家，同一時代，不同之史群出，史學盛事，殆盡於此。」(註五)相信在此大量著作歷史的背景下，必定或多或少的促成詠史詩的興盛。

既然在唐代有文史合流的現象，而且又是一個史學的社會，則唐代的史學精神與特色，也會或多或少的顯現在文學的創作之中。以下將分別介紹幾個與唐代文學相關的史學重要特色。

「史筆直書」是唐代史學能大放異彩的一個重要因素，也是唐代史學的特色之一。歷史與政治有密切之關係，當歷史受到尊重，史家地位自然提升，其作史必然影響到政治風氣與世道人心。而為政者也會擔心自己的歷史地位，因而不敢妄爲。故歷史之尊貴地位，係要靠史家能夠實錄的精神。當然，史家直書事件，亦易招致史禍，此端視帝王與史家之互動爲何。

雖然早在唐高祖修史詔令中即有「務加詳覆，博採舊聞，義在不刊，書法無隱」的說法（註六），但是唐高祖並未留下有關直書歷史的事蹟。唐代史學在直書記事上最爲著稱的，當爲唐太宗的實際表現。例如貞觀十七年（西元六四三年），唐太宗在瀏覽史官所撰「玄武門之變」一事，「語多微文」，似有所隱，乃申述其要求：「朕之所爲，……蓋所以安社稷，利萬人耳。史官執筆，何須有隱？宜即改削浮詞，直書其事。」（註七）另外，唐太宗也尊重史官直書記事，不去造成不必要的困擾。例如，新舊唐書中均有唐太宗曾表示希望覽閱起居注的記載。

帝（唐太宗）嘗詔：「起居紀錄臧否，朕欲見之以知得失，若何？」子奢（朱子奢）曰：「陛下所舉無過事，雖見無嫌，然以此開後世史官之禍，可懼也。史官全身畏死，則悠悠千載，尚有聞乎？」褚遂良……兼知起居事。太宗嘗問曰：「卿知起居，記錄何事，大抵人君得觀之否？」遂良對曰：「今之起居，古左右史，書人君言事，且記善惡，以爲鑒誡，庶幾人主不爲非法。不聞帝王躬自觀史。」太宗曰：「朕有不善，卿必記之耶？」遂良曰：「守道不如守官。臣職當載筆，君舉必記。」黃門侍郎劉洎曰：「設令遂良不記，天下亦記之矣。」太宗以爲然。

（註八）

這段經過不但是代表唐太宗尊重歷史與開放的心胸，而且成爲皇帝鼓勵直書歷史的佳話。雖然這樣的情況並未能保持長久，但是已爲史學立下良好的典範，同時更影響到一般的文人。如韓愈也曾對直書歷史表示過看法，他說「凡史氏褒貶大法，春秋已備之矣。後之作者，在據事跡實錄，則善惡自見。」（註九）而柳宗元更進一步的堅持直書的精神：

> 凡居其位思直其道。道苟直，雖死不可回也。如回之，莫若亟去其位。孔子之困於魯、衛、陳、宋、蔡、齊、楚者，其時暗，諸侯不能行也。其不遇而死，不以作春秋故也。當其時，雖不作春秋，孔子猶不遇而死也。若周公、史佚，雖紀言書事，猶遇且顯也。又不得以春秋爲孔子累。范曄悖亂，雖不爲史，其宗族亦赤。司馬遷觸天子喜怒，班固不檢下，崔浩沽其直以鬥暴虜，皆非中道。左丘明以疾盲，出於不幸。子夏不爲史亦盲。不可以是爲戒。其餘皆不出此。是退之宜守中道，不忘其直，無以他事自恐。退之之恐，唯在不直，不得中道。刑禍非所恐也。（註一〇）

唐代史學的另一個重要特色，就是「以史懲勸」觀念的確立。雖然「以史懲勸」的觀念可以上推到春秋時期，《左傳》中即有「春秋之稱，微而顯，志而晦，婉而成章，盡而不污，懲惡而勸善。」（註一一）此後這種精神一直爲後來所延續。如在漢代的史籍中有「君舉必記，臧否成敗，無不存焉。……得失一朝，而榮辱千載，善人勸焉，淫人懼焉。故先王重之，以嗣賞罰，以輔法教。」（註一二）到魏晉南北朝時，史家更謂：「古者人君立史官，非但記事而已，蓋所以爲監誡也。……彰善癉惡，以樹風聲。」（註一三）又有「夫史籍者，帝王之實錄，將來之炯戒，今之所以觀往，後之所以知今。」（註一四）而這些過去的論點，到了唐初時被加以官方化與制度化。

從唐高祖到唐高宗，先後頒發了三篇修史詔書，對於唐代史學的「以史懲勸」造成了很大的影響。唐高祖在武德五年（西元六二二年）頒佈的〈命蕭瑀等修六代史詔〉中，強調了以史爲鑑，糾察人心的作用。其中有「司典序言，史官紀事，考論得失，究盡變通，所以裁成義類，懲惡勸善，多識前古，貽鑒將來。」（註一五）唐太宗時更爲注意歷史的功用，常與朝臣談論古今，道前之所以成敗。在太宗貞觀二十年（西元六四六年）時，下詔修《晉書》，在其親撰的〈修晉書詔〉中，敘述歷代之重要史籍後，結語爲「莫不彰善癉惡，激一代之清芬，褒吉懲凶，備百王之令典。」（註一六）既然歷史功用如此之大，故在唐高宗咸亨元年（西元六七〇年）的〈簡擇史官詔〉中，特別要求具備「操履貞白、業量該通、讜正有聞」等史德、史才之人士來進行撰史。（註一七）也就是因爲有了這三份詔令，使唐代史學得到政治上的保障，史學家也能放手行「以史懲勸」的寫作，而這「以史懲勸」的作用也包含著「以史制君」的作用。（註一八）

經世史學的發展亦爲唐代史學的一個特色。其不但與「以史懲勸」的觀念相通，更有進一步落實的意義。以史爲經世的觀念也是有深遠的背景，在《詩經》中有「殷鑒不遠，在夏後之世」，《左傳》中亦謂「古之良史」是將善惡提供給國君治國，漢代的司馬談亦表示周公與孔子的寫作反映出時代的面貌，是爲後人所稱頌與效法的地方。（註一九）唐太宗對於這一史學精神中有諸多的體認，例如他曾說過「覽前王之得失，爲在身之龜鏡」，「以古爲鏡，可以知興替」，「大哉矣，蓋史籍之爲用也」

等話。(註二〇)這些即是初唐時期經世史學的主要觀念。

到了唐代中期以後，經世史學有了二方面的發展。第一是以史做爲經邦之典籍。因爲安史之亂以後，國政混亂，制度上弊病亦多，遂激其史家欲用歷史做爲匡救之法。杜佑此時寫作的《通典》即爲最好的代表，其中包羅數千年事，探討禮法刑政，提出「致治之方」，對「足衣食、審官才、精選舉、興禮樂、用刑罰、列州群、置邊防」均有論集，可說是經史精神的充份顯現。

連當時著名的《文心雕龍》一書中對於歷史都有類似的記載，其中有「原夫載籍之作也，必貫乎百氏，被之千載，表徵盛衰，殷鑒興廢，使一代之制，共日月而長存，王霸之跡，並天地而久大。」(註二一)足見此爲當時文史界共同的看法。

而中唐史學另一經世的發展，則是強調「聖人之道」，以振民風。當時如韓愈、李翺的一些史家與思想家，認爲因爲聖人遺訓的停息，造成國家的諸多問題，故強調治心，把修史的目的歸結爲「用仲尼褒貶之心，取天下公是非以爲本」。(註二二)此係受到當時春秋學興起的影響。而這種對於倫理道德重視的道學，在史學上的影響，即爲「良史」觀念的變化。過去良史只是直書、實錄而已，但是到劉知幾以後，「良史」必須要有治心的功能。例如皇甫湜曾說：

湜以爲合聖人之經者，以心不以跡；得良史之體者，在適不在同。編年、紀傳，系於時之所宜，才之所長者耳，何常之有！夫是非與聖人同辨，善惡得天下之中，才之所長者耳，何常之有！夫是與聖人同辨，善惡得天下之中，不虛美，不隱惡，則爲紀、爲傳、爲編年，是皆良史也。

（註二二三）

這段話可以解釋成，良史是重實質，不重形式，而實質就是「是非與聖人同辨，善惡得天下之中」。如果擴大來解釋，就是任何與史相關，要有歷史思想或作用的文體必須重視「道」的內涵，以做到「治心」的功能。至於直筆、實錄則不是良史的主要標準。故此時對於歷史或其它與歷史相關的文學作品之要求，固然是不放棄直道，但又不要太刺激，不要隱瞞事實的眞相即可，但是要包含「中道」。（註二二四）由於史學對於「治心」的強調，於是造成對社會經濟、政治歷史變革探討較少注意，故有學者指出，這種風氣與做法，「使史學著作成爲進行『明天道、正人倫、助治亂』的教科書。」（註二二五）

第二節　胡曾詩序之探討

從前文之討論，已可知唐代爲一史學的社會，而文學與文人亦深受史學的影響。雖然胡曾的生平中看不出他是否有深厚的史學訓練，但生活在這個大環境之下，可以確定他必有相當的歷史素養。而胡曾的詠史詩也反映出他對歷史的看法。最值得注意的就是胡曾在他詠史詩前的序。胡曾在這序中清楚的說明了他對「詩」、「史」的看法，並對其社會功能予以說明。同時因爲這篇序在用字與觀念上都延襲《詩經》中大小序的思想，故現在連同大小序來一併討論胡曾的觀念。（註二二六）

胡曾在他的序中一開始就說：「夫詩者，蓋美盛德之形容，刺衰政之荒怠，非徒尚綺麗□瑰奇而已，故言之者無罪，讀之者足以自戒。」這開場白中有二部份就是直接引自大序之文，如「美盛德之形容」，「言之者無罪，讀之者足以自戒。」就是大序中之用字。（註二七）顯見胡曾有意無意的表明他贊同大序的立場和說法。胡曾認爲詩是用來彰顯盛美之德。而詩之作用就如大序中所言「上以風化下，下以風刺上」，胡曾似乎特別在強調以下諷上的觀念，故僅言「刺衰政之荒怠」。由於上位者得以用詩來教化民衆，而人民亦能用詩來諷勸君主，故詩實與政治、教化密切相關，並能導向更理想的社會，是以有「言之者無罪，讀之者足以自戒」的肯定。另外亦值得特別注意的，就是胡曾在這起頭的一句話中就先明言詩「非徒尚綺麗□瑰奇而已」，表示他對詩是看重其功能性，而不會僅僅注重詩的美豔與雕琢。

胡曾接著以他的標準來衡量漢代以來的詩作。他首先評論漢、魏、晉以迄南朝宋代時的作品，謂之「觀乎漢魏才子，晉宋詩人，佳句名篇雖則妙絕，而發言指要亦已疏□。」雖然胡曾是肯定漢、魏、晉、宋詩人的文采與造詣，在遣詞用字之間，能夠發揮出妙絕的佳句名篇，但是顯然那些作品在教化與諷刺上未能表現，是以胡曾遺憾的加以指出，他們的作品「發言指要亦已疏□。」至於後來南朝的齊、梁兩代之詩作，胡曾更不滿意，指出到了齊代時，詩人作品已失去了「軌範」，而梁代士人的詩又再加上「穿鑿」的缺點，是以「八病興而六義壞，聲律雋而風雅崩，良不能也」。蓋唐初之八病爲「平頭、上尾、蜂腰、鶴膝、大韻、小韻、正紐、傍紐」，皆是在聲韻、用字上的講究。（註二八）

至於「六義」則是《詩經》大序中所言「先王以是經夫婦，成孝敬，厚人倫，美教化，移風俗，故詩有六義焉，一曰風，二曰賦，三曰比，四曰興，五曰雅，六曰頌」。故胡曾之意爲，齊、梁時代的作品已種下迷失正道而又去穿鑿文字的弊病，所以造成詩人去注意詩中的用字與聲韻之學，致使眞正能教化人心的「六義」不再出現於詩作，此即爲其所謂「聲律雋而風雅崩」之用意。

至此胡曾遂表明他創作詠史詩之本意和作法。他先採集過去君王的得失，然後不分時代的譜成一百五十首長短詩作。成詩爲三卷的原因，是爲了便於「首唱相次」，而目的則爲「雖則譏諷古人，實欲裨補當代，庶幾與大雅相近者也。」故胡曾之詠史雖是在詠敘史事，但實際上乃是藉此呈現過去之得失，以作爲當今之借鑑。此正合於《詩經》大序所說的「言天下之事，形四方之風，謂之雅。雅者正也。言王政之所由廢興也。政有大小，故有小雅焉，有大雅焉。」

事實上，胡曾所處的晚唐時代，國政混亂，禮義廢弛的狀況，猶如大序中的「王道衰，禮義廢，政教失，國異攻，家殊俗」的地步。胡曾有見於此，遂思以大序中所說的作「變風變雅」之詩，以達到「國史明乎得失之跡，傷人倫之變，哀刑政之苛，吟詠情性以風其上，達於事變，而懷其舊俗者也。」此不啻以詩詠史，借史諷政，激勵人心，以收撥亂返正之作用。胡曾雖然落入學者們對詩大序批評之情況，即是用儒家禮法限制了詩的美感與感情（註二九），但是其欲藉詠史之詩以匡濟時政，挽救沈淪世道之心亦是清楚可見的。

第三節　胡曾詠史詩中的史觀

胡曾身處晚唐，既涵詠於自唐朝初期起即重史的大歷史環境氛圍中，又目睹時政的混亂，作爲一位知識份子，其內心的苦痛，不言而喻。面對江河日下的國勢，胡曾忍不住提筆寫下一百五十首的詠史詩。這些詠史詩，或許是爲了啓蒙學子而作，也或許是爲了自娛娛人，但就胡曾的詩序來看，其作一五〇首詠史詩，最大目的便是「裨補當代，庶幾與大雅相近者也」。

而從目前流存的一百五十首胡曾詠史詩中，可以清楚的觀看出胡曾的史觀，係以「裨補當代」爲主軸，希望能達到「言之者無罪，讀之者足以自戒」的「大雅」理想。爲了「裨補當代」，胡曾詠史詩呈現出的歷史觀點，可從下列幾個方面來探討。

一、譴責歷代君王之過失

中國自古以來，歷史上充斥著各種暴虐無道的君主，或者貪圖個人享受，不顧朝政，甚至殘害忠臣，虐待百姓。他們的下場，不是朝代被推翻，就是兵敗身死，而所有國人也遭遇極大的苦難。

紂王、楚靈王、秦始皇、陳後主、隋煬帝，這些在歷史上皆屬無道的君主，就一一出現在胡曾的筆下。胡曾以直陳無華的筆法，赤裸裸的呈現出他們的暴行與下場。像是〈鉅橋〉與〈褒城〉二詩：

積粟成塵竟不開，誰知拒諫剖賢才。

武王兵起無人敵，遂作商郊一聚灰。〈鉅橋〉

恃寵嬌多得自由，驪山舉火戲諸侯。

祇知一笑傾人國，不覺胡塵滿玉樓。〈褒城〉

這兩首描寫紂王暴行與下場，被宋元平話與明清演義小說多次引用的詠史詩，最能呈現胡曾譴責暴君過失的史觀。如〈鉅橋〉前兩句是陳述紂王的昏庸與聚斂，在鉅橋成立糧倉，搜括百姓米糧貯存，同時不聽忠臣勸諫，甚至刳剔孕婦，置炮烙之刑，並將比干之心剖開。因此，當武王起兵之後，殷朝理所當然的滅亡。鉅橋的糧倉固然化爲灰燼，紂王的下場，也似鉅橋之倉，如灰飛煙滅。

這首詩淺顯易懂，胡曾的史觀亦清楚直接，由於胡曾用「遂」字，表達出他對無道君王最後成一「聚灰」下場的理所當然，這使得〈鉅橋〉一詩不僅適用在描述紂王敗亡的事跡中，對其他有類似括財聚斂，並且不聽忠臣勸誡的君王，亦有警告作用。而譴責帝王之失的最重要目的，就是「警惕」。〈鉅橋〉就是一首能直接表達這種「警惕」的詠史詩。

另外，像〈章華臺〉一詩：

茫茫衰草沒章華，因笑靈王昔好奢。

臺土未乾簫管絕，可憐身死野人家。

以及〈細腰宮〉一詩：

楚王辛苦戰無功，國破城荒霸業空；
唯有青春花上露，至今猶泣細腰宮。

這兩首詩均是描述楚靈王的奢華與淫佚，下場則是「可憐身死野人家」，是「國破城荒霸業空」。胡曾無情的揭露無道君主的悲慘下場；他雖用「可憐」，用「至今猶泣」等慨嘆感傷的悲憫字眼，但意存譏刺和譴責，卻是十分的明顯。

至於譴責秦始皇的詠史詩，胡曾更是一口氣寫下了下列三首：

新建阿房壁未乾，沛公兵已入長安。
帝王苦竭生靈力，大業沙崩固不難。〈阿房宮〉
年年游覽不曾停，天下山川欲遍經。
堪笑沙丘才過處，鑾輿風起鮑魚腥。〈沙丘〉
祖舜宗堯自太平，秦皇何事苦蒼生。
不知禍起蕭墻內，虛築防胡萬里城。〈長城〉

這三首詩如同前述三首，充份表達了胡曾的史觀，那就是「帝王苦竭生靈力，大業沙崩固不難」。君王暴虐的下場就是「大業沙崩」，這是再理所當然，清楚不過的事。這麼直接、明確的「暴政必亡」的史觀，使得胡曾詠史詩具有鮮明的譴責特色，完全符合傳統人心追求正義的欲求。因此胡曾詩能受到民間藝人的採用與通俗文學界熱烈的歡迎，應與他這種直接明確，合乎眾人歷史判斷的史觀，有著相當密切的關係。

不聽忠臣勸諫，導致亡國敗運的詠史詩，胡曾還有一首十分出名的詩〈姑蘇台〉：

> 吳王恃霸棄雄才，貪向姑蘇醉綠醅。
> 不覺錢塘江上月，一宵西送越兵來。

這首詩的譴責史觀，更是直接了當，成為當時十分普遍流行的詩。《唐詩紀事》卷七一就曾記載一段有關胡曾詠史詩流行的軼事：

> 王衍五年宴飲無度。衍自唱韓琮柳枝詞曰：「梁苑隋堤事已空，萬條猶舞舊春風。何如思想千年事，誰見揚花入漢宮。」內侍宋光溥詠曾詩曰：「吳王恃霸棄雄才，貪向姑蘇醉綠醅。不覺錢塘江月上，一宵西送越兵來。」衍怒罷宴。曾有詠史百篇行于世。（註三〇）

這段記載，固然顯現胡曾詠史詩在五代前蜀（蜀王衍乾德元年為西元九一九年，故當時應為西元九二四年）時已為時人琅琅上口，但亦同時突顯胡曾詠史詩內含諷諫警誡之意，故內侍宋光溥會藉胡曾〈姑蘇台〉一詩諷諫王衍。

又如《鑑誡錄》卷七〈亡國音〉記載：

> 王後主，咸康年（西元九二五年，咸康為後蜀年號）……數塗脂粉，頻作戎裝。又內臣嚴凝月等競唱後庭花，思越人，及搜求名公豔麗絕句，隱為柳枝詞。君臣同座悉去朝衣，以晝連宵，絃管喉舌相應……是時淫風大行，遂亡其國。後庭花者亡陳之曲，故杜牧舍人宿秦淮有詩曰，

……又胡曾詠史詩曰，鄰國機權未可涯，如何後主恣驕奢。不知即入宮前井，猶自聽歌玉樹花。思越人者亡吳之曲，故胡曾詠史詩曰，吳王恃霸棄雄才，貪向姑蘇醉淥醅。不覺錢塘江上月，一宵西送越兵來。柳枝者亡隋之曲，煬帝將幸江都，開汴河種柳。至今號曰隋堤，有是曲也。胡曾詠史詩曰，萬里長江一旦開，岸邊楊柳幾千栽。錦帆未落干戈起，惆悵龍舟更不迴。……（註三二）

胡曾詠史詩顯然在五代時，已成爲時人用爲評論史事的依據。在歷朝衆多詠史詩人中，胡曾不是最出色的一位，但在《鑑誡錄》中卻是被引用最多的一位。這與胡曾用詞淺顯通俗，以及史觀清楚直接，有著密切的關係。

講史平話與歷史演義小說，講述的重點就在歷朝的興廢得失，因此，胡曾詠史詩以其文意淺白易讀，史觀清楚明確，在懲勸諷諫中，直接的表達了「暴政必亡」的傳統史觀，符合民間看法與欲求，這使得說書藝人大量採用他的詠史詩。

二、憐惜忠臣無力回天

在胡曾詠史詩中，除了對歷代無道君王有著強烈的譴責外，也有對盡心爲國的人臣，但卻遭時不遇，功業難成，有著不盡的憐惜與慨嘆。

〈五丈原〉這首描寫諸葛亮之死的詩，是胡曾詩中最典型的對忠臣無力回天的慨嘆：

蜀相西驅十萬來，秋風原下久徘徊。

長星不爲英雄住，半夜流光落九垓。

〈豫讓橋〉也是相當出色的一首：

豫讓酬恩歲已深，高名不朽到如今。

年年橋上行人過，誰有當時國士心？

〈五丈原〉所顯現的是對諸葛亮的憐惜，一句「長星不爲英雄住，半夜流光落九垓」，雖沒有杜甫的「出師未捷身先死，長使英雄淚滿襟」來得情感深邃動人，但憐惜之情，仍讓人讀之一掬清淚，慨嘆不已。至於〈豫讓橋〉，則強烈表達既讚揚又諷刺之意。讚揚的是豫讓酬恩義行，「高名不朽到如今」；諷刺的則是「如今」「誰有當時國士心」？胡曾對當代的慨嘆，清晰可見。他想要「裨補當代」的企圖心，也由此可知。

胡曾也藉由〈李陵台〉、〈河梁〉、〈居延〉三詩，憐惜李陵、蘇武這兩位遭時不濟的忠臣武將：

北入單于萬里疆，五千兵敗滯窮荒。

英雄不伏蠻夷死，更築高臺望故鄉。〈李陵台〉

漢家英傑出皇都，攜手河梁話入胡。

不是子卿全大節，也應低首拜單于。〈河梁〉

漠漠平沙際碧天，問人云此是居延。

停驂一顧猶魂斷，蘇武爭禁十九年。〈居延〉

李陵兵敗未死，苟活於藩國，這在中國傳統忠君死節的觀念中，是頗受爭議的。但胡曾全詩未予責難，仍稱李陵爲「英雄」，肯定他的功勞，同時表明李陵仍懷故國之情，築高臺，望故鄉，思漢之心未泯。胡曾憐惜之意，躍然詩中。

在〈河梁〉一詩中，胡曾則稱道蘇武爲「漢家英傑」，全大國之節，始終不肯低首伏拜單于，於是在北海牧羊十九年。胡曾在讚揚之中，顯現無限的憐惜。

至於伍子胥，更是胡曾詩中十分痛惜的吳國老臣。吳王夫差不納子胥之諫，終於導致兵敗自殺。子胥的無奈與無力回天，在〈吳宮〉、〈會稽山〉、〈吳江〉等詩中，被描繪的十分生動：

草長黃池千里餘，歸來宗廟已坵墟。

出師不用忠臣諫，徒恥窮泉見子胥。〈吳宮〉

越王兵敗已山棲，豈望殘生出會稽？

何事夫差無遠慮，更開羅網放鯨鯢。〈會稽山〉

子胥今日委東流，吳國明朝亦古丘。

堪笑夫差諸將相，更無人解守蘇州。〈吳江〉

范蠡在幫助越王勾踐復國後，功成身退，也是胡曾詠嘆憐惜的對象：

東上高山望五湖，雲濤煙浪接天隅。

不知范蠡歸舟後，曾有忠臣寄跡無。〈五湖〉

類似范蠡的例子，還有韓信、彭越，只不過他們的下場更爲悲慘：

關東新破項王歸，赤幟悠揚日月旗。

從此漢家無敵國，爭教彭越受誅夷。〈長安〉

漢祖聽讒不可防，僞遊韓信果罹殃。

十年辛苦平天下，何事生擒入帝鄉。〈雲夢〉

也有一些忠臣，並非無力回天，相反的還能幫助君王平定天下，如姜子牙、傅說。但是，胡曾在詩中多用反問語法，顯示他們得被重用，並非因爲才能，而是一種機緣巧合，如描述文王拜子牙爲相經過，被後世平話、演義引用相當多次的〈渭濱〉一詩：

岸草青青渭水流，子牙曾此獨垂鈎。

當時未入飛熊兆，幾向斜陽嘆白頭。〈渭濱〉

在這首詩中，胡曾明白表示，並非文王識才，而是文王因夢見獵得一熊，後於渭濱遇見姜子牙，知他號「飛熊」，與其夢相合，乃拜之爲相。如果文王「當時未入飛熊兆」，則子牙只有終其一生「幾向斜陽嘆白頭」。胡曾對爲人臣子的無奈與憐惜之意，在反問的筆法中，表露無遺。

在〈傅巖〉一詩中：「巖前版築不求伸，方寸那希據要津。自是武丁安寢夜，一宵宮裏夢賢人。」也是因殷武丁帝夜夢天賜賢人於傅巖版築之間，乃四處尋人，見一人姓傅名說，形貌如夢中所見，乃舉以爲相。這樣的機緣巧合，非常人所常有，此固子牙、傳說之幸，亦何嘗不是有子牙、傳說之才，而無子牙、傳說之遇之有德有能之人的遺憾呢？

「憐惜」的史觀，使胡曾詠史詩流露出同情弱勢的悲憫情懷。這使得其詩輕易的得到民間百姓的認同，平話、演義作者喜愛引用其詩，實是其來有自！

三、譏諷當政者的無能

胡曾詠史詩中，顯露最多的史觀是譴責失德敗政的君主；是憐惜勇於任事，卻無力回天的忠臣孽子；至於譏諷的詩作，雖然不多，但卻很能表達胡曾對當政者無能的憤怒與輕視。在以敘事爲主的胡曾詠史詩中，這種的憤怒與輕視難得一見，但卻清楚鮮明的表達了胡曾的史觀。〈漢宮〉一詩，就是一首典型的諷喻兼議論的詠史詩：

明妃遠嫁泣西風，玉筋雙垂出漢宮。
何事將軍封萬户，卻令紅粉去和戎。

王昭君和番的故事，是歷來詠史詩人最愛吟詠的主題之一。唐代詩人詠嘆其事者，不知凡幾。而史家大都認爲昭君和親對漢朝與匈奴的關係有積極和正面的作用，但也有人批評和親政策是軟弱的表現，甚至是民族屈辱。（註三二）詩人們則多以同情、惋惜的角度來描述昭君的怨情、昭君的思漢，以及昭君的異國之苦和君恩之薄。如宋之問（一作沈佺期）的〈王昭君〉，就是描寫昭君怨情的詠史詩：

非君惜鸞殿，非妾妒蛾眉。
薄命由驕虜，無情是畫師。
嫁來胡地日，不並漢宮時。
辛苦無聊賴，何堪上馬辭。（註三三）

又如杜甫也同是描述昭君怨情的《詠懷古跡》其三：

群山萬壑赴荊門，生長明妃尚有村。
一去紫臺連朔漠，獨留青塚向黃昏。
畫圖省識春風面，環佩空歸月下魂。
千載琵琶作胡語，分明怨恨曲中論。（註三四）

這首詩被清沈德潛譽爲「詠昭君詩，此爲絕唱，餘皆平平。」（註三五）

再如白居易亦有三首詠王昭君詩：

一

滿面胡沙滿面風，眉銷殊黛臉銷紅。
愁苦辛勤憔悴盡，如今卻似畫圖中。

二

漢使卻回憑寄語，黃金何日贖蛾眉。
君王欲問妾顏色，莫道不如宮裡時。

三

明妃風貌最娉婷，合在椒房應四星。
只得當年備宮掖，何曾專夜奉幃屏。
見疏從道迷圖畫，知屈那教配虜廷？
自是君恩薄如紙，不須一向恨丹青。（註三六）

前兩首〈王昭君〉詩，作於白居易十七歲時，內容流露的是忠君戀主思想，希冀重得帝王歡心；後一首題爲〈昭君怨〉，爲白居易於元和十年前後任江州司馬任中所作。此時心情已與寫前二首時大不相同，不寫昭君怨情，也不寫畫工無情，而是直接指責漢元帝：「君恩薄似紙」，立意較爲大膽，但其著墨重點仍在「君恩」的薄情，至於是否無能，則未敢言及。

因此，胡曾的這首〈漢宮〉，就顯現出胡曾獨特且大膽的反君權思想。他諷刺當時保衛國家的大將軍，得封萬戶侯，卻無能爲力阻止昭君和番。救國重任，原來是由一弱女子承擔，而不是封萬戶的大將軍。封萬戶的大將軍尚且無能，何況主一國之政的君王？紅粉的不幸，實由自於當政者的無能。胡曾的〈漢宮〉，雖未能文詞跌宕，語意凝鍊，但其所表達出對主政者無能的憤怒、輕視與譏刺之意，使得〈漢宮〉一詩有著不同的思想與史觀，令人耳目一新，對胡曾一向被認爲「庸俗鄙下」的詠史詩，有了新的評價。

胡曾身處晚唐，時局混亂，與主政者的無能有很大的關係。胡曾藉王昭君史事譏諷當政者無能，其憂時之心，顯露無遺。

此外，如前引的〈豫讓橋〉一詩，也可見胡曾藉古諷今之意。「誰有當時國士心」？顯然，放眼晚唐，多是據兵自重的強將，誰還有為主酬恩報國的「國士」之心呢？

四、只寫古人，不提當朝人物之避諱筆法

胡曾詠史詩與李商隱、杜牧等人不同之處，就是其詩中的史事與人物，皆非當朝人物。隋朝之後，晚唐之前，最為李商隱、杜牧津津樂道的開元、天寶遺事，如唐玄宗、楊貴妃、安祿山等的恩怨情仇，胡曾隻字片語不題。這與唐代中、後期史家的筆法十分相近。因為，值處亂世與昏君佞臣時代，文字最易賈禍，所以無論史家或文人，在論史為文之時，有走向保守的趨勢。

胡曾生平並不得意。在他舉進士不第後，咸通十二年，路巖為劍南西川節度使，辟胡曾為書記。後路巖兵敗，高駢慕其名，又辟胡曾入幕府，為其處理文書事宜，後高駢有叛逆之意，胡曾乃告老還鄉。（註三七）胡曾一生長期從事幕僚工作，深諳官場習性，自然對於晚唐政治的複雜，要較其他文人清楚，所以他在運筆為文，以詠史詩來諷喻當代方面，會格外來得小心，他避諱當朝人事，是可想而知的。這也是他在「詩序」中點示讀者，他寫作詠史詩主要在採集前王得失，譏諷古人，但「實欲

裨補當代」。

第四節　小　結

唐代是一個史學的社會，文人多兼有史學的修養。「史筆直書」與「以史懲勸」是唐代史學的特色；此外，強調「聖人之道」，利用史學「治心」，以振民風，是中唐以後史學另一經世發展，這使得「史學著作成爲進行『明天道、正人倫、助治亂』的教科書」。

胡曾在這樣重史的大環境下成長，再加上身處時政混亂的晚唐，因此，其創作一五〇首詠史詩，最大目的便是「裨補當代，庶幾與大雅相近者也。」胡曾詠史詩呈現出四個歷史觀點，一是譴責歷代君王的過失；二是憐惜忠臣無力回天；三是譏諷當政者的無能；四是只寫古人，不提當朝人物的避諱筆法。

這四個史觀，應是胡曾詠史詩深受後世通俗文學作者青睞，大量採用的原因之一。因爲，前三個史觀，具有普遍性與共通性，容易引起民衆共鳴，而第四個史觀所帶來的只寫古人，不提當朝人物的避諱筆法，使胡曾詠史詩中的諷喻與議論大爲減少，能與小說中的歷史場景緊密結合，不致格格不入，此應爲胡曾詠史詩廣受民間歡迎與肯定的一個重要的原因。

【註譯】

註一　唐代史館的成立爲中國史學史上的大事，對後代史官制度、修史原則與史書體例影響重大。可參見張榮芳：《唐代的史館與史官》，（台北：中國學術著作獎助委員會，民國七十三年）。而韓愈在史館中主持修撰《順宗實錄》之討論，可見瞿林東：〈韓愈與《順宗實錄》〉，收入於瞿林東：《唐代史學論稿》，（北京：師範大學出版社，一九八九年），下冊，頁三〇六—三一五。

註二　關於《文心雕龍》與史學之關係，見杜維運：《中國史學史》第二冊，（台北：三民書局，民國八十七年），等九章第三節〈文心雕龍與史學〉，頁六五—七四。

註三　這八部正史爲《晉書》、《梁書》、《陳書》、《北齊書》、《周書》、《隋書》、《南史》與《北史》。

註四　同註一，瞿林東書下冊，頁三四〇—三四一。

註五　同註一，瞿林東書下冊，頁三四〇。

註六　同註一，瞿林東書，上冊，頁四。

註七　引自雷家驥：《中古史學觀念史》，（台北：學生書局，民國七十九年），頁六四六。

註八　轉引自註二書，頁一七四。

註九　轉引自註二書，頁三一七。

註一〇　轉引自註二書，頁三一九。

註一一　此見《左傳》魯成公十四年九月。《春秋經傳集解》卷十三，（台北東吳大學中文系，民國六十年），頁十b。

註一二　此爲東漢荀悅的論點。轉引自註二，頁一六。

註一三　此爲南北朝後周的柳虯的說法。引自註二書，頁一六。

註一四　此爲北魏高允的說法。引自註二書，頁十七。

註一五　同註一，瞿林東書，上冊，頁四。

註一六　同註二，頁一七七。

註一七　同註一，瞿林東書，上冊，頁六。

註一八　關於「以史制君」的觀念和發展，詳見註七書，頁三七五—四二八。

註一九　同註一，瞿林東書，上冊，頁十九。

註二〇　同註一，瞿林東書，上冊，頁廿，及註二書，頁一七八。

註二一　劉勰：《文心雕龍》，（台北：宏業書局，民國六十四年），頁二八六。

註二二　此爲李翱在〈答皇甫湜〉一文中所言。轉引自謝保成：《隋唐五代史學》，（廈門：廈門大學出版社，一九九五年），頁一七一。

註二三　同註一五書，頁一七三。

註二四　有關春秋學對中唐史學的影響，見註十五書，頁一六二—一七五。

註二五　謝保成，〈關於唐代史學地位的幾個問題〉，《北京：中國社會科學院研究生院學報》，一九八九年四期，頁六六九。

註二六　自古以來學界對於《詩經》的大、小序有過不同的評價與看法，相關的考證文章很多。綜述各家看法之文可參見朱子赤：《詩經關鍵問題異議的求徵》，（台北：文史哲出版社，民國七十三年），〈捌、詩序異議的求徵〉，頁二九七—三二四。惟本文不在探討詩序源流與作者之問題，主要是因胡曾借重和參考《詩經》的序，故僅就詩序所顯示之意義而加以討論。

註二七　《詩經》中大序原文爲：「頌者，美盛德之形容，以其成功告於神明者也。」胡曾把「頌者」改成「詩者」，並把後一段去掉。而後一段的引文「讀之者足以戒」，胡曾在戒前加上了「自」而成「讀之者足以自戒」。

註二八　有關「八病」之討論，詳見蔡瑜：《唐詩學探索》，（台北：里仁書局，民國八十七年），頁二四—九四。

註二九　有關詩序在此方面之正反面作用，見陳慶輝：《中國詩學》，（台北文史哲出版社，民國八十三年），頁十七。

註三〇　此段引用張政烺：〈講史與詠史詩〉，（《國立中央研究院歷史語言研究所集刊》，民國卅七年，第十冊），頁六二二。施蟄存：《唐詩百話》，（上海：華東師範大學出版社，一九九六年），頁七一一，亦提及此段胡曾詠史詩爲時人琅琅上口之情形。

註三一　此段引用註三〇，張政烺：〈講史與詠史詩〉文中之所引，頁六二三。

註三二　此段引用儲大泓：《歷代詠史詩選註》，（西安：陝西人民出版社，一九九〇年十二月），頁四六。

註三三　同註三二，頁四五。

註三四　同註三二，頁八五。

註三五　同註三二，頁八六。

註三六　同註三二，頁一一七—一一八。

註三七　《寶慶府志》卷一百六十·傳一，〈先民傳上〉。按胡曾事跡，何光遠：《鑑誡錄》、孫光憲：《北夢瑣言》等書中時有記載。宋計有功《唐詩紀事》，元辛文房：《唐才子傳》，所述亦頗詳細。此外，道光：《寶慶府志》、光緒：《邵陽縣志》亦有考訂。見張政烺：〈講史與詠史詩〉一文，頁六一七。

第九章 結 論

晚唐敘事型詠史詩在中國文學史上，是一個很容易被忽視，同時也很難被重視的一個詩類。它的角色與定位，就雅正文學的層面來看，既鄙俗低下，又文意不通，境界更是「一覽便盡，開口見喉」，幾乎沒有讓人回味的空間，顯然不是一個值得耗費心力的研究主題。但是，如果將之放在通俗文學中，它的缺點似乎都成了優點；在宋、元、明、清，一首接一首出現的敘事型詠史詩，點綴出一本又一本深入市井民間，廣爲大衆閱讀的歷史小說。因此，若從通俗小說的角度來看敘事型詠史詩，可以對它的功用與價值有另一種不同於傳統看法的思考與評價。

從本書的討論中，首先可以看出的是晚唐敘事型詠史詩是值得注意與研究的詩類。衆所皆知，詠史詩至晚唐大盛，而其代表人物非杜牧、李商隱莫屬。他們的詩作，量少質精，不僅藉古人古事言志抒情，表達對君王的期望與對國事的憂心，更將詠史詩的體製定位在七絕上，使七絕詠史詩正式在晚唐形成主流。在雅正文學的世界中，他們是永恆的代表性人物。但是，晚唐還有一些詩人，其畢生詩作主要是以詠史爲主，可謂是「有意」的「製作」詠史詩，如胡曾著有詠史詩三卷，共一百五十首；

周曇有詠史詩八卷，共一百九十三首；汪遵有七言詠史絕句六十一首等等。由於這些詩作，文辭通俗淺顯，只重敘事，不重文采與神韻，更不求詩句的技巧與變化，千篇一律的語意，使其在文學史中始終處於邊緣地帶，少有人正眼相待。但是，這些屬於非主流的詩作，卻在宋元講史平話與明清演義小說中大量出現，而且成爲小說中重要的結構與特色之一。詠史詩至此被充分的運用，廣泛的爲人詳知；這種實際的應用功能，就足以突顯其存在意義與價值，值得後人深思與研究。

歷來學者對晚唐敘事型詠史詩研究最深入的一位是張政烺。他提出一個廣泛爲後人引用並認同的觀點，即「講史」淵源於晚唐的詠史詩。他以胡曾爲例，指出流傳至今的《新雕注胡曾詠史詩》，有「邵陽叟陳蓋注詩，京兆郡米崇吉評注」，整個體製與平話體製「已甚相近」，因此胡曾之所以大量寫作詠史詩，用途之一即在「用爲講史話本」。而這也是敘事型詠史詩的重要功能之一。

對此說法，本書經過仔細比對與分析胡曾詠史詩在宋元講史話本中被運用的情形，清楚的証明了胡曾所代表敘事型這一類型詠史詩，與平話的關係僅在於「有詩爲証」的「証明」關係上。講史平話不是爲詠史詩而製作，但詠史詩卻增添平話講史的信實度。兩者形成特有的詩文共存體，彼此互相添色增光——平話因而增加了變化性與歷史的眞實感，也豐富其文學意涵；詠史詩因而廣傳衆人之口。

至於陳蓋之注與講史平話間的互承關係，經過書中的仔細驗證，發現陳蓋注並非如張政烺所言爲平話之底本。兩者之間，不論在內容、文字、語言表達等方面，都有很大的差距，平話或有可能參考過陳蓋之注（如〈五丈原〉之注），但平話絕未因襲這些注文，或讓這些注文影響自己的創作。

由於平話與演義小說中引用胡曾詠史詩最多，本書遂以胡曾詠史詩爲例，驗證敘事型詠史詩在通俗文學中所扮演的角色與功能，以探究敘事型詠史詩存在的意義與價值，並從而探究胡曾詠史詩在中國文學史中的地位。

經過仔細比對，得知胡曾詠史詩在《元刊五種平話》出現的次數，除了在《秦併六國平話》中出現十五次之外，其他的四本，不過出現二至五次，數量不是很多，但重要的是，當這些平話在引用胡曾詠史詩時，大多標出其名字，不似其它在五種平話中出現的敘事型詠史詩，多是無名無姓，不易考證。僅憑此點，就說明了胡曾詠史詩被平話作者重視的程度。

而《秦併六國平話》是一本幾乎依據《史記》而寫，鮮少作者自創的講史平話，胡曾詠史詩在該書中，幾乎每隔一段史實敘述，即接著「有胡曾詠史詩爲証」，胡曾詠史詩在純粹講史的平話小說中，將其「佐証」的功能發揮至極致。

至於胡曾詠史詩在明清演義小說中的表現，就更爲亮麗，引人注目。明清演義小說動輒引用詠史詩、詞作爲說明、形容和佐証之用。除去許多缺乏姓名，至今無法考證的詠史詩外，胡曾仍是這些演義小說的最愛。而越早期編次的演義小說，引用的胡曾詠史詩就越多。這顯示胡曾詠史詩在明清通俗小說中的角色扮演，有著重要的功能與影響。

《列國志傳》和《全漢志傳》是最好的例子。前者引用廿首胡曾詠史詩，後者則引用了廿七首詠史詩。這些詩或說明或佐証，幾乎領導了小說中重要情節的發展。胡曾這種大量描述史事過程的詠史組詩的寫作型態，是歷來詩人的第一位。其創新的作風，不僅激發了演義作者的靈感，更使這些作者在成書之時，可以利用這些詠史詩增添它的變化與歷史性；在通俗文學的世界中，胡曾詠史詩對講史平話與演義小說的蛻變、發展，扮演著相當重要的點綴與聯繫的角色。

胡曾詠史詩在通俗小說中，絕對具有主流詩作的地位。早期完成的演義小說大量採用其詠史詩，證明他是民間藝人心中的最愛，且爲一般民衆接受與喜愛；但到了演義小說的晚期，精鍊與優美的詠史詩詞開始被大量的加入，如毛本《三國演義》，杜甫、劉禹錫、杜牧、李商隱的詠史詩被放入其中，但胡曾詠史詩仍未被棄用。這除了顯示胡曾詠史詩在通俗文學中不可撼動的地位，兩者之間關係密切，同時也展示其是通俗文學中相當重要與値得研究的一環。

胡曾詠史詩在民間受到廣大民衆的注意與歡迎，成爲講史者最愛引用的詩作，除了胡曾「製作」了大批能深入且詳細敘述的歷史人物與故事，便於徵引和佐証之外，其鮮明、直接清楚，又不議論當代的筆法，也是原因之一。

胡曾身處晚唐，親身體驗了時政的混亂與知識分子在江河日下國勢中的無能爲力，於是寫下大批的詠史詩。這些詩強烈的表達了對歷代無道君王過失的譴責；也對盡心爲國爲民，卻遭時不遇，功業難成的忠臣孽子的憐惜與慨歎；他也對當政者的無能，表示出他的憤怒與輕視。但由於懼怕文字賈禍，胡曾只寫古人，不提當朝人物，其避諱的筆法，使得其詠史詩中的諷喻與議論大爲減少。因而後人在引用時，由於前三點史觀的普遍性與共通性，容易引起民衆共鳴，而避諱的筆法，使他的詠史詩減少爭議性，容易與小說中的歷史場景緊密的結合。是以胡曾詠史詩廣受民間歡迎與肯定，不是沒有原因的。

從胡曾詠史詩在通俗文學中所展現出的功能性與普及性，可以得知晚唐敘事型詠史詩應該有自己的源頭，與傳統上認爲係源自於漢、魏如班固、左思，以至晚唐杜牧、李商隱等因感懷而自然流露或偶興爲之的詠史詩不同。其源頭或許來自爲啓蒙村學而作，亦或許是以類書體製的「雜詠」爲濫觴，目前因所存資料有限，須待更多史料出現，方可作出更明確的論證。但很明顯的是敘事型詠史詩自晚唐胡曾開始，已自成一派，不論其文字技巧與內涵深度爲何，這一類型的詠史詩已成爲後世講史平話與演義小說中重要的一部份；而胡曾更因爲身爲這一類型詠史詩的主要開創者——其大量的製作詠史詩，創作詠史詩的固定寫作格式，使後來的詠史詩人，難以跳脫出來——在中國文學史中應有其一定的評價與地位。

參考書目

一、中文專書

《古本小說集成》，上海：古籍出版社，一九九〇年。
《春秋經傳集解》卷十三，台北：東吳大學中文系，民國六十年。
丁福保編：《全漢三國晉南北朝詩》台北：藝文印書館，民國五十七年。
丁福保編：《全漢三國晉南北朝詩》，台北：世界書局，民國六十七年。
丁福保輯：《歷代詩話續編》，北京：中華書局，一九八三年。
丁錫根點校：《宋元平話集》，上海：古籍出版社，一九九〇年。
上海圖書館編：《中國叢書綜錄》㈠、㈡、㈢，上海：古籍出版社，一九八六年。
上海圖書館編：《中國叢書綜錄》，上海：古籍出版社，一九八六年。
中國大百科全書總編輯委員會《中國文學》編輯委員會主編：《中國大百科全書》，北京：中國大百科全書出版社，一九八八年。

中國文學史研究委員會：《新編中國文學史》，高雄：復文圖書出版社，民國七十二年。
今註今譯．王雲五主編．楊亮功等註譯：《四書》，台北：臺灣商務出版社，民國七十八年。
孔另境編：《中國小說史料》，台北：中華書局，民國六十五年。
方回編：《瀛奎律髓》，台北：臺灣商務出版社，民國七十二年。
方師鐸：《傳統文學與類書之關係》，天津：古籍出版社，一九八六年。
方瑜：《中晚唐三家詩析論》，台北：牧童出版社，民國六十四年。
方瑜：《唐詩形成的研究》，台北：嘉新水泥公司文化基金會，民國六十一年。
王力：《漢語詩律學》，上海：教育出版社，一九六二年。
王夫之等撰：《清詩話》，台北：明倫出版社，民國六十年。
王忠林等著：《中國文學史初稿》，台北：福記文化圖書有限公司，民國七十四年。
王長華：《春秋戰國士人与政治》，上海：人民出版社，一九九七年。
王秋桂：《韓南中國古典小說論集》，台北：聯經出版事業公司，民國六十八年。
王秋桂：《中國文學論著譯叢》，台北：學生書局，民國七十四年。
王重民、孫望、童養年輯錄：《全唐詩外編》，北京：中華書局，一九八二年。
王國維：《人間詞話》，台北：開明書局，民國六十一年。
王夢鷗：《文學概論》，台北：藝文印書館，民國七十八年。

王夢鷗：《古典文學論探索》，台北：正中書局，民國七十三年。
王夢鷗：《文藝美學》，台北：遠行出版社，民國六十五年。
王熙元：《古典文學散論》，台北：台灣學生書局，民國七十六年。
王德保：《仕與隱》，北京：華文出版社，一九九七年。
王靜宇：《《左傳》與傳統小說論集》，北京：北京大學出版社，一九八九年。
王繼如，楊墨秋：《古代士人處世之道》，北京：市華文出版社，一九九七年。
令狐德棻：《周書》，台北：臺灣商務出版社，民國七十七年。
古吳淵水散人演輯：《後七國樂田演義》，上海：古籍出版社，一九九〇年。
司馬遷：《史記》，台北：臺灣商務出版社，民國七十七年。
任半塘：《唐聲詩》，上海：古籍出版社，一九八二。
吉川幸次郎著，章培恆等譯：《中國詩史》，合肥：安徽文藝出版社，一九八六年。
朱自力：《說詩晬語論歷代詩》，台北：里仁書局，民國八十三年。
朱自清：《詩言志辨》，北京：古籍出版社，一九五六年。
朱冠華：《風詩序與左傳史實關係之研究》，台北：文史哲出版社，民國八十一年。
朱鶴齡箋注：《李義山詩集箋注》，台北：廣文書局，民國七十年。
牟宗三：《政道與治道》，台北：臺灣學生書局，民國七十六年。

西湖老人：《西湖老人繁勝錄》，台北：大立書局，民國六十九年。
何文煥輯：《歷代詩話》，台北：漢京出版社，民國七十二年。
何焯：《義門讀書記》，商務影印本《文淵閣四庫全書》第八六〇冊。
余邵魚：《中國歷史演義全集》，江蘇《東周列國誌演義》之二，台北：遠流出版社，民國六十八年。
余邵魚撰：《新鐫陳眉公先生評點春秋列國志傳》卷九。本書爲十二卷，微捲現藏於台北故宮博物院。
余英時：《中國思想傳統的現代詮釋》，台北：聯經出版事業公司，民國七十六年。
余英時：《史學與傳統》，台北：時報文化出版，民國七十一年。
余英時：《歷史與思想》，台北：聯經出版事業公司，民國六十五年。
余國藩：〈歷史、小說與對中敘事的解讀〉，收錄樂黛云、陳玨編選：《北美中國古典文學研究名家十年文選》，江蘇：人民出版社，一九九六年。
吳同瑞、王文寶、段寶林：《中國俗文學概論》，北京：北京大學出版社，一九九七年。
吳自牧：《夢梁錄》，台北：大立書局，民國六十九年。
吳門嘯客：《前後七國志》，台北：文化圖書公司，民國七十七年。
吳景旭：《歷代詩話》，台北：世界書局，民國六十八年。
吳調公：《李商隱研究》，上海：古籍出版社，一九八二年。
呂思勉：《三國史話》，台北：開明書店，民國六十六年。

李曰剛：《中國文學流變史》，台北：聯貫出版社，民國六十年。
李正治：《六朝詠懷組詩研究》，台北：師大國研所碩士論文，民國六十九年。
李亦園．楊國樞主編：《中國人的性格》，台北：桂冠圖書公司，民國七十七年。
李百藥：《北齊書》，台北：臺灣商務出版社，民國七十七年。
李卓吾：《李卓吾批評三國志》，台北：天一出版社，民國七十九年。
李宜涯：〈《三國志平話》「入話」的研究〉，收錄王成勉主編：《明清文化新論》，台北：文津出版社，民國八十九年。
李宜涯：《元至治新刊全相平話五種研究》，台北：中國文化大學中國文學研究所碩士論文，民國六十七年。
李延壽：《北史》，台北：臺灣商務出版社，民國七十七年。
李延壽：《南史》，台北：臺灣商務出版社，民國七十七年。
李昉等：《文苑英華》，台北：台灣商務出版社民國七十二年。
李商隱著，馮浩箋注：《玉谿生詩集箋注》，上海：古籍出版社，一九七九年。
李善等註：《六臣注文選》，台北：臺灣商務出版社，民國六十八年。
李斌城等著：《隋唐五代社會生活史》，北京：中國社會科學出版社，一九九八年。
李攀龍輯選．森大來評釋．江俠菴譯：《唐詩選評釋》，香港：商務印書館，一九五八年。

杜牧著・馮集梧注：《樊川詩集注》，上海：古籍出版社，一九七八年。
杜牧：《樊川文集》，上海：上海書店，一九八九年。
杜維運：《中國史學史》第二冊，台北：三民書局，民國八十七年。
沈伯俊：〈《東周列國志》導讀〉，收錄於《名家導讀小說經典・東周列國志》卷首，文化藝術出版社，一九九七年。
沈約：《宋書》，台北：臺灣商務出版社，民國七十七年。
沈德潛：《古詩源》，台北：新陸出版社，民國七十年。
沈德潛：《說詩晬語》卷上，臺灣：中華書局，民國七十年。
辛文房原著・李立朴譯注：《唐才子傳》，台北：古籍出版社，民國八十六年。
亞里士多德(Aristotle)撰・姚一葦譯：《詩學箋註》，台北：台灣中華書局，民國五十五年。
周密：《武林舊事》，台北：大立書局，民國六十九年。
周嘯天：《唐絕句史》，重慶：重慶出版社，一九八七年。
周錫：《杜牧詩選》，台北：遠流出版社，民國七十七年。
孟棨等著：《本事詩》，上海古典文學出版社，一九五七年。
季明華：《南宋詠史詩研究》，台北文津出版社，民國八十六年。
尙作恩、李孝堂、吳紹禮、郭清津編著：《晚唐詩譯釋》，哈爾濱黑龍江人民出版社，一九九七年。

房喬等撰：《晉書》，台北：臺灣商務出版社，民國七十七年。
林以亮等著：《中國古典小說論集》（第一輯），台北：幼獅文化公司，民國六十四年。
邱燮友：《新譯唐詩三百首》，台北：三民書局，民國七十九年。
金耀基：《中國現代化與知識分子》，台北：時報文化出版，民國八十年。
姜世棟、王惠民、衣殿臣編：《三國演義、水滸傳、西遊記詩詞注析》，哈爾濱：哈爾濱出版社，一九九三年。
姚一葦：《欣賞與批評》，台北：聯經出版事業公司，民國七十八年。
姚一葦：《藝術的奥秘》，台北：臺灣開明書局，民國七十七年。
姚思廉：《梁書》，台北：臺灣商務出版社，民國七十七年。
姚思廉：《陳書》，台北：臺灣商務出版社，民國七十七年。
姚鉉編：《唐文粹》，台北：台灣商務出版社，民國七十二年。
故宮博物院所藏《列國志傳》卷之三。
施補華：《峴傭說詩》，收於《清詩話》，上海：古籍出版社，一九六三年。
施蟄存：《唐詩百話》，上海：華東師範大學出版社，一九九六年。
柯慶明．林明德主編：《中國古典文學研究叢刊》，台北巨流出版社，民國六十七年。
洪興祖撰：《楚辭補注》，台北：天工書局，民國七十八年。

洪讚：《唐代戰爭詩研究》，台北文：史哲出版社，民國七十六年。
耐得翁：《都城紀勝》，台北：大立書局，民國六十九年。
胡士瑩：《話本小說概論》，北京：中華書局，一九八〇年。
胡仔纂集：《苕漁隱叢話》，台北：長安出版社，民國六十七年。
胡從經：《中國小說史學史長編》，上海：文藝出版社，一九九八年。
胡曾著、陳新憲．劉柳天．王韶軍編注：《詠史詩》，長沙岳麓書社，一九八七年。
胡震亨：《唐音癸籤》，台北：木鐸出版社，民國七十一年。
胡應麟：《詩藪》，上海：中華書局，一九五八年。
范曄：《後漢書》，台北：臺灣商務出版社，民國七十七年。
降大任選注、張仁健賞析：《詠史詩注析》，太原：山西教育出版社，一九九一年。
韋勒克．華倫著；王夢鷗．許國衡譯：《文學論》，台北：志文出版社，民國六十五年。
凌亦文：《新列國志研究》，台北：私立中國文化大學中研所博士論文，民國七十六年。
唐君毅：《中國文化之精神價值》，台北：臺灣學生書局，民國八十年。
唐君毅：《中華人文與當今世界》，台北：臺灣學生書局，民國七十七年。
夏志清等著：《中國古典小說論集》（第二輯），台北：幼獅文化公司，民國六十四年。
夏志清等著：《文人小說與中國文化》，台北：勁草文化公司，民國六十四年。

夏敬觀：《唐詩說》，河洛，民國六十四年。
孫一珍：《明代小說的藝術流變》，成都：四川文藝出版社，一九九六年。
孫一珍：《前漢志傳》，上海：古籍出版社，收錄於《古本小說集成》，一九九〇年。
孫隆基：《中國文化的深層結構》，台北唐山出版社，民國七十九年。
孫楷第：《滄州集》，北京中華書局，一九六五年。
孫楷第：《中國通俗小說書目》，台北鳳凰出版社，民國六十三年。
孫楷第：《日本東京所見中國小說書目》，台北鳳凰出版社，民國六十三年。
孫楷第：《俗講說話與白話小說》，台北：河洛圖書出版社，民國六十七年。
孫楷第：《倫敦所見中國小說書目提要》，台北：鳳凰出版社，民國六十三年。
徐志平：《清初前期話本小說之研究》，台北：國立台灣大學中文所博士論文，民國八十六年。
徐亞萍：《唐代詠史詩與中國傳統士文化關係之研究》，國立高雄師範大學國文學系碩士論文，民國八十八年。
徐朔方：《三國志通俗演義》，上海：古籍出版社，一九九〇年。
徐復觀等著．周陽山編：《知識份子與中國》，台北：時報文化出版，民國六十九年。
徐復觀：《中國文學論集》，台北台灣學生書局，民國七十九年。
班固：《漢武帝內傳》，台北：臺灣商務出版社，民國七十二年。

班固：《漢書》，台北：臺灣商務出版社，民國七十七年。
翁方綱：《石洲詩話》卷二，十七a。出處同前。
袁康：《越絕書》，台北：臺灣商務出版社，民國七十二年。
馬幼垣：《中國小說史集稿》，台北：時報文化出版公司，民國七十六年月。
高棅編選：《唐詩品彙》，台北：學海出版社，民國七十二年。
高伯雨：《讀小說劄記》，台北：河洛圖書出版社，民國六十六年。
高步瀛選注：《唐宋詩舉要》，香港：中華書局香港分局，一九七三年。
崔瑞德編：《劍橋中國隋唐史》，北京：中國社會科學出版社，一九九〇年。
張三夕：《批判史學的批判》，台北：文津出版社，民國八十一年。
張步雲：《唐代詩歌》，合肥：安徽教育出版社，一九九〇年。
張淑香：《李義山詩析論》，台北：藝文印書館，民國七十六年。
張夢機：《近體詩發凡》，台北：臺灣中華書局，民國七十二年。
張榮芳：《唐代的史館與史官》，台北：中國學術著作奬助委員會，民國七十三年。
張躍：《唐代後期儒學的新趨向》，台北：文津出版社，民國八十二年。
梁寬．莊適選註：《左傳》台北：台灣商務務印書館，民國六十二年。
淡江大學中文系主編：《晚唐的社會與文化》，台北：學生書局，民國七十九年。

清高宗御選：《唐宋詩醇》，台北：臺灣中華書局，民國六十年。
清聖祖：《全唐詩》，台北：明倫出版社，民國六十年。
莊因：《話本楔子彙說》，台北：聯經出版事業公司，民國六十七年。
許仁圖：《新編五代史平話》，台北：河洛圖書出版社，民國六十六年。
許文雨集注：《唐詩集解》，台北：正中書局，民國五十九年。
許鋼：《詠史詩與中國泛歷史主義》，台北：水牛出版社，民國八十六年。
郭朋：《中國佛教史》，台北：文津出版社，民國八十二年。
郭沫若：《郭沫古典文學論文集》，上海：古籍出版社，一九八五年。
郭紹林：《唐代士大夫與佛教》，台北：文史哲出版社，民國八十二年。
郭紹虞主編：《中國歷代文論選》，上海：古籍出版社，一九八九年。
郭紹虞編：《清詩話續編》，上海：古籍出版社，一九八三年。
郭璞注：《穆天子傳》，台北：臺灣商務出版社，民國七十二年。
陳子昂：《陳子昂集》，上海：中華書局，一九六二年。
陳世驤：《陳世驤文存》，台北：志文出版社，民國六十四年。
陳永正選注：《李商隱詩選》，台北：遠流出版社，民國七十七年。
陳兆南：《宣講及其唱本研究》，台北：中國文化大學中文所博士論文，民國八十一年。

陳吉山：《北宋詠史詩探論》，國立成功大學歷史所碩士論文，民國八十二年。
陳汝衡：《說書小史》，台北：環宇出版社。
陳沆：《詩比興箋》，台北：廣文發行，民國五十九年。
陳致平：《中國通史》(四)，台北：黎明文化出版公司，民國七十七年。
陳壽：《三國志》，台北：臺灣商務出版社，民國七十七年。
陸時雍編：《詩鏡》，台北：臺灣商務出版社，民國七十二年。
傅樂成：《漢唐史論集》，台北：聯經出版事業公司，民國七十年。
傅璇琮：《唐詩論學叢稿》，台北：文史哲出版社，民國八十四年。
傅錫壬：《牛李黨爭與唐代文學》，台北：東大圖書公司，民國七十三年。
彭菊華：〈論杜牧詩〉，《唐代文學論叢》，第二期（一九八二年）。
曾永義：《說俗文學》，台北：聯經出版事業公司，民國六十九年。
曾良：《東周列國志研究》，成都：巴蜀書社，一九九八年。
曾淑嚴：《李商隱詠物詩研究》，國立中山大學中研所碩士論文，民國八十七年。
程薔、董乃斌：《唐帝國的精神文明—民俗與文學》，北京：中國社會科學出版社，一九九六年。
費袞：《梁谿漫志》，台北：臺灣商務出版社，民國七十二年。
馮夢龍新編、胡萬川校注：《新列國志》，台北：聯經出版事業公司，民國七十年。

馮藝超：《唐詩中和親主題研究》，台北：天山出版社，民國八十三年。
黃化宇校正：《兩漢開國中興傳誌》，上海：古籍出版社，一九九〇。
黃永武．張高評同撰：《唐詩三百首鑑賞》，台北：尚友出版社，民國七十一年。
黃永武：《中國詩學》，台北：巨流圖書公司，民國七十一年。
黃永武：《字句鍛鍊法》，台北：商務印書館，民國六十二年。
黃盛雄：《李義山詩研究》，台北：文史哲出版社，民國七十六年。
黃雅歆：《魏晉詠史詩研究》，台北：國立台灣大學中文所碩士論文，民七十九年。
逯欽立：《先秦漢魏晉南北朝詩》，台北：木鐸出版社，民國七十二年。
楊家駱主編：《宋元平話四種》，台北：世界書局，民國六十六年。
楊朝立：《大唐秦王詞話研究》，台北：中國文化大學中文所碩士論文，民國八十年。
楊義：《中國歷朝小說與文化》，台北：業強出版社，民國八十二年。
楊潮觀．胡士瑩：《吟風閣雜劇》，上海：古籍出版社，一九八三年。
萬年青書廊：《小說舊聞鈔》，台北：環宇出版社，出版年不詳。
萬年青書廊：《中國古典小說論》，台北：環宇出版社，出版年不詳。
葉日光：《左思生平及其詩之析論》，台北：文史哲出版社，民國六十八年。
葉奇疏注：《李商隱詩集疏注》，北京：人民文學出版社，一九八五年。

葉朗：《中國美學史大綱》，上海：人民出版社，一九八五年。
葉嘉瑩：《迦陵談詩》，台北：三民書局，民國六十年。
葉嘉瑩：《迦陵談詩二集》，台北：東大出版社，民國七十四年。
葉慶炳：《中國文學史》，台北：臺灣學生書局，民國七十六年。
廖振富：《唐代詠史詩之發展與特質》，台北：國立台灣師範大學國文研究所碩士論文，民國七十五年。
廖祐孰：《兩宋懷古詞研究》，台北：私立東吳大學中文所碩士論文，民國八十六年。
熊大木（熊鍾谷）編：《全漢志傳》，上海：古籍出版社，一九九〇年。
熊鍾谷編：《全漢志傳》上，上海：古籍出版社，一九九〇年。
甄偉、謝詔編著，朱恒夫、劉本棟校閱：《東西漢演義》，台北三民書局，民國八十七年。
粹文堂編輯：《中國文學研究新編》，台南：平平出版社，民國六十四年。
臺靜農：《百種詩話類編》，台北：藝文出版社，民國六十一年。
趙文潤：《漢唐人物述評》，西安：陝西師範大學出版社，一九九七年十。
趙煜：《吳越春秋》，台北：臺灣商務出版社，民國七十二年。
齊裕焜：《明代小說史》，浙江：古籍出版社，一九九七年。
齊裕焜：《明代小說史》，浙江：古籍出版社出版，一九九七年。

劉大杰：《中國文學發達史》，上海：上海書局，一九九〇年。
劉向集．高誘注：《戰國策》，台北：藝文印書館，民國六十三年。
劉向：《古列女傳》，台北：臺灣商務出版社，民國七十二年。
劉昌元：《西方美學導論》，台北：聯經出版事業公司，民國七十五年。
劉拜山評解．富壽蓀選注：《唐人絕句評注》，台北：木鐸出版社出版社，民國七十一年。
劉若愚原著．杜國清中譯：《中國詩學》，台北：幼獅文化公司，民國六十六年。
劉若愚著，杜國清中譯：《中國人的文學觀念》，台北：幼獅文化公司，民國六十六年。
劉昫等撰：《舊唐書》，台北臺：灣商務出版社，民國七十年。
劉斯翰選注：《溫庭筠詩詞選》，台北：遠流出版社出版，民國七十七年。
劉逸生主編．馬里千選注：《李白詩選》，台北：遠流出版社，民國七十九年。
劉逸生主編．梁守中選注　：《劉禹錫詩選》，台北：遠流出版社，民國七十七年。
劉開揚：《唐詩通論》，台北木鐸出版社，民國七十二年。
劉開榮：《唐代小說研究》，香港：商務印書館，一九七六年。
劉熙載：《藝概》，台北：華正書局，民國七十七年。
劉遠智：《陳子昂及其感遇詩研究》，台北：文津出版社，民國七十六年。
劉勰：《文心雕龍》，台北：宏業書局，民國六十四年。

樂黛云、陳玨編選：《北美中國古典文學研究名家十年文選》，江蘇：人民出版社，一九九六年。
樂蘅軍：《古典小說散論》，台北：純文學出版社，民國六十五年。
樂蘅軍：《宋代話本研究》，台北：國立台灣大學文學院，民國五十八年。
歐陽修、宋祁等撰：《新唐書》，台北：臺灣商務出版社，民國七十七年。
歐陽健：《明清小說采正》，台北：貫雅文化事業公司，民國八十一年。
歐麗娟選注：《唐詩選注》，台北：里仁書局，民國八十六年。
潭正璧：《話本與古劇》，上海：古籍出版社，一九八五年。
潘志宏：《晚唐三家詠史詩研究》，新竹國立清華大學中國文學研究所碩士論文，民國八十二年。
潘壽康：《話本與小說》，台北：黎明文化事業公司，民國六十二年。
蔚天林：《論新史唐隋》，台北：東華書局，民國六十九年。
蔣伯潛：《小說與戲劇》，台北：世界書局，民國六十四年。
蔣祖怡、陳志椿主編：《中國詩話辭典》，北京：北京出版社，一九九六年。
蔣瑞藻：《小說考證》，台北：萬年青書店，民國六十年。
蔣瑞藻：《小說考證續編拾遺》，台北：萬年青書店，民國六十年。
蔣瑞藻纂輯：《彙印小說考證》，台北：商務印書館，民國六十四年。
蔡英俊主編：《中國文化新論・文學篇》㈠、㈡，台北：聯經出版事業公司，民國七十一年。

蔡英俊主編：《抒情的境界》，台北：聯經出版事業公司，民國七十一年。
蔡英俊：《比興物色與情景交融》，台北：大安出版社，民國七十五年。
蔡英俊：《興亡千古事》，台北：月房子出版社，民國八十三年。
鄭定國：《王十朋及其詩研究》，台北：中國文化大學中文所博士論文，民國七十八年。
鄭振鐸：《鄭振鐸古典文學論文集》，上海：古籍出版社，一九八四年。
鄭淑玲：《兩宋詠史詞研究》，台北：中國文化大學中文所碩士論文，民國八十六年。
鄭騫等著：《中國古典文學論叢．詩歌之部》，台北：中外文學月刊社，民國七十四年。
鄭騫等著：《中國古典詩歌論集》，台北：幼獅文化公司，民國七十四年。
鄭騫：《景午叢編》，台北：中華書局，民國六十一年。
鄭鐵生：《三國演義詩詞鑒賞》，北京：北京出版社，一九九五年。
蕭相愷：《宋元小說史》，浙江：古籍出版社出版，一九九七年。
蕭統編．李善注：《文選注》，台北：世界書局，民國五十一年。
蕭滌非等撰寫：《唐詩鑑賞集成》，台北：五南圖書出版公司，民國七十九年。
錢穆：《中國歷史精神》，台北：東大圖書出版，民國六十五年。
錢穆：《國史大綱》，台北：聯經出版事業公司，民國八十四年。
錢謙益、季振宜遞輯，屈萬里、劉兆祐主編：《全唐詩稿本》，台北：聯經出版事業公司，民國六十五年。

錢鍾書：《新編談藝錄》，出版地不詳，出版年不詳。
靜宜文理學院中國古典小說研究所中心編：《中國古典小說研究專集》㈢，台北：聯經出版事業公司，民國七十年。
龍潛庵：《尋常巷陌》，江蘇：古籍出版社，一九九五年。
儲大泓：《歷代詠史詩選註》，西安：陝西人民出版社，一九九〇年。
繆鉞：《詩詞散論》，台北：開明出版社，民國四十二年。
薛居正等撰：《舊五代史》，台北：臺灣商務出版社，民國七十七年。
謝弗著．吳玉貴譯：《唐代的外來文明》，北京：中國社會科學文版社，一九九五年。
謝枋得撰，張玉穀選解：《文章軌範》，台北：新文豐出版社，民國六十七年。
謝保成：《隋唐五代史學》，廈門：廈門大學出版社，一九九五年。
謝海平：《講史性之變文研究》，台北：嘉新水泥公司文化基金會，民國六十二年。
謝榛：《四溟詩話》卷一，一〇a。見《百種詩話類編》。
鍾兆華：《元刊全相平話五種校注》，成都：巴蜀書社，一九九〇年。
鍾嶸著．陳延傑注：《詩品注》，香港：商務印書館，一九五九年。
韓復智編著：《中國通史論文選輯》，台北：南天書局，民國七十三年。

韓惠京：《李商隱詠史詩探微》，台北：中國文化大學中文所碩士論文，民國七十六年。
韓愈：《順宗實錄》，上海：商務印書館，一九三六年。
瞿林東：《唐代史學論稿》，北京：師範大學出版社，一九八九年。
魏收：《魏書》，台北：臺灣商務出版社，民國七十七年。
羅大經：《鶴林玉露》，台北：臺灣商務出版社，民國七十二年。
羅宗濤等著：《中國詩歌研究》，台北：中央文物供應社，民國七十四年。
羅宗濤編撰：《敦煌變文》，台北：時報文化出版公司，民國八十三年。
羅貫中：《三國志通俗演義》，收錄於《古本小說集成》，上海：古籍出版社，一九九〇年。
羅貫中著，吳小林校注：《三國演義校注》，台北：里仁書局，民國八十三年。
羅聯添編：《中國文學史論文選集》㈡、㈢，台北：台灣學生書局，民國六十七年—六十八年。
譚達先：《中國評書（評話）研究》，台北：台灣商務印書館，民國八十二年。
嚴羽著．郭紹虞校釋：《滄浪詩話校釋》，台北：里仁書局，民國七十六年。
寶華樓梓：《東西漢全傳》，收錄於《古本小說集成》，上海：古籍出版社，一九九〇年。
龔鵬程：《詩史本色與妙悟》，台北：臺灣學生書局，民國七十五年。
龔鵬程：《美學散步》，台北：漢光出版社，民國八十二年。

二、中日文期刊類

David Hawks 著．梁欣榮譯：〈環繞幾篇雜劇的一些問題〉，《中外文學》，第六卷第十期（民國六十七年三月）。

James I. Crump著．梁欣榮．王淑華譯：〈平話及三國演義的早期歷史〉，《中外文學》，第六卷第二期（民國六十六年七月）。

方欣庵：〈白話小說起源考〉，廣州《國立中山大學語言歷史學研究所週刊》，（日期不詳）。

方瑜：〈李商隱的詠史詩〉，《中外文學》，第五卷第十一—十二期（民國六十六年四—五月）。

王叔岷：〈陶淵明詠史詩三首箋證〉，《中央研究院民族學研究所集刊》，第二十九期（民國五十九年春）。

王定璋：〈論中晚唐詠史詩的憂患意識與落寞心態〉，《江海學刊》，第六期（一九九〇年）。

王紅：〈試論晚唐詠史詩的悲劇審美特徵〉，《陝西師大學報（哲學社會科學版）》，第三期（一九八九年）。

王寶玲：〈簡談杜牧的詠史詩〉，北京《中國古代、近代文學研究》，第四期（一九九三年）。

田盛靜、周風章：〈李商隱詠史詩構思淺談〉，《寶雞文理學院學報（哲學社會科學版）》，第三期（一九九三年）。

禾光：〈也談詩史及杜詩的時代精神〉，《廈門大學學報》，第一期（一九六三年）。
吉川幸次郎著、陳鴻森譯：〈論班固的「詠史詩」〉，《中外文學》，第十三卷第六期（民國七十三年十一月）。
向以鮮：〈漫談中國的詠史詩〉，《人文雜詩》，第四期（一九八五年）。
西諦：〈論元刊全相平話五種〉，《北斗》，第一卷第一期（民國廿年一月）。
李德超：〈治經與經史之學〉，《語文、情性、義理—中國文學的多層面探討國際學術會議論文集》，國立台灣大學中國文學系，民國八十五年七月。
金榮華：〈通俗文學和雅正文學的本質和趨勢—第二屆通俗文學與雅正文學全國研討會專題演講〉，《中國現代文學理論季刊》，第十九期（民國八十九年九月）。
周小龍：〈唐代的詠史詩〉，《中南民族學院學報》，第六期（一九九三年）。
周益忠：〈由詠史詩看西崑體與義山體的異同—兼論二者在詠史詩發展史上的意義〉，高雄《宋代文學研究叢刊》，第三期（民國八十六年九月）。
林美清：〈詩與眞實—論《彥周詩話》對杜牧詠史詩的褒貶〉，《宋代文學研究叢刊》，第二期（民國八十五年九月）。
林繼中：〈唐宋詩歌歷史進程中的文化整合〉，《中國古代、近代文學研究》，第五期（一九九三年）。
胡楚生：〈陶淵明詠史詩三首探微〉，《興大中文學報》，第十期（民國八十六年一月）。

夏長樸：〈丹青難寫是精神—讀王安石的詠史詩〉，《國立編譯館館刊》，第二十四卷第二期（民國八十四年十二月）。
馬幼垣著．周昭明譯：〈中國職業說書的起源—對當弦理論與證之評據〉，《中外文學》，第六卷第十一期（民國六十七年四月）。
馬幼垣著．賴瑞和譯：〈中國講史小說的主題與內容〉，《中外文學》，第八卷第五期（民國六十八年十月）。
高志忠：〈論北方古代諸族的詩歌對中國文化的歷史的貢獻〉，《中國古代、近代文學研究》，第二期（一九九三年）。
高橋繁樹：〈『諸葛亮博望燒屯』考察〉，中國古典研究，第廿號（一九七五年一月）。
高橋繁樹：〈三國雜劇三國平話〉㈠，中國古典研究，第十九號（一九七三年六月）。
尉天驄：〈宋人話本研究〉，《思與言》，第七卷第一期（民國五十四年五月）。
張安琪：〈左思與陶淵明詠史詩之比較〉，《傳習》，第十七期（民國八十八年四月）。
張政烺：〈一枝花話〉，《申報，文史》，第廿九期（民國三十七年六月廿六日）。
張政烺：〈講史與詠史詩〉，《中央研究院歷史與語言研究所集刊》，第十本（民國三十七年四月）。
張高評：〈韋莊〈秦婦吟〉與唐宋詩風之嬗變—以敘事、詩史、破體為例〉，收錄於國立成功大學中國文學系主編：《第四屆唐代文化學術研討會論文集》，國立成功大學中國文學系，民國八十八年一月。
張晨：〈傳統詩體的文化透析－《詠史》組詩與類書編纂及蒙學的關係〉，《中國古代、近代文學研究》，第五期，（一九九五年）。
張敬：〈詩詞在中國古典小說戲曲中的應用〉，《中外文學》，第三卷第十一期(民國六十四年四月)。
張鳳吟：〈現代英美漢學－通俗文學的研究〉，《中外文學》，第五卷第四期(民國六十五年九月)。
張嚴：〈論左太沖詠史詩及其人格〉，《文學雜誌》，第五卷第一期（一九五八年一月）。
梁祖萃：〈晚唐詠史詩繁盛原因初探〉，《寧夏教育學院．銀川師專學報（社會科學）》），第二期一九九六年。
陳文華：〈論中晚唐詠史詩的三大體式〉，《文學遺產》，第五期（一九八九年）。
陳書良：〈簡論胡曾及其《詠史詩》〉，《求索》，第六期（一九八三年）。
陳貽焮：〈論李商隱詠史詩和詠物詩〉，《文學雜誌》，第八卷第六期（一九六二年）。
陸精康：〈詠懷詠史各臻其妙－兩首《赤壁》詩〉，《語文月刊》，第十一期（一九九三年）。
彭衛：〈中國古代詠史詩歌初論〉，《歷史學》，第〇〇二期（一九九五年）。
彭衛：〈古國古代詠史詩歌初論〉，《史學理論研究》，第三期（一九九四年）。
黃盛雄：〈李義山的詠史詩〉，《古典文學》，第九期（民國七十六年四月）。
黃菊芳：〈杜牧的性行與其議論型詠史詩〉，《中文研究學報》，第二期（民國八十八年六月）。

黃雅歆：〈魏晉詠史詩之發展與構成形式〉，《中國文學研究》，第四期（民國七十九年五月）。
黃筠：〈中國詠史詩的發展與評價〉，《中國古代、近代文學研究》，第二期（一九九五年）。
楊民：〈唐代詠史詩中的人生理念〉，《北京師範學院學報》，第四期（一九九一年）。
楊玉成：〈詩與史：論古詩中的三良主題〉，《中華學苑》，第四十九期（民國八十六年一月）。
楊靜芬：〈杜牧詠史詩析論〉，《輿大中文研究生論文集》，第三期（民國八十七年）。
董乃斌：〈漫話詠史詩〉，《古典文學知識》，第一期（一九八七年）。
雷恩海：〈詠史詩淵源的探討暨詠史詩內涵之界定〉，貴陽《貴州社會科學》，第四期（一九九六年）。
廖俐惠：〈鬱鬱澗底松─評左思「詠史」詩〉，《中國語文》，第八十一卷第二期（民國八十六年八月）。
廖振富：〈論顧亭林的詠史詩〉，《中華文化復興月刊》，第二十一卷第一期（民國七十七年一月）。
趙敏俐：〈論班固的《詠史詩》與文人五言詩的發展成熟問題─兼評當代五言詩研究中流行的一種錯誤觀點〉，《中國古代、近代文學研究》，第七期（一九九四年）。
齊益壽：〈談六朝詠史詩的類型〉，《中華文化復興月刊》，第十卷第四期（民國六十六年四月）。
劉淑芬：〈淺談詠史詩〉，《史繹》，第十二期（民國六十三年九月）。
劉曾遂：〈略論杜牧詠史七言絕句〉，《唐代文學研究》，第六期（一九九六年）。
劉陽：〈詠史的構築與方法自覺〉，北京《中國比較文學》，第一期（一九九六年）。

劉維俊：〈評杜牧的詠史詩〉，《天津師院學報》，第六期（一九八一年）。
劉學鍇：〈李商隱詠史詩的主要特徵及其對古代詠史詩的發展〉，《文學遺產》，第一期（一九九三年）。
歐陽禎著・姜台芬譯：〈現場聽衆：中國小說裏的口述傳統〉，《中國文化復興月刊》，第十三卷第八期（民國六十九年八月）。
蔣方：〈論左思《詠史》詩的變體—兼論古代詠史詩的文化內涵〉，《中國古代、近代文學研究》，第六期（一九九四年）。
蔡忠道：〈王安石詠史詩試析〉，《高雄師大學報》，第十一期（民國八十九年）。
蔡英俊：〈試述詠史詩的發展及其心理背景〉，《文風》，第三十六期（民國六十九年一月）。
鄭阿財：〈敦煌蒙書析論〉，收錄於《第二屆敦煌學國際研討會論文集》，台北：漢學研究中心，（民國八十年六月）。
燭光：〈繼承・詠史・言志—讀《楊至成詩稿》〉，《貴州民族研究季刊》，第三期（一九九六年）。
韓理洲：〈李商隱的詠史詩〉，延安《延安大學學報》，第三期（一九八〇年）。
嚴志雄：〈屈翁山「詠史」詩試解〉，《大陸雜誌》，第八十四卷第一期（民國八十一年一月）。
蘆田孝昭：〈武王伐紂平話〉，東京：中國古典研究，第廿號（一九七五年一月）。
鍾葵生：〈胡曾點滴〉，《求索》，第六期（一九八三年）。

三、英文論著

Chang, Shelly Hsueh-lun. *History and Legend: Ideas and Images in the Ming Historical Novels* (Ann Arbor: The University of Michigan Press, 1990)

Chen, Shih-hsiang, "Chinese Poetry and Its Popular Sources." *The Tsing Hua Journal of Chinese Studies*, Vol. 2 No. 2 (June 1961):320-325.

Crump, J. I. "P'ing-hua and the Early History of the San-kuo chih." *Journal of the American Oriental Society*, Vol. 71, No. 4 (1951):249-256.

Hanan, Patrick. "Te Early Chinese Short Story: A Critical Theory in Outline," *Harvard Journal of Asiatic Studies*, Vol. XXVII (1967):168-207.

Idema, W. L. *Chinese Vernacular Fiction: The Formative Period* (Leiden:E. J. Brill, 1974)

Idema, W. L. "Some Remarks and Speculations Concerning P'ing-hua." *T'oung Pao*, Vol. LX (1974):121-172.

Johnson, David. "Epic and History in Early China: The Matter of Wu Tzu-hsu." *Journal of Asian Studies* XL, no.2 (February 1981)‥255-242.

Lin, Shuen-fu and Stephen Owen (eds.) *The Vitality of the Lyric Voice: Shih Poetry from the Later Han to the T'ang* (Princeton: Princeton University Press, 1986)

Prusek, Jaroslav. "The Beginnings of Popular Chinese Literature; Urban Centres—The Cradle of Popular Fiction. " *Archiv Orientalni* 36 (1968): 67-115.

Schipper, Kristofer. "Vernacular and Classical Ritual in Taoism." *Journal of Asian Studies*, Vol. XLV. No. 1 (November 1985):21-57.

Thorpe, James (ed.) *Relations of Literary Study: Essays on Interdisciplinary Contributions* (NY: Modern Language Association of American, 1967)

Wivell, Charles J. "The Term 'Hua-pen,'"in David C. Buxbaum and Drederick W. Mote(eds.), *Transition and Permanence: Chinese History and Culture* (Hong Kong: Cathay Press Limited, 1972), pp. 295-306.

Yao, Tao-chung. "Ch'uan-chen Taoism and Yuan Drama." *Journal of the Chinese Language Teachers Association*, Vol. 15, No. 1 (1980):41-56.

新雕注胡曾詠史詩

上海涵芬樓影印常熟瞿氏鐵琴銅劍樓藏影宋鈔本

注詠史詩揔一百五十首

前進士胡曾　著述并序

邵陽叟陳蓋　注詩

京兆郡米崇吉　評注并續序

夫詩者蓋美盛德之形容刺衰政之荒怠非徒尚綺麗瑰琦而已故言之者無罪讀之者足以自戒觀乎漢子晉宋詩人佳句名篇雖則妙絕而發言指要亦已疎齊代既失軌範（史記云南齊武帝不好詩書謂侍臣曰朕亞視之安用諸此是錄謂書中古人皆是梁武帝朝卻興文也）梁朝文加穿鑿八病興而六義壞聲律崔雅崩良不能也曾不揣庸陋輒采前王得失古今亾成一百五十首爲上中下三卷便以首昌相次不以亾先雖則譏諷古人實欲裨補當代庶幾與大雅相近者也

米公續序

余聞玉就琢而成器人從學以方知是乃車胤聚螢孫康映雪每思百氏爰及九流皆由博識於一時故得馨香於千古余非士族跡本和門徒堅暗昧之材謬積討論之志莫不采尋往策歷覽前書黃帝方立史官蒼頡始爲文字既有墳籍可得而言近代前進士胡公名曾著詠史律詩一百五十篇分爲三卷余自丱歲以來備嘗諷誦可爲是非閫𨼆褒貶合儀酷究佳篇實深降歎管窺天而智小蠡測海而理乖敢課顓愚逐篇評解用顯前賢之旨粗裨當代之聞取誚高明庶幾奉古云爾

新彫注胡曾詠史詩第一

夜聞楚歌皆思家鄉遂乃各分散矣夫項羽徒負英雄之志全無懷撫之心于時再入江東復興戈戟零霆日月撥乱寰瀛得失未知由勝東手蓋无機略只以勢景

章華臺

茫茫衰草沒章華因笑靈王昔好奢臺土未乾簫管絕可憐身死野人家 史記曰時楚靈王好大奢乃役万姓築臺起宮以金玉裝飾号章華臺常与美人燕樂於此後出軍伐陳靈王之兄患弟王不治国政乃勒兵開城攻王王敗軍獨騎奔投野人之家遇鋗人曰与我一食我不食三日矣鋗人謂曰新王下令有飼王者罪及三族不可置食也既不得食因枕其股而卧鋗人畏人知之乃以土代股而去靈王飢甚莫能起身死於申亥之家也凡夫勢尽道窮人之常數可以空山就死何以下託甘言此之謂見危而求安不居安而慮危也

細腰宮

楚王辛苦戰無功國破城荒霸業空唯有　春花上露至今猶泣細腰宮 史記曰楚莊王負葛好細腰美人王左右并閨国美人皆為之約食乃起宮常与美人宴此宮下治

國政秦始皇遣將王剪將兵伐之剪九解楚將項燕傷王入秦楚遂滅也

長城

祖舜宗堯自太平秦皇何事苦蒼生 案十道圖今在臨兆縣也初起築在城東二十里堯舜有天下也土皆不高三尺采椽不茆茨不剪而天下歸伏故述始皇无端勞役蒼生蒼生酷怨也不知禍起蕭牆內虛築防胡萬里城 春秋後語云秦始皇滅六国後天下統一有童子云亡秦者胡也乃遣太子扶蘇將軍蒙恬領兵役万姓築万里長城以防胡：乃崩也後始皇崩丞相李斯乃立少子胡亥為二世皇帝用佞臣趙高讒殺李斯不修国政天下乃乱秦遂滅

沙苑

馮翊南邊宿霧開行人一步一徘徊誰知此地凋殘柳盡是高懽敗後栽 北史云魏侯信都太守高驩驩制朝廷趕帝避驩入關驩將兵追帝至沙苑長安太守宇文泰出兵迎帝於長安与驩戰大敗失馬乃騎駱駝婦信都乃立清河王子為魏帝遂二分驩為相封神武將軍驩子洋滅魏自立号北齊追驩為神武皇

帝宇文泰滅西魏於長安自稱周文帝其時西号永熙元年東号天平元年皆尽滅矣宇文泰乃於戰勝之地入各種柳一株以旌武功人皆号為武林昔也論云永熙西道嘆河川之亦帰天平此移落業西之俱已可謂悲矣

鉅橋

積粟成塵竟不開殷紂於此起倉聚粮年久多变成塵也誰知拒諫剖賢才史記云紂之妃妲己乃妖精惑於紂作酒池肉林使男女倮形飲酒酔相逐紂兄比干進諫妲己云賢人心有九竅穀而九毛可剖而観之如其言妲己大笑紂已言定益而信之時兄二人皆聞懼剖所以微子去紂而奔箕子佯在戴髮為紂之奴群臣无復敢諫也武王兵起無人敵遂作商郊一聚灰史記云帝紂名章又名受智足以拒諫曰足以飾非倒拽九牛暴搏猛獣辛惑於妲己造瓊室鹿臺飾以美玉大宮百里中有九市一百二十日為就晝夜与崇侯費仲戲焉又置炮烙之刑又剖剔孕婦積粟穀粮不恩民弊是時六月雨雪又雨血又雨石鬼哭山鳴乃剧武王開紂兄三人皆去乃以太公為将起兵伐紂因於商郊而後殺之紂遂滅矣論曰紂王非布衣草創之君撥乱主時之宇益是太平業所置膏使外兄師傅之載内之自然之智固知稼穡不會艱難為主之道不計賢愚近善即梁情近惡即惑恣胡不俾藏昔乎

沙丘

年年遊覧不曽停天下山川欲徧經堪笑沙丘纔過處鑾輿風起鮑魚腥史曰秦始皇三十六年頻有乖祥於是十之兆得遊從耶吉遂西遊江上會稽望平南海至北琅耶是時始皇至平原津病而忌其疾甚乃將璽書賜長子扶蘇求會咸陽而葬付璽書於趙高未授於扶蘇始皇使崩趙高不欲令他人知恐天下變更矣後百官奏事上食如常故棺載輼輬車時暑至沙立東臭乃詔從官載鮑魚一石以混其氣夫豈不惜位於南時不生付扶蘇趙高之詐謀故顛於宗社者哉

石城

古郢雲開白雪樓漢江還遶石城流何人知道寥天月曽向朱門送莫愁晉書石城有女名莫愁善歌舞

洞庭

五月扁舟過洞庭魚龍吹浪水雲腥軒轅黃帝今何在廻首巴山蘆葉青古史云軒轅遊蜀見蜀中多水決之疏下江湖皆溢乃鑿五湖貯水今洞庭等是也又於洞庭鑄鼎成黃帝上昇群臣攀龍髯而号動遺劒履而去遂葬劒履於巴山丘也皇帝莫不疏恤万民感伏天下致压軼生瑶騏驎巢園万代

留名百王歎軒轅者哉

江夏

黃祖才非長者儔祢衡珠碎此江頭今來鸚鵡洲邊過唯有無情碧水流魏志云黃祖乃後漢末江夏太守為性剛急祢衡乃天下志士有大才孔融薦於曹公公惡其才能不用乃送於江夏太守黃祖亦惡其才能乃与祖遊於鸚鵡洲沉殺之鸚鵡洲乃江夏地名盖汝禺嫁其賢時不容哲雖珠碎於夏口而事實於清編

荊山

抱玉嚴前桂葉稠碧寒水至今流空山落日猨聲叫疑是荊人哭未休史記云卞和獻玉於楚武王武王不鑒遣使刖足後武卒文王立和乃抱璞哭於荊山之下文王召而謂曰刖足者何怨乎不怨刖足而悲真玉已為凡石忠事已為譏事是以哭之王乃使剖石果真玉也文王歎曰哀哉二先君而刖人足而難剖石今和氏璧乃国宝也後楚娉于趙女趙使藺相如納于秦相如許秦而還至趙始皇滅六国璧玉乃入秦使李斯篆之工人琢之今玉璽是也尚非英鑒莫雪沉怨也

陽臺

楚國城池颯已空陽臺雲雨去無蹤何人更有襄王夢寂寂巫山十二重史記云楚襄王夢与巫山神女會陽臺乃神女廟号者也

赤壁

烈火西焚魏帝旗周郎開國虎争時交兵不假揮長劔已挫英雄百萬師呉志云魏帝者曹公名操也周郎乃呉将周瑜也後漢末曹公為丞相南征劉表卒少主劉琮乃使程昱送欵降曹公乃治劉表荊南水軍八十万飛雲戦舩五千隻集欲東征孫權權乃遣将軍周瑜将水軍三万人逆公於赤壁漢軍敗呉小将黃蓋説周瑜曰寇衆我寡難与持久宜急破之今彼岸有大戦舡岸有百万軍營又北軍不習水土多病将軍且將五千隻舡舡中多以乾葦脂膏灌之每隻大舡繋十隻小舩君自領三千餘人告云欲降略而自放火燒舩将來小舩具時東風吹舩燒岸下戦舩并悉燒軍營相次渡兵攻之所以大破果如其詐曹公遂大敗北帰不復圖呉矣其江岸亦名赤壁近江陵也

居延單于之界蘇武放牧之地

漠漠平沙際碧天問人云此是居延停驂一顧猶魂斷蘇

武爭禁十九年 漢書曰使蘇武入匈奴界到彼堅執漢節不拜單于乃留滯十九年以全大節後得歸帝乃以武爲典屬国今之鴻臚卿是也莫不事明史策名煥古今若或苟且身名豈可志堅大節也

吳宮

草長黃池千里餘歸来宗廟已丘墟出師不聽忠臣諫徒耻窮泉見子胥 史記曰昔吳王名夫差時兵強云我是周天子太伯之後今合為諸侯之長乃与晋侯會兵於黃池投盟伐齊取石田伍子胥諫曰三月破越不滅之越王任賢相范蠡君臣同心乃是王心腹之疾也今齊乃是王之手足之疾也願王捨齊而治心腹之疾王不聽乃賜子胥死子胥乃謂使者曰吾死後其取吾眼置吳国東門懸之以觀越兵入吳矣明年春吳王遂舉兵至黃池未返越與兵伐吳破城燒吳宮廣擄吳太子諸王妃王還越矣吳王乃罷兵歸吳吳国已破臨死謂左右曰我不用子胥之言今国滅我泉下羞見子胥我死可作面衣横掩面至今傳曰夫差以弃忠臣而取侫豈不嗟乎恃威力而自亡至道窮也

阿房宮

音旁史曰秦始皇三十五年越宮在阿之旁未有其名故時人謂之阿房宮呼之

新建阿房壁未乾沛公兵已入長安帝王苦竭生人力大

業沙崩固不難 春秋後語云阿房宮東西五百步南北五十丈上可以坐万人下可以立五丈旗樵也晗營未竟崩於沙丘漢王興兵入長安也秦遂滅也故書云恃德者昌恃力者亡始皇恃力霸道傾陷也

沛中

漢高祖所居鄉井在沛中豐邑

漢高辛苦事干戈帝業興隆俊傑多猶恨四方無壯士還鄉悲唱大風歌 漢書云高祖初為泗上亭長常居芒碭山每有紫雲為蓋後起軍入長安感五星聚於東井按文選有漢高祖功臣頌列輔佐共平天下者三十一人陸士乃所選後天下定因思鄉乃還鄉制大風歌詞顯於史漢高皇帝蓋以選賢任能好生惡殺艳帝王之道示秦人之恩也帝王論中云漢高興之有五德一曰堯之苗裔二曰躰兒多奇三曰神武有徵四曰寬明仁恕五曰知人善如之不用人如由己從諫如水之順流然尚有深幾亡社稷有大臣父攜免遭女子畜謀帝崩劉章周勃陳平立代王

金谷園

一自佳人墜玉樓繁華東逐洛河流唯餘金谷園中樹殘日蟬聲送客愁 晋史云石崇字季倫仕晋官至太保素有文才備在文選家富敵国在洛陽郁郭号金谷園每有豪貴者詰二十四友燕樂於此有美妾名綠珠能歌舞声音遶梁今凡号曰遶梁之声也後惠帝皆聞賈皇后嬌殺太尉并楊太后又誅太傅衛雍弃趙王倫怨等奉兵發賈皇后權制朝庭用史人孫秀為太尉秀乃遣使於石崇家取綠珠崇曰綠珠乃吾愛妾遂不与秀秀乃謂趙王倫曰石崇家大富可殺之取財帛將用賭軍 遣兵士取崇崇在樓上謂綠珠曰吾今謂汝死綠珠乃与崇飲樂而別云妾當去樓下而死終不能事孫秀也崇乃被秀誅之矣夫美何殞身苟德則留重士之之名佳人弃命知恩別顯好色之過此者只富其家不富其国也

湘川

虞舜南指萬乘君靈妃揮涕竹成紋不知精魄遊何處落日瀟湘空白雲 古史云舜有虞氏高陽之後姓姚瞽叟之子父頑毋嚚舜少而孝堯聞聰明禅位与之天下太平故尚書云元首明哉股肱良哉庶士康哉又博物志云帝舜南捎不反舜有二妃一曰娥皇二曰女英並帝堯之二女也於洞庭憶舜揮涕洒竹成紋投瀟湘水而死也今乃班竹是也夫舜受堯讓位曰月光華卿雪於灯不二妃之泣想亦感万民之懸思也

夷門

在梁城之東門

六龍冉冉驟朝昏魏國賢才杳不存唯有侯嬴在時月

來空自照夷門 後語云夷門乃魏国之郭門也今汴州東門是也六龍者謂秦時山東趙魏燕齊韓楚等六国也魏有賢人侯生名嬴隱在夷門作門監魏公子信陵君名无忌是魏王弟也聞侯生賢乃往謁之与公具載遊市訪故人朱亥亥即屠者操刀於市以觀公子之德公子乃下車謁之无愧色也後秦始皇伐趙国邯鄲趙王遣使求救於魏魏王乃命將軍晋鄙將兵二十万救趙兵未發秦王乃下令曰寡人伐趙即日破諸侯敢將兵救便移兵遵之魏王聞之驚乃勒晋鄙於頻城屯駐不敢行取武荇軍印於卧内趙圍急平原君發書曰趙国一旦亡即君之姉亦為秦君虜將矣何不勸王令發兵救也信陵領諫王伯秦終不敢發兵信陵曰乃約東門下客百餘人間赴邯鄲臨行往辞侯生生无言而遺公子行一日所已來乃歎曰吾聞侯生賢吾常賢之吾今往趙死生无一言而遣吾乃迴車生笑曰嬴知公子迴也乃謂公子曰嬴聞晋鄙武荇軍印在王卧内无人得知惟王愛妃如姬如姬父知云昔如姬父被賊殺如姬常搆十金求賊无能得之者後公子為誅其賊如姬常思報公子之德令可言於如姬令偷晋鄙武荇軍印而交兵晋鄙若遲疑即令朱亥袖四十斤金鍾擊之煞勒兵便發公子如其言並依僕矣公子勒兵臨發侯生曰老不獲擧隨乃投輪死而公子至趙大破秦軍邯鄲遂解令人將兵還魏信陵恨王不返遂留趙後十年秦伐魏信陵方返會諸侯之軍救魏大破秦軍後十五年秦軍不敢出関也夫侯生朱亥雖有鄙人

名懷奇氣苟非留恩四治養士三千豈於窮迫之間付以安危之計也

田橫墓

古墓崔嵬約路歧歌傳薤露到今時也知不去朝黃屋秖為曾烹酈食其

食音異其音機者漢王初定天下諸侯各稱王齊有田橫稱齊王漢王遣韓信收趙未代齊漢王使酈生說齊令降漢橫乃罷兵降漢酈生在齊未還李左車說韓信曰將軍興兵百万半年方收趙五十城今酈生軍呈言舌下主七十城功不如酈生也且漢王曾有詔令將軍伐齊今齊雖降王未詔士令伐齊有詔使往彼心不設備宜牽兵伐之但執前詔信納其言乃發兵橫怒謂酈生曰漢王汝存慰於吾而令韓信求汝若為可止韓信之汝若不止當烹之酈生曰信執漢王前詔亦登城觀之乃曰韓信計已成之乃就烹而死後天下定諸侯皆朝田橫懼誅引徒屬五百餘人入海島中漢帝以齊国向來賢皆附之信詔橫橫与二客洛陽三十里謂人曰吾曾烹酈生帝雖不罪我乃不愧心今帝在洛陽請斬吾頭馳往三十里形容未改与生見不別遂自刎令二客奉頭進高祖帝嗟曰有似也夫有兄弟三人更王齊中豈不賢哉田橫田榮田横三人乃与二千人以王葬之其二客穿其塚傍作孔皆自刎而入義上感而不哭乃作薤露歌詞寄其哀情今挽歌是也夫愛人重義可謂賢哉雖身擲也中實名光簡日者已

鴻門

項籍鷹揚六合晨鴻門開宴賀亡秦樽前若取謀臣計豈作陰陵失路人

史曰楚漢已滅秦祚項羽遂於鴻門致宴欲有約項莊欲舞劍擊然高祖漢相張良素与羽叔項伯乃見良具言羽意良因引見高祖高祖知意乃得項伯亦起舞劍以身蔽高祖羽意乃定此張良之力也項羽雖負拔山之力常銳虎啇之心有賢臣范曾不能用後垓下大敗單馬走歸江東至陰山失路乃嘆曰恨鴻門會不用范曾言誰知今日獨步如在荒山言訖大路豁開遂至烏江漢王乃鑒識之心執寬弘之志蕭何運籌策於幃幄之内韓信言曰百万戰必取功漢王能以恩信用之也夫書云得賢者昌失賢者亡也

黃金臺

北乗羸馬到燕然此地何人復礼賢欲問昭王無處所黃金臺上草連天

後語云昔燕噲王被齊大王所殺燕昭王次立乃謂大臣曰安得賢士与同大以報先王之耻隗曰王能築臺於碣石山前尊隗為玄王即天下賢士以王好賢必自至也王如其言作此臺多以金玉崇之号黃金臺已尊隗為賢隗賢不賢以招天下賢士也樂毅聞之自趙而往鄒衍自齊而往劇辛自趙而往天下賢士並湊於燕王乃以樂毅為將伐齊六旬之内大破七

十城殺閔王於陣上齊太子与田單東走即墨矣是為得賢而能在之委士而无猜之上下相於无不利也

夷陵

在陝州劉伯莊内楚国先君之大也

夷陵城闕倚朝雲戰敗秦師縱火焚何事三千珠履客不能西禦武安君

武安君秦將白起也楚国列王不修国政秦昭王乃交白起將兵伐楚楚王大敗了乃有兵大破夷陵焚之宮殿楚王東奔陳令使入秦請割南山之地秦兵遂退楚相黃歇号春申君門下養三千客无計拒白起也夫春申徒彰之名計寡重言之志於云富貴必昧鑒知不聆逆耳之言多采佝媚之説一朝失之四傾无人疾雷无掩耳之方国士有攢眉之歎也

漢江

漢江一帶碧流長兩岸春風起綠楊借問膠船何處沒欲停欄棹祀昭王

春秋云昔周昭王道衰楚人不朝貢王自去征濟於漢江船人惡之乃作船以膠粘合進王王乗船至中流膠之沉水而崩也故曰道在即昌道衰即亡運去而禍来事之常大非積仁累聖澤及四方侯伯同盟臣臣竭節下可堅固

蒼梧

有虞龍駕不西還空委簫韶洞壑間無計得知陵寢處愁雲長滿九疑山

史記曰舜帝葬於此山其山有九峯常有愁雲浮罩莫辨陵之所在呼為九疑山也舜昇天下也彈五絃琴之治詠南風之詩聖德穹隆惠和萬絕陵寢之所故与凡殊也

陳宮

陳國機權未可涯如何後主恣嬌奢不知即入宮前井猶自聽吹玉樹花

南史云後主名叔宝常就內寵不治国政伯隨開皇九年隋文帝遣高頻等將兵南伐後主乃令蕭磨訶任蠻奴等拒之戰於蔣山之下陳軍大敗後主猶醉於後庭玉樹花侍臣奏云隋軍至君欲何計後主云我當入井避之及高頻等兵至金陵不獲後主云下先鋒將韓擒虎乃登樓望見一婦人戴盤入後園隋將乃云此必是陳主在彼乃令搜獲之果有一大井後主在中隋人呼之不出即欲投石後主乃叫隋人遂欠繩引之乃曰何太重乎乃出有三人同來一處後主及張麗華趙貴人皆後主愛妃也陳遂滅也常覧帝王略論陳祖永定元年將受梁帝禅位史傳得夢有一人着朱衣武冠自天而下手執金牌上有文曰陳氏五主三十四

年驚竟与孔宗範說曰此夢善若驗吾子孫當憂也自武帝至後主果五主從永定之初及至之去年共計三十四年此實神驗陳末之時史傳尚載者也

南陽

世亂英雄百戰餘孔明方此樂耕鋤蜀王不自垂三顧爭得先生出舊廬蜀志云諸葛亮字孔明漢末天下喪亂孔明南陽不仕閑居今鄧州也乃先主劉備寄寓於劉表時有徐庶先生此有諸葛亮字孔明号卧龍先生此人先主可就不可屈先主乃三度自顧孔明於茆廬之間咨以當代之事孔明起從先主封武侯後將兵南征北討秦中皆云臣昔樂居南陽而先主三顧臣於茆廬故南征北伐不憚勞苦恐負先主之盟也文選名臣贊曰沉魚擇水高鳥候柯也雖蘊機籌猶須際遇孟子曰有時無道時即歎嗟賈誼曰有時無君即嗟蓋孔明出於遇時而更得聖主也已

即墨

蔡州有即墨之縣也

即墨門開縱火牛燕師營裏血波流固存不得田單術齊國尋城一土丘後語云昔燕噲湣王所殺燕昭王次立遣樂殺將兵伐齊齊王大兵掠之被樂毅破之王崩毅

得勝門陷齊七十城唯莒与王曰即墨兩城未拔齊公子田單乃保護太子守於即墨立為王燕將樂毅以單賢不敢攻即墨且收齊七十城尽輸於燕後昭王死太子立謚為惠王惠王信讒乃疑樂毅循未伐之田單令人作貨於燕讚之齊不怕樂毅毅雖收七十城而數年不救圍即墨人云我即畏騎劫惠王乃令騎劫將兵代毅毅遂奔趙矣騎劫至睢兵攻即墨軍且不出戰令人謂騎劫曰我齊人惟怕燕人投而劓耳鼻我不忍當降騎劫信之齊人益固不敢出之又曰我人懼燕先入墳墓出骸骨鞭之我不忍當降騎劫不信之齊人益怒老少皆出戰乃令人告云欲降備其不備乃揀牛五千頭束刀於角五綵纏身繫葦於尾以火燒之夜穿城四面繫鼓威牛牛奔而出於後大破燕君斬騎劫併復七十城乃田單之功也固存者齊王字也田單者齊王之兄弟故曰公子封為安平君夫田單同処危中見機而作既就所見之略乃成千載之名也

渭濱

岸草青青渭水流子牙曾此獨垂鉤當時未入非熊兆幾向斜陽嘆白頭史曰姜子牙即呂望也隱迹於渭濱垂鉤周文王因夜夢見獵得一熊王出果於渭濱遇達文王子牙以車載而同帰拜為太公後用謀伐殷也帝王略論曰呂望王佐之奇才師曠之賢之德明也余觀說命之書一千年一聖人出五百年

一賢人生若夫有賢聖所生即有命世之才其善子牙實謂命世之才矣孔聖巳後生可畏焉知來者不如今又曰一衬年如日出之光壯年如日中之光暮年如日入之光天命之年矣呂望八十方遇文王莫不色衰力敗心怠神疲縱令食廩乘車入師出相任成大事焉能久長若不一筮有徵豈不百年虛度雖佩後人成為巳有也

五湖

東上高山望五湖雲濤煙浪起天隅不知范蠡乘舟後更有功臣繼踵無史記曰昔越王句踐与吳王夫差戰吳用伍子胥為將大破越軍圍越王於會稽山越王用范蠡言得免後子胥死越王用范蠡為將而復滅吳吳滅後范蠡功成乃曰越王句踐鳥喙鳥頸斯人也可与同危不可同樂也吾今功成名立不退伏必遭刑戮遂言於王請退相位遊泛五湖卒道乃隱五湖不知生死矣乃功名万代傳矣以吳為陶公也自范蠡泛五湖後更无功臣如范蠡之見機也故陸士衡豪士賦序云禍積起於寵盛而不知也守寵而招其福范蠡若非奇人寧知斯道也

易水

一旦秦皇馬角生燕丹歸此送荊卿行人欲識無窮恨聽

取東流易水聲後語云昔燕太子名丹入質於秦秦皇不礼太子怨後燕王病太子請歸侍養秦王不聽乃謂曰馬生角乃放子還太子志感馬生角秦王乃放太子還燕太子由是怨秦王謀欲挟客之謂壯士田光光曰聞騏驥少壯日行千里乃其老矣驚馬先之光今年老慮不濟事衛人荊軻志勇願為太子結之太子乃贈千金詔軻軻喜而行光謂軻曰願速報太子嗚勿泄光致死以不泄乃枳輪而死軻至燕燕太子甚敬重之乃言人秦之事軻云欲要燕地圖進之又要秦將樊於期首進太子曰地圖可於期首不可但於期事窮投寡人寡人不忍殺之軻乃私謂於期曰將軍得罪於秦人家族尽被秦誅滅今秦購千金邑万戶求將軍頭今願得將軍首并燕地圖而進秦王秦王必喜軻得近而刺殺之以報將軍之讎參燕太子恥於期乃自刎太子聞之奔往乃見於期已死矣太子乃伏屍而哭悲不勝忍遂乃以函盛之詔士十人以秦武陽為使太子与賓餞送至易水之上置酒大宴高漸離擊筑宋意知為壯之声感悲歌衆皆涕泣或慷愷髮上衝冠文選云荊軻擊劍而歌曰風蕭蕭兮易水寒壯士一去兮不復還士皆淚荊軻至秦乃進地圖王乃以御掌接之武陽捧於期首盛戟懼不敢進軻乃復取進之秦王又以御掌接之軻乃擒秦王袖秦王大驚軻謂曰欲作秦地之鬼欲作燕国之囚秦王懼死荅之願為燕国囚軻乃不然秦王謂軻曰請与別後宮軻許遂置酒与軻飲秦宮女乃鼓琴送酒琴曲中歌云軻醉教王掣御袖越

屏走軻不會琴音而秦王會之遂掣袖而走軻以匕首擊之不中中銅柱火出軻大笑秦王左右遂煞荊軻秦王大怒後兵伐燕燕王與太子東保遼東秦將李斯攻之宗意燕王乃煞太子送首於秦秦王怒不解圖遂發大軍併滅六國矣此爲燕太子恨於秦王无窮備如易水之声也夫勇士者懷須具智先立其功荊軻雖决烈之心臨事因循豈不勞而无功者哉

長平

長平瓦震武安初　趙卒俄成戲鼎魚　四十萬人俱下世　元戎何用讀兵書

後漢語云昔秦昭王代韓上黨韓不能救上黨太守馮高乃遣使投趙請救之韓遂不阻隔秦軍不能救臣今民不願入秦今願以上黨城市邑十七城降趙趙王乃詔趙豹議豹諫不令受之王曰今發兵攻諸侯猶不獲尺寸之地今人以城邑十七降安可不受乎豹曰秦攻韓數年只爲上黨今不得而趙得之此謂无故之利秦禍必集於趙願王勿受王問平原君上黨之地接近邯鄲影取之以益邯鄲而多秦敵秦將白起臣前後王於會上見之臣觀白起形相頭尖而銳視瞻不轉執而強此人難與爭鋒可與持久令廉頗敵之趙王乃許馮高降遣趙勝將兵救上黨因之秦軍遂退自此秦趙相攻秦令白起攻趙趙遣廉頗拒之於長平數年不下秦乃罷白起令王齕將兵與頗相守又且使人行貨於趙賛廉頗令趙改將云秦將只畏馬服子趙括不畏廉頗趙孝成王信之命趙括令將兵代廉頗拒秦括母見王諫王不令妾男將兵拒秦王曰何故對曰妾夫趙奢在日男括每念兵書與父論兵法其父謂妾曰此子父後不可爲將若爲將必敗破軍也今王必若使將兵拒秦或有所失妾請不立其罪上許之乃遣趙括將四十万人往長平城代廉頗頗怒奔齊矣括乃與秦將王齕戰齕敗括縱兵逐之秦乃令武安君白起將兵從間道邀擊趙軍又約軍中不令漏泄云武安君白起將兵至長平邀截趙括絕其粮道遮括歸路括乃與秦軍大戰武安君臨陣乃於陣上謂趙軍曰我是武安君白起也趙卒聞之皆戰懼哭悉不敢戰括乃倒戈降白起起曰趙多變易乃斬括並坑趙卒四十万人血流成水又縱兵攻趙趙王大懼乃使蘇代入秦說應侯范睢睢始白起功大乃諫秦王令罷兵昭王乃抽武安君兵迴趙遂不滅也元戎謂趙括好讀兵書而陷於長平也乃趙王恨不用趙豹之言也藺相如曰趙王以名使入如膠柱而鼓瑟讀得兵書時未熟機变也夫智小謀大事之失也才輕任重得不危乎

西園

月滿西園夜未央　金風不動鄴天涼　高情公子多秋興　更領詩人入醉鄉

魏志云昔曹操次子名植字子建封東河王後轉封陳思王有大才能七步成章常與陳琳徐幹楊

脩王粲應瑒劉真等七人並有才藝與公子爲諸友後魏国公子與鄴乃置西園與諸才子夜遊賦詩時号喜客魏文帝立乃欲誅之公子公子乃何作雙陸初進之帝方令七步作詩乃免其誅詩曰煮萁燃豆萁豆在釜中泣一種同根生相煎何太急遂免罪初爲太后怜愛公子文帝欲殺白於太后太后吾不意此子若是此乃由汝国法也後乃免死夫至靈者人至重者李不以孔悳才智用之即通漢之即皆此類前賢寧无惕勵也

長沙

江上南風起白蘋　長沙城郭異咸秦　故鄉猶自嫌卑濕　何況當時賦鵩人

漢書云昔賈誼洛陽人也有大才孝武帝用之帝所問之事諸老臥米言賈誼皆謂其對尽合其節帝以賈誼才能迁太中大夫漸委公卿之任後景帝舅王信无功帝欲封侯而周亞夫與賈誼皆諫曰高祖有約非劉氏不封王非功臣不封王非功臣不封侯今信雖皇后兄而无功由是信恨誼乃譖於帝令左遷誼於長沙郡爲長沙王大傅誼至長沙爲土地卑濕不習水土乃疾病有鵩鳥來止誼坐隅誼甚忌之乃作鵩鳥之賦後卒於長沙也夫天子輕賢時不容者盖時不用明者也

圯橋

廟筭張良獨有餘　少年逃難下邳初　逡巡不進泥中履　爭得先生一卷書

漢書云留侯張良字子房也代代相韓韓爲秦滅良欲爲韓報雠不克秦欲誅之良迯匿更把橋見一老人衣黃衣朱履見良擲其履於泥中良遂取履跪而進之老人如此三擲其履良亦三進之老人曰好少年可教之謂良曰來早就此當授汝兵法良至來早至此老人已在此矣乃口教良素書三略良授之謂良曰授汝此訣當爲王者之師至明視之不見唯有一黃石遂号黃石公素書三略也乃鎮星之精也夫張良籌略衆莫可借非高祖以不知非張良之不仕故後漢末叔元與彭寵書曰智者順時而動遺理而謀蓋猶君臣道合風雲際會也

汨羅

襄王不用直臣籌　放逐南來澤國秋　自向波間葬魚腹　楚人徒倚濟川舟

按史記云騷經曰屈原名平與楚同姓也爲楚襄王任屈原有大智才能時不可及楚王任之大事當使屈原操憲令之書原操藁未畢文曰創憲令之本也衆莫能知有上官大夫與原爭寵欲取憲草請之屈原不與因此之由大夫乃讒於王曰王既令屈原草憲令入衆皆知之原又云非我不作也楚王聞之怒甚漸踈放之後屈原累遣上官大夫讒佞以至放遂乃作離騷之辞文曰離者别也騷者愁也屈原至江畔披髮行吟形容枯槁漁父問曰三閭大夫乎何故而至此原曰舉世皆濁唯我獨清衆人皆醉唯我

猶醒是以見放漁父曰何不淈其泥而揚其波何不餔其糟而歠其醨而俳其醉原曰吾寧葬江魚腹中矣遂投水而死其江名曰汨羅江也乃五月五日投江後弟子宋玉祭之原記夢云被水族奪之玉乃造舡裝畫之以竹筒盛飯五色線繫之以祭也夫同馬迁書曰凡人有致命者或重於太山或輕於鴻毛若生不遇明君義不相及命重太山也若事賢君相及以義命如鴻毛也三閭大夫此之一死宴爲命重矣既懷深恨万古不銷也

青門 漢国東門

漢皇提劍滅咸秦亡國諸侯盡是臣唯有東陵守陽節青門甘作種瓜人

漢書云昔秦東陵侯邵平也漢高祖滅秦定天下諸侯入仕漢稱臣唯平不肯仕高祖甘守閑居自種瓜圃高祖議之不能屈之也夫主憂則臣辱主辱即臣死此乃忠臣義士之端故文選曰猛虎處於深山百獸震恐若於陷穽搖尾求義也想滅国諸侯雖復仕漢食祿取榮宜異乎虎於陷穽者也

銅雀臺

魏武龍興逐逝波高臺空按望陵歌遏雲聲絕悲風起飜向樽前泣翠娥

後漢末魏武帝姓曹名操字孟德爲漢相封魏王王於魏国築高臺号銅雀臺常与妃女美人登臺望国内按歌樂後帝崩葬於国西号西陵其臺上望見西陵美人妃后每登臺望陵而悲泣今在魏郡也夫曹公漢代末年四方鼎沸群雄競奮三主爭興虞世南魏吳蜀三主優劣論云曹公奸雄多忌至北殺伏后鴆荀卿誅孔融戮崔琰此實謂弃賢得乱世之才也鼎足之中曹公最劣且死者人之畢饗者礼之規孟恋意一時顯悪千古者矣

東晋

石頭城下浪摧嵬風起聲疑出地雷何事苻堅太相小欲投鞭策過江來

南史云昔西晋惠王夫敗胡羯陵中原蕩覆琅琊王奔渡江群臣王導等之謀於金陵号曰東晋後數代晋孝武帝時国小兵弱苻堅乃番人據長安稱帝国号秦兵強天下无敵九州之地乃有其八堅持国大兵強欲興戈兵滅東晋晋有謝安爲相秦群臣諫堅云晋有謝安在不可伐也堅曰朕今興兵代晋如拳泰山墜一小卯也又諫曰南有大江之陽阻晋未可伐堅又曰朕今興天下之兵二百万衆投鞭於江江可絕流何乃不済遂興兵南代以弟苻融爲將堅亦親征軍至壽陽晋謝安乃奉姪謝玄并男琰將兵八千拒之至肥水兩岸軍陽岸玄乃遣使告堅請退軍玄渴渡肥水堅揮軍退玄乘勢擊之大勢傾挫遂至国滅身亡矣此謂堅不良天道但恃兵強也夫謝安等用合堅之盲謀深輔国之機實爲良將而賢佐也

吳江

子胥今日委東流吳國朝亦古丘大笑夫差諸將相更無人解守蘇州

史記云吳王夫差兵強箸修伍子胥於江上者越兵渡來請懸臣首於国門上以觀越軍攻破王城吳王如其言賜子胥死而出軍往黄池代斉未返越相范蠡將兵代吳不克城上乃有蜂起螫越軍兵不得惟乃子胥頭懸於此中而有蜂出拒越軍越王已祭之子胥乃託夢謂越王曰我頭在此由不忍見我吳国破矣此謂子胥忠乞人拒也吳人怜之乃爲立祠在吳江太湖邊見有子胥山也夫吳王聽讒而殺良臣不祥也輕才而重佞者執悪也既亡国之端乃弃賢之過者也

函谷關 司馬迁曰秦寄二国之開守見在東山也

寂寂函關鏁未開田文車馬出秦來朱門不養三千客誰爲鷄鳴得放迴

史記曰斉国孟常君門下養三千賓客不計貴賤皆分上中下三等因夜食人遮火明者客怒以飯不等辭食謂辭孟常君乃抱自持已食飯比諸賓食皆也異客慙而四方賢士多歸付之後因使秦秦人說之王曰孟常君族而賢可以囚之君乃使人投秦王愛妃得免秦王釋之歸斉得出斉馳夜半至此閑關法至鷄鳴方開閑有下客鳴鷄乃法鶴鳴是時群鷄皆鳴古出閑須史秦王果悔令騎追之使至閑追不及也故脫秦昭王難也夫孟常君富貴不驕於天下又養士不待其恩故福遂身危寧死賢士也

武關

戰國相持竟不休武關才掩楚王憂出門若取靈均語豈作咸陽一死因

史記曰七国有諸侯多懼秦王王乃遣使命楚王入武關好會楚王從命而行群臣靈均等諫王曰秦乃虎狼之国今邀入閑必不會好願王勿去秦未必便興兵入楚楚王曰秦命寡人會必見憂若諫不聽而往至會王果被秦虜歸囚於咸陽不放還楚楚王終世含悲恨不用靈均之言也春秋後語云智者達於未萌愚者昧於成事且兩国征伐成敗未明各懷恥之約使言信會明之約此謂束虜草而投烈焰溥夠獸而肘群猫也

垓下

拔山力盡勢圖隳倚劍空歌不逝騅明月滿宮天似水那堪迴首別虞姬

漢書云項羽垓下大敗漢相張良唱吳楚之歌將士清散王欲起軍軍已散矣王乃攬轡備烏騅而出身穿金甲五伏衆滿則別虞姬虞姬問曰大王欲何處去王曰寡人欲歸江東起兵虞姬曰妾

不能從王亦不能為漢臣妾請王賜閒劍王賜美人劍乃[illegible]自刎而死也夫項羽有拔山之力而震霸道之威運去機來命之常數也

郴縣

義帝南遷路入郴國亡身死乱山深不知埋恨窮泉後幾度西陵片月沈

漢書云昔秦始皇崩天下乱亡国諸侯子孫各復率兵楚懷王兵強乃遣劉項二將分兵入秦自約曰先到為君後到為臣沛公先到項王兵強不伏為臣亡往相背共立懷王義帝於江南及劉指鴻溝中分天下項王乃迁義帝於郴縣而殺之帝臨死恨項王不忍為臣殺君漢王聞義帝死乃舉哀三軍縞素天下聞之並皆帰漢〻王德之義也夫高祖經營天下約義成功政四海之顏匪為帝王之至稟者也

東海

東巡玉輦委泉臺徐福樓船尚未廻自是祖龍先下世不開死路到蓬萊

史記曰秦始皇併天下後好仙有道士徐福上言東海有三神山山上有仙藥帝乃選童男童女各五百人隨福入海採仙藥未廻始皇東巡沙丘身崩後天下乱徐福不知何之竟不廻矣始皇字祖龍此為仙藥未廻始皇先死也夫蓬萊者群仙所宅衆聖攸遊參差隱碧玉之樓蹤跡見赤龍之駕若非仙但何以尋真徐福登虹以暢平之志祖龍下世堪嗟温駭之神每觀前書可為嗤笑

首陽山

孤竹夷齊耻戰爭望塵遮道請休兵首陽山倒為平地應始死人說姓名

史記云昔伯夷叔齊乃孤竹君二子皆讓国位聞周武賢求仕之時紂毒流天下武王伐之夷齊諫王不使伐紂云臣聞王賢国來仕王今王伐紂為臣伐君臣不忠也武王曰紂皆弃天下虐無親皇天降禍朕須伐之二子乃隱首陽山誓不食周粟採白薇而食遂餓死為諫武王不納也此乃褒夷齊之廉節余已為悲也且紂無道誅戮兄弟剖賢人心割剔孕婦天下怨苦而武王伐之為救憶兆之苦也夫士者有五烈於君子之林修身者智之府推〻位者仁之端耻辱者勇之決諫諍者義之表立名者行之極也

姑蘇臺

吳王恃霸弃雄才貪向姑蘇醉醁醅不覺錢塘江上月一宵西送越兵來

史記云吳王夫差敗越〻敗乃進西施請退軍越吳王許之既得西施王悲寵之常於姑蘇臺

國內誅王[illegible]崇飾之初王用子胥而霸天下後得西施多遊姑蘇臺宴樂[illegible]子胥諫謀曰臣恐姑蘇不久為麋鹿之遊王不聽子胥遂賜子胥死越[illegible]果与范蠡將兵三千一夜西渡至明越兵當吳中軍下到陣吳王不意遂被大破之吳国遂滅矣夫吳国傾覆而何也且外荒[illegible]良將內之謀臣聽閭茸之儒言棄長者之忠諫聽秦宰伯嚭言殺子胥也積年代業一旦沙崩也

息城

息亡身入楚王家廻首春風一面花感舊不言長掩淚秪應翻恨有容華

春秋云昔息侯被楚王滅擄其妻納為嬪終身不伏笑語感舊夫之意也又烈女傳曰楚擄息国君使守門欲納夫人〻〻作記曰生則同室死則同穴謂我深言其如皎月遂自殺也息君聞之亦自殺矣又近代才子之句息夫人為楚王注二子其理難明蓋考淺未周也夫上古結繩而治軒轅文字而興以立史官相其褒貶莫不懲惡勸善以激將來諷詠之中尤宜小細若成大謬有誤後人根究其源實難盡美者矣

故宜城

武安南伐勒秦兵踈鑿功將夏禹并誰為長渠千載後蠻流猶入故宜城

後語云秦將武安君南伐楚一戰而拔鄢郢再戰而楚宮廟三戰而虜楚王從秦以郢為南郡也夫踈鑿長渠以運粮食故帝王略論曰夏禹治水不重尺璧而重寸陰一沐握髮乃一食三吐飧陸行載車泥行乘橇而水行載舟治水十三年經過已門聞兒泣声不能入恐滞時乃鑿龍門闢導九江所存者七百国而鼎天下有何出圖洛出書至壽百歲在位九年夫武安君生於郿人起於秦中善用用功顯於兵甲之陣止於一將之身故胡公豈將咫尺之清流比沙弘之鴻業實見謬矣哉

胡曾詠史詩卷第一

胡曾詠史詩卷第二　五十首

成都

杜宇曾爲蜀帝王化禽飛去舊城荒年年來叫桃花月似向春風訴国亡昔蜀王姓杜名宇按蜀王羽化為鳥今杜鵑鳥是也

濡須塢

徒向濡須欲受降英雄才略獨无雙天心不与金陵便高步何由得渡江後漢末三国時吴王遣魯肅收江南擒蜀將關羽先主怒大奔兵伐吴吴王孫權發兵拒蜀又恐魏發兵攻之乃遣使作魏文帝曹丕興兵百万代吴至此江江水波濤𡸁見彼岸吴將下營乃歎曰彼有人也吴未可啚抽軍帰魏故論云與兵百万無尺寸之功乃具將也濡須乃江名者也

檀溪

三月襄陽緑草齊王孫相引到檀溪滴盧何處埋龍骨流水依前遶大堤後漢末先主劉備在南陽時夜走過檀溪〻水深急先主乃乘之馬名滴盧謂妨主也先主臨難急抱馬髮呼之曰滴盧〻〻今日果敗於吾也馬乃竦身躍過此溪先主遂免難其溪也按史記云溪闊三丈二尺見今在襄陽者是也

青塚

玉皃元期漢帝招誰知西嫁怨天嬌至今青塚愁雲起疑是佳人恨未銷前漢書云昔王昭君有絶世之色為漢元帝妃時西蕃強請婚於漢帝乃嫁昭君於蕃昭君到蕃怨蕃腥醜非吴也百日而死蕃怜之遂苑於漢界今号青塚乃王昭君墓也姓王名嬙巳

李陵臺

北入單于万里疆五千兵敗滞窮荒英雄不伏蠻夷死更築高臺望故鄉前漢將李陵五千步卒深入虜庭戰匈奴大敗後數日救軍不至陵兵計窮人无寸鐵乃降單于後武帝誅陵老母少妻一男一女陵求帰漢不得乃於蕃中築臺高望漢闕也臺今見在於蕃界也前漢望鄉臺也文選曰李陵与蘇武書曰吾以五千之衆敵十万之師勞疲乏兵闘斬覇之馬斯言寡矣且東晉行軍謝安以八千之士破百万之師陵訴五千之士對十万之師未為多矣故六乃曰用兵有五危十過者將之罪也孤兵深入此之一危將有勇而輕死此之一過也皆由自作余觀李陵臨危茍命与蕃為虜雖有勇才未為良將者也

河梁

漢家英傑出皇都携手河梁話入不是子卿全大節也應低首拜單于前漢武帝命蘇武持節北入蕃而公卿餞送於何梁而李陵執蘇武手謂曰子至虜庭先低大国之節武曰至彼欲平交於單于不伏先拜被囚於北海之上牧羊一十九年而返終不伏拜也子卿乃蘇武字也夫堅貞之質雖百鍊而不銷嵗寒之姿貫四時而弥翠此皆志節之士方以比倫也

軹道

漢祖西來秉白毛子嬰宗廟委波濤誰怜君有翻身術解向秦宮殺趙高後語云昔秦皇崩趙高事少子胡亥帝用高為丞相天下乱盜賊起帝頻以盜賊之事責高懼誅乃煞帝而立子嬰為王及漢軍至高頻請子嬰出欲害之子嬰不住高自至兒子嬰乃煞趙高於秦宮以謝天下漢軍乃至子嬰乃銜璧而降漢王漢王不煞一後項羽至乃煞之軹道為子嬰伏於路傍車跡中矣此謂趙高北入煞子嬰不疑翻被子嬰煞之夫趙高奸佞為機虐毒為主文選曰人忌盈滿下之陵上則鬼神誅之此之是也秦皇酷法峻刑弃人厥志有焚籍坑儒之過信長城泛海之愚二主国亡巳為晚矣

上蔡

上蔡東門狡兔肥李斯何事忘南歸功成不解謀身退直待雲陽血染衣

史記云昔李斯相秦始皇用斯計破六国後秦皇拜斯為丞相及始皇崩斯与趙高謀胡亥充二世皇帝々々用趙高讒而殺李斯々々臨刑歎息謂子曰吾与汝常出黄犬臂蒼鷹出上蔡東門无日矣此李斯莊路謂斯佐始皇破六国功成不解退身歸閑遂遭刑戮夫功成名遂事立家全捨富貴而歸故園者此之賢人也君不見越相鴟夷子家全而名存者也

漢宮

明妃遠嫁泣西風玉筯雙垂出漢宮何事將軍封万戸却令紅粉為和戎

前漢元帝遣王昭君出和蕃昭君泣而奏曰大將軍封万戸何不為国平戎却令臣妾和也玉筯雙垂乃昭君泣淚而去

預讓橋

預讓酬恩歲已深高名不朽到如今年年橋上行人過誰有當時国士心

史記云預讓義士也先仕晉卿范中行後中行伐祖智伯滅之讓回仕智伯智伯亦晉卿也智伯兵強請地於韓々々宣与之又攻魏々々侯不与或諫曰与之以驕智伯智伯捐必凌大国是必危矣魏候与之智伯果驕請地於趙々々襄子不与智伯乃驅韓魏二軍圍趙晉陽城引水而浸趙城令韓魏之軍守堤襄子患之乃使人說韓魏国智伯恃強軍衆一旦破趙即韓魏豈存也今可魏反於内趙攻於外韓魏決水而灌智伯不然我三国必破滅也韓魏許之遂滅智伯韓趙魏三国分智伯之地危智伯遂滅預讓感智伯恩欲煞襄子潜伏劍於廁襄子欲登廁恐有人乃令搜之獲預讓襄子感其義士不煞賜金而遣之讓投金於水乃入山漆身吞炭為啞歸家妻子不識唯友人識之謂曰何不回仕襄子而圖之讓曰若仕之能忍殺主也遂伏劍於橋下候襄子過襄子又謂左右曰馬驚无辜得死預讓也乃令搜之果獲預讓襄子曰卿先仕范中行也而智伯所滅何不為范中行報讎今寡人滅智伯而子獨為智伯報讎讓曰昔范中行以衆人遇我我以衆人報之今智伯以国士遇我々以国士報之襄子感其義又捨之不煞讓曰君前放臣又今捨臣々々生不能報智伯可以泉下報之願得君衣擊而死矣襄子義之乃解謝身衣与之讓乃三呼三擊其衣然後而自刎也古詩云冤成避海讎不共天夫猶想国士之心倍激匹夫之志也

漢中

荆棘蒼蒼漢水湄將壇煙草覆餘基適來投石空江上猶似龍顏納諫時

昔漢王初興時蕭何諫請築壇拜韓信為將而定天下其壇今在管漢中興元府為郡鄭縣也此美漢王之聖明一納蕭何之諫拜韓信為將已得天下遂定

華亭

陸機西没洛陽城吳国春風草又青惆悵月中千歲鶴夜來猶為唳華亭

西晉史云昔陸機并弟陸雲並有才祖父皆為吳国將相後晉滅吳陸機兄弟仕晉及惠帝時八王互李機為晉成都王穎之將与長沙王乂戰夫利被譖穎殺之臨刑謂弟曰華亭鶴唳不復聞矣華亭乃是陸機本莊宅池亭也大日月虧盈人道興廢此之常也何更歎哉爾雅云君子居安思危小人臨禍待死故可追求事之前不可追求事之後者也

彭澤

英傑那甘屈下寮便栽門柳事蕭條鳳凰不共雞爭食莫怪先生懶折腰

史曰陶潜字淵明為彭澤令時郡遣督郵至縣々吏當來束帶見之潜歎曰我不能以五斗米折腰閭梁兒哉乃解印綬遂歸田門植五柳慕采菊之娛命筆作歸去來篇在文選二十三卷也夫国之任人由匠之用木先度材器令合規儀且陶潜之器能何以一令之可乎致使捨位歸田豈不是国有弃賢之名哉于時若令陶先生位列公卿名當廟食步彤墀而揖讓入青瑣而雍容未必有歸去來辭蓋由器重位卑屈求英俊也

武昌

王濬戈鋋發上流武昌鴻業土崩秋思量鐵鏁真兒戲誰為吳王劃此籌

西晉書云昔吳王孫皓不修国政耽嗜酒色晉龍驤將軍王濬字上治為益郡太守詔令造戰舩東下伐吳吳王使人於江險處悉以鐵鏁橫截其江又作鐵錐暗置水中以拒舡舸王濬乃作水筏十數万廣百餘步縛草為人被甲持器令善水者以筏先行至中流果遇鐵錐筏錐筏揪生又作炬長十丈小圍灌以麻油在舩前遇錐燃炬以燒之須臾銷融斷絕是以舡流悉无所礙乃破武昌擒吳王歸晉封歸命侯吳遂滅矣武昌今鄂州也夫治国者務在人牢人牢則国固設巨功而為備及事極以无功故曰在德不在險此之是也豈得謬矣

鴻溝

虎倦龍疲白刃秋兩分天下指鴻溝項王不覺英雄挫欲

向彭門醉玉樓 劉項爭天下指鴻溝水為二国之界亭分天下漢取水之西項取水之東項王徐州彭城後垓下大破項王国滅身亡也彭門今徐州也夫項羽持其威力欲取天下是故揮戟万夫不如一德々者立国之本力者亡国之原蓋先良佐謀臣益致鎖樂者也

東山

五馬南浮一化龍謝安入相此山空不知携妓重來日幾樹鶯啼谷口風 晉史云惠帝不修朝政只多誅戮忠良是八王遞相奪兵相持所以胡賊憑陵擄天子入平陽焚燒京邑時王子五人出奔南渡其王子姓司馬時号王馬也中有瑯琊王子一人聰明奇偉納忠臣王導之謀遂營都金陵号東晉立為元帝々後數代至孝武帝時有謝安隱於東山乃賢士也入晉為武帝之相帝任謝安之謀大破胡賊秦王符堅百万之兵於肥水東安後携華盛帰此故為重來東山今信都郡越州是也夫非賢不輔其聖非聖不任其賢故得士者昌前主所重也

涿鹿

涿鹿茫茫白草秋軒轅曾此破蚩尤丹霞遥映祠前水疑是成川血尚流 史記軒轅皇帝垂衣治天下為舟檝以濟不通乗馬伏牛始立陳宇作杵臼以利万民制弧矢以威天下時蚩尤為暴黄帝造戈戟鼙鼓破蚩尤於涿鹿自此漸有兵甲也夫先聖之宗以物利人前王之英宜国者不可不設備不可不上師是乃戈於武事偃甲於戎利用之取捨唯在德乎

雲夢 在楚西界

漢祖聽讒不可防偽遊韓信果罹殃十年辛苦平天下何事生擒入帝鄉 漢書云高祖定天下後封韓信為楚王有人告云韓信欲反高祖乃謂陳平曰如何平曰令陛下兵与信如何帝曰不如也平曰人告信反陛下信耶帝曰奈何平曰古者天子巡狩諸侯會朝而楚有雲夢澤可詐遊之信必來朝乃令武士擒之面斬也高祖從其計遂遊雲夢信果朝帝々令武士擒之信曰何罪帝曰卿欲反信曰臣若意反豈朝陛下帝遂不斬乃縛於車中載帰長安捨而封淮陰也信本无反意為此之後常傷心為无罪楚王也故文選有功臣頌曰奇謀六出嘉慮四迴言陳平也周易曰見機而作不俟終日也且韓信在楚即漢懼在漢即楚怕二君之命計在已為奈何不為致遭羅網豈不痛哉

孟津

秋風颯颯孟津頭立馬沙邊看水流見說武王東渡日

戎衣曾此叱陽侯 史記云昔周武王伐紂至孟津河天下諸侯人一日不期而會同往伐紂惟陽侯後至武王河北之諸侯莫不驚懼武王之威德既剋紂封比干之墓釋箕子囚帰頌故宮人散鹿臺之財帰馬于華山之陽放牛於桃林之野戈鋋不復用也夫国者以賢為本弃賢則国亡也

七里灘

七里青灘映石層九天星象感嚴陵釣魚臺上无絲竹不是高人誰解登 後漢史云嚴光字子陵南陵人也与光武皇帝布衣時交友後帝定天下而子陵之賢不仕常垂釣於南陽七里灘帝詔入闕与帝語話令至夜与帝同榻而卧以脚壓帝肚腹明旦太史奏云昨夜客星犯帝座請防慎帝大笑而曰乃朕故人子陵昨夜以脚壓朕腹也後却帰南陽閑居垂釣不貪榮祿名位也夫嚴子陵者无好爵之心有清閑之興莫不欹流枕石折在紐蘭誰无讓位之名寔有隱淪之節也初王躬不至帝後車駕並館省子陵々々不起帝撫其背曰子陵不相助為政故自守志何相追乎

霸陵

原頭日落雪邊雲猶放韓盧逐兔羣況是四方无事日霸陵誰識舊將軍 漢書●將軍李廣有罪免官私第莊居霸上廣遊獵帰夜過霸橋々令曰何人犯夜廣曰舊將軍也令曰今將軍猶不得誰知你舊將軍遂縛廣於橋柱至明始放廣後復為將乃捉橋令而射煞之也夫騏驎垂耳於坰放鴻鵠戢翼於污池飛即摩宵行即千里何鴐鵞鴟鳶之所欺者也

殺谷子

舉國賢良盡淚垂扶蘇屈死樹邊時至今谷口泉嗚咽猶似秦人恨李斯 後語云秦皇无道有太子扶蘇頻諫帝々怒遣往胡其監蒙恬築長城後始皇臨崩使趙高貴詔々扶蘇帰咸陽立之為嗣高乃与丞相李斯謀藏詔書而遣使詐勅賜扶蘇死使至蘇受詔蒙恬曰今天子出遊於外而賜殿下死朝廷必有変今北有四十万軍請伏兵問罪然後死之太子執知煞罪且為人之子安欲抗其父蘇乃自煞之秦国賢良皆垂淚而憶太子而恨李斯詐勅蓋国相不為綱紀益致於斯也夫懐才受死在忠誅賢忠臣讒齊以无甘義士負戈而長歎者乎

馬陵

墜葉蕭蕭九月天驅羸獨過馬陵前路傍古木虫書處記

得將軍破敵年 史記云孫臏與龐涓為友而臏事魏先達乃薦涓為將涓乃負心譖魏王令刖孫臏手足臏乃膝奔投齊齊於馬陵涓乃將兵進臏圍馬陵臏乃刻樹而篆書云龐涓死於此樹下魏人而見不識報涓涓曰此孫子之書非吾不識乃夜秉燭往看之而臏乃排万弩候涓涓果至乃以万弩齊射殺涓魏軍大敗乃孫子之計許子新書曰善陣不戰者良將也夫魏衆於馬陵先謀滅龐涓於樹下破自書文莫不取敵殺聞特名万代也

嶓塚

夏禹崩來一万秋水從嶓塚至今流當時若詐胼胝苦更使何人別九州 史曰夏禹氏之墓也禹治水九年其功不成竟致之於刑山至衡乃奉禹治水苦身戮力足有胼胝不許其若乃成功矣帝王略論曰夏禹之世數九土乘四載立万国定九州其功至矣夫禹帝之王天下也就就而有如馭朽煬而无畏履冰莫不以義治幽化周動植也

玉門關

西戎不敢過天山定遠功成白馬閑夜帳中停燭坐唯思生入玉門關 後漢云班超有薦鎮遠投鎮遠四十年西戎未敢從戎征西戎有功封定遠侯之国家不差替超乃修書与其妹曰超鎮北年深身老疾病国家无替人當恐死於邊塞每想得生入玉門關死无恨矣具後代泰遂得替歸生入關矣夫功高定遠業重安邊莫不揔於帶以靜壃据喉咽而設險也

昆陽

師克猶來在協和蕭王兵馬固无多誰知大敵昆陽敗卻笑前朝用楚歌 後漢書云王莽時劉聖公稱漢帝於宛郡光武興於昆陽而莽乃興發大軍討之遣弟王尋王邑將兵百万乃悉徵天下兵法六十餘家六百餘人驅猛獸以助軍威聲鼓動地千聞二百餘里尋邑至昆陽圍光武數十重光武兵弱而欲降尋邑尋邑不肯光武乃益堅諸將出兵邦戰尋邑尋邑大敗光武乃斬尋邑悉坑百万之衆并甲斧山劉聖公以光武功封為蕭王王後自立稱後世祖皇帝天下遂疾夫師克在和不在衆將在機不在猛雖然時而由託天時也盖王莽懺亂中原凌掠四面雖為結衆不義者多故孔子曰不義而富且貴於我如浮雲此之謂也何能妖而勝德乎

長安

關東新破項王歸赤幟悠揚日月旗從此漢家无敵國爭教彭越受誅夷 史記列傳曰彭越字仲初起於巨野也為群盜尔指曰當時漢初并越有人言於天下豪傑相立叛也秦公可効之越觀時未動也方今兩龍在巨野威鬭且待觀時也後漢高人伐武越乃明之言英曰之才已盛吾可出矣後佐漢平項羽功畢乃封越為梁王既四方无敵高祖疑越作亂故以陰謀誅之彭越遺戮於長安也夫英雄覽力豺虎當遠列戈戟於江山布搏霍以日月赴于時劉秋霜之戰盡忠節之誠一旦清平翻禍及己緬思効積深為下哉

望夫石

一上清山便化身不知何代怨離人古來節婦皆銷朽獨尒不為泉下塵 按列女傳曰昔有貞婦以其夫從征遠方相餞至此山望其夫去乃化身為石世號望夫山在昌武郡新野縣北不記年代故胡公云不知何代之句也夫至壹者人至堅者石心堅而化石致万古不銷也

滹沱河

光武經營業未興王郎兵革豈憑陵須知後漢功臣力不及滹沱一片氷 後漢書云光武皇帝征河北被賊王郎子敗於邯鄲帝欲南奔過河時氷銷河溢浪起不可過帝使王霸視之霸至河河水猛流霸乃祝河神令凍河果凍合霸迴見帝奏云河凍氷結後渡得矣皇帝与諸將兵丁遂過免難後復大破王郎即此皆王霸之智術也滹沱河乃黃河也

黃河

博望沉埋不復旋黃河依舊水茫然沿流欲共牛郎語只待靈槎送上天 按博物志云天河与海通海濱年年至八月有浮槎來往不失斯信此人乃是博望侯張騫也多賫粮食乘槎去忽忽不覺晝夜奄至一處見城郭居室望見室中多織女只有丈夫牽牛臨渚不飲乃問之此人何由至此騫乃問此何処所答曰君可往蜀問嚴君平乃如其言君平曰某年月日有客星犯斗牛恰是至今天河是也夫天地玄隔仙俗道殊既犯斗牛豈非凡士必是奇人也

東門

何人知足反田廬玉管東門餞二踈豈是不榮天子禄後賢那使久閑居 昔漢太子少傅踈廣太子少傅踈壽乃廣之兄也語免官退位樂閑居也

鳳凰臺

秦娥一別鳳凰臺東入青冥更不迴空有玉簫千載後

遺声時到世間來 史記云秦穆公女名弄玉善吹簫与其夫蕭史共登樓吹簫作鳳凰之音感鳳凰從天而降迎之昇仙也莫知所止夫迎鸞鶴之姿入青冥之路往瑤池而不返覩玄圃以忘婦莫不玉質見天清名不朽也

廻中

武皇无路及崑丘青鳥西沉隴樹秋欲問生前躬祀日幾煩龍駕到涇州 漢書云武帝好神仙之術乃築壺臺設祭西王母感得王母与帝將仙桃下至漢宮初王母欲下先有青鳥一雙函書報帝後帝与王母相見後昇雲駕而去帝於涇州立祠親幸祭祀竟不現矣廻中乃立祠處地名也夫仙者杳冥之路崆峒之門非乘龍而莫往何恃貴而能求始皇恍忽於三山終殯骸於沙丘漢武惣心於瓦轉竟埋骨於茂陵非積功累德錬行修真志感生靈名顯瑤冊也

五丈原

蜀相西駈十万來秋風原下久徘徊長星不為英雄住半夜流光落九垓 志云武侯諸葛亮將蜀軍曰北伐魏〻明帝遣司馬仲達拒之仲達蜀軍於五丈蜀原下營即死地也遂閉城不出

戰武侯忠之居歲夜有長星墜落於原武侯病卒而歸臨終為儀曰吾死之後可以米七粒并水於口中手把筆并兵書心前安鏡下以土明燈其頭坐昇而歸仲達占之云未死有百姓告云武侯巳死仲達又占之云未死竟不敢赴之遂全軍歸蜀也夫諸葛孔明者佐時国亡立事特名有金石不朽之功賓鍾鼎名勲之望而又威揚四海青盛而朝衰盡善路可謂美也

泜水

韓信經營按鎮鄉臨戎叱吒有誰加猶疑轉戰逢勍敵更向軍中問左車 漢書云韓信代趙〻王号成安君有謀臣李左車封廣武君多智足計趙王不用其計被韓信破之信破趙乃令軍中曰有人生獲李左車當賞千金若煞之當加罪左車乃生投信〻得左車置於軍中而取其計策後用左車計伐奇王投楚霸王遣龍沮二十万軍伐信〻乃作土囊擁水渡兵攻奇城而信佯敗是軍乃蟬進軍渡水逐信〻乃决土囊水泛浸楚軍〻大敗斬楚將龍沮於陣上遂奇王田横奔海島信乃為奇王此李左車謀也夫韓信者從師之敢計智莫如矣

褒城

恃寵嬌多得自由驪山舉火戲諸侯秖知一笑傾人国不覺塵滿玉樓 史記云周幽王將兵伐褒国褒侯以女進之名褒姒〻有妖艷王好寵之王遂發由皇后遣兵伐申侯申侯乃与西戎攻王而欲殺王〻与諸侯期約曰若有寇即於驪山之上擊鼓举烽火須會兵相救後幽王寵褒姒〻不笑王欲要其笑乃擊鼓举烽告為有寇諸侯乃奔於驪山救主諸侯兵至无寇褒姒乃大笑後果申侯与西戎伐王〻急速举烽告諸侯〻〻皆為王只欲要褒姒大笑而並不至王城遂破太子東走投晉〻侯立為洛陽号東周謚為平王也夫王惡重色而国亡主聖任賢而祚永每覩上古皆因声色而至禍焉

平城

漢帝西征陷虜塵一朝圍解議和親當時巳有吹毛劍何事无人殺奉春 漢書云高祖親征北番三十万人陷於平陽城乃被番軍圍七日絶粮時奉春君婁敬設計欲以番毛公主和番〻圍不解陳平乃上計此生軍国城乃燕支皇后〻始可報云欲送美人一雙上单于令奪汝寵也汝若解圍放我婦我當不献美人遂刻木作美女一雙衣以錦綺之衣繫以繩掣令作舞於樓上番后信之許開圍放高祖至開高祖又不去后謂曰吾開圍放你漢帝婦去何乃不行陳平謂曰我軍被圍絶粮七日今將士飢去不得尔番后乃送牛羊粮食而送城內漢帝得食遂宴設六軍而婦遂免難乃用陳平之

奇計今傀儡子是也其時奉春君以公主許单于乃番后益怨也又高祖西征乃奉春之君婁敬之封也

汴水

千里長河一旦開亡隋波浪九天來錦帆未落干戈起惆悵龍舟更不廻 史記云隋煬帝初生有赤光照室紫氣盈庭有智仙后曰非常之子也後果授禅天下役天下万姓開鑿渭河穿入汴河通淮長安千里兩岸築堤〻上栽柳帝乃造舡二千隻皆作龍獸之形五彩裝畫号曰龍舟繫以錦帆号曰錦纜至大業十三年春三月帝与蕭皇后及後宮妃諸王六宮乘舟歌舞東下渭水至於淮陽注江都未返而天下大亂盜賊李密等三十六処皆稱王是歲唐高祖為太源留守乃举義兵討賊入長安煬帝在江東而六軍思婦長安乃反獲軍〻將宇文化及兄弟等為逆滅煬帝於江都隋遂滅矣而帝秉遊錦帆未卷而唐義兵巳起六宮妃主竟不還長安矣既被殺而蕭后折宮門作棺埋帝後天下定高祖立使葬帝於吳公臺下也夫煬帝錦帆泛舸五當沸空雖為當代之奢華深作後賢之嗤誚

金陵

侯景長駈十万人可怜梁武坐蒙塵生前不得空王力徒向金田自捨身 南史云梁武帝姓蕭名衍字井達重項騈頭右手有文郁閭州金陵縣人侯景即北斉神武帝高驩

下將也騎崩景不伏事騎子澄々遣慕容紹宗討景々敗而降梁々朝群臣皆諫武帝不使受景降帝不納諫而受侯景降後二年景率兵圍攻武帝々好佛法仍与群臣閉城看景攻城時帝集群臣於善法堂擊天鼓大念摩訶般若波羅蜜欲令賊退帝謂群臣曰經中云阿修羅每攻天帝釋帝釋天鼓自鳴念佛修羅自退及侯景攻台城帝彼景廢因於金田餓煞之故論云昔趙城納馮亭有長平之禍梁受侯景成水旱之災梁國爲國侯景之禍梁遂滅矣夫万乘之君爲匹夫之好而志堅十善性酷二空莫顧弱懦之名果有篡奪之事帝王之道凡欲修善以弘濟爲懷以寬恕爲體一物失所如己不達此之道也何煩髓腦之勞欲致昇平之代也

昆明池 在長安西門外

欲出昆明万里師漢皇習戰此穿池如何一面圖攻取不念生靈氣力疲

漢書云孝武帝好征伐而欲過海征昆侖國其國遠去万里隔海四面懸絕帝乃於長安開池廣四十里号昆明池帝於池中教習漢軍水戰意在遠征天下生靈疲困爲帝勞役也後竟不往其池今見在焉夫帝道者澤被死恨化行有荒行災星退往沴氣潜銷流弃海而閉枯布竟恩而煦物自可四夷入貢九土歡心何假中興鄗爲習戰

蘭臺宮

遲遲春日滿長空立国離宮蔓草中宋玉不憂人事變從遊那賦大王風

史記云楚襄王好於離宮遊既多与宋玉遊此時忽登樓有微風起王謂宋玉曰此風頗調宋玉素有文才乃對曰此實大王風也王曰風者无情何以知之曰風實別臣請賦之在文選中也夫宋玉者李窮義府文瞻詞林不假然桐白合宮商之韻先勞機杼能爲錦繡之文也

金牛驛

山嶺千重擁蜀門成都別是一乾坤五丁不鑿金牛路秦惠何由得併吞

蜀記曰昔蜀中无路入秦々惠王聞蜀有五丁力士壯勇乃以鐵作牛五頭詐揚其牛雖食粟而每日糞金各三斗矣蜀侯聞之貪金乃使五丁開山作路入秦取牛五丁既入秦得牛視之累知是詐路且通矣後五丁死秦惠王乃遣張儀將兵伐蜀々遂滅矣夫產蚕食者国之本牛糞金者事之妖何弃是而取非羨貪利而致害何愚騃之甚耶

望思臺

太子銜冤去不迴臨皐從築望思臺至今漢武銷魂處猶有悲風木上來

漢史云武帝時佞臣江充与太子有隙乃讃太子坐筆作木人埋之帝使充於太子宮掘得桐木人太子无以自明乃謂充曰趙虜欲乱王父子也乃斬之帝悲遣求桐卜之太子敗奔胡自殺後帝知太子冤乃追念之爲築臺於胡地号望思臺也

邯鄲

曉入邯鄲十里春東風吹下玉樓塵青娥莫怪頻含笑記得當年失步人

史曰趙国公子平原君名勝門延賓客數千人君家樓臨市々有跛者槃散行汲平原美人居樓上笑之明日跛者至君門謂曰臣聞君子好事不遠千里而至者以君能貴士而賤妾也臣不幸有罷癃之疾史曰腰曲足也而使美人笑臣々願得笑臣者頭也平原笑曰觀此豎子欲以一笑煞吾美人也經歲而門下賓客去何多也門下一人前白君曰不殺笑跛者謂君愛色而賤士々即去矣平原乃斬笑跛者首送跛者賓客乃仍舊復集矣故文選孔子李曰夫玉珠无足而自至者以人好之豈賢士有足者乎也

箕山

寂寂箕山春復秋更无人到此溪頭弃瓢岩畔中宵月千古空聞屬許由

古史云許由賢人隱於箕山讀書堯帝使人召之欲以天下禪位於由々曰不願聞喧煩之事遂臨河洗耳常以手掬泉飲之後巢父取一瓢贈由令由盛泉飲之由掛瓢於樹其瓢空被風吹之作声由以其瓢鳴喧乃弃之於岩下也夫皓鶴者非幽墳而不栖鵷鶵者非醴泉而不飲若処之於煩小食之以珍羞者豈可得之也

洛陽

石勒童年有戰機洛陽長笑倚門時晉朝不是王夷甫大智何由得預知

晉史曰石勒者是胡奴也少童時爲人把馬於洛陽城東門倚門長笑晉相王夷甫入朝遇見乃曰胡鶵乱中原也乃令捕之不獲勒後爲劉聰下將々兵入洛陽打晉懷帝而殺夷甫天下遂大乱矣此謂王夷甫先預知石勒後乱中原也去志大必有巨德王行雖言異志豈可拘後故在將來者矣

高陽

路入高陽感酈生逢時長揖便論兵最怜伏軾東遊日下盡齊王七十城

史記列傳曰酈食其身長八尺生好讀書家本落魄无以爲衣食人皆以爲狂生後因沛公慢人而易人多大略此真吾所願々見之乃見沛公々方使二女洗足見酈生々々入即長揖不拜曰足下待欲勤秦攻諸侯破秦也沛公罵曰豎儒今天下司滅秦久矣向謂助秦耶酈生曰必欲聚徒合義兵誅无道不宜踞見長者乎沛公起輟洗足具衣延酈生坐謝之後爲漢王下齊七

古城池依郡姓者古有如堂之巧志唯金石之堅雖曰下奇之功老子曰大辯若訥故不瑕哉

會稽山

越王軍敗已山棲豈望全生出會稽何事夫差无遠慮更開羅網放鯨鯢

史記越王句踐與吳王夫差戰越王敗走投會稽山吳王圍之乃用范蠡之計使將西施獻吳王請退之吳王許之伍子胥諫曰今越王軍敗棄城投山此乃兵困甚矣願王勿退急攻之越滅即西施自至其吳不然後恨且越王任於范蠡賢相也吳王不納子胥諫遂取西施而開圍放越王歸越王既免難乃群臣同心賜子胥死子胥果被誅之越王知子胥死乃遣范蠡將兵滅吳吳城而西施却歸越也夫越用范蠡獲國再興趙用陳餘致身遂滅是以賢與不賢相去遠哉

邵陵

小白匡周入楚郊楚王雄霸亦咆哮不師管仲爲謀主爭敢言徵縮酒茅

春秋去齊桓公名小白用管仲爲將一匡天下諸侯有不貢周王而桓公征之王有相滅者桓公救之時楚成王恃兵強不肯包茅桓公乃征楚成王王拒之於南陵戰楚王遣屈原諮公曰何罪而見征桓公曰包茅不貢王祭無下金昔昭王不返吾所聞罪楚王曰包茅不入寡君之過也昭王不返請問諸水濱楚之責也令請入貢昭王返自是先伐請問水濱桓公遂退

不周山

共工爭帝力窮秋因此捐生觸不周遂使世間多感客至今哀怨水東流

史記云共工氏兵強兄暴而與堯帝爭功戰敗力窮乃以頭觸不周山而死天柱爲之折也女媧煉五色石而補天也致東傾而水流也

胡曾詠史詩卷第二

胡曾詠史詩卷第三

五十首

磨笄山　官渡　虞坂　秦庭　延平津　金義嶺

瑤池　商郊　銅柱　關西　番禺　咸陽

高陽池　瀘水　云亭　細柳營　葉縣　射熊館

潁川　八公山　夾谷　杜郵　柯亭　綿山

葛陂　鄧城　驌驦陂　柏舉　緱山　塗山

豫州　博浪沙　隴西　白帝城　灞岸　濮水

魯城　房陵　牛渚　廢丘山　朝歌　谷口

武陵溪　流沙　大澤　傅巖　澠池　峴山

磨笄山

四皓　滎陽

春草綿綿岱日低山邊立馬歎磨笄黃鸎也似追前事來向夫人死處啼

春秋云昔趙侯其子襄子伐岱侯岱侯被襄子煞之岱侯妻乃趙侯之女也聞夫被擒乃將兵往救之至此山聞夫已死乃下馬於頭上抽笄磨而自刺死趙雖併國矣今之岱州鴈門郡是也夫見危致命視死如歸難福惟琴瑟之情不異椿松之節此實謂大夫之女也

官渡

本初屈指定中華官渡相持勒虎牙若使許悠財用足山河爭得屬曹家

魏志云冀州袁紹字本初兵強而欲由天下曹公拒之官渡兵強糧壯曹公兵弱糧少曹公患之紹下臣許悠多計貪財而好色不治紹留邈紀佐其子知留後而許悠犯法邈紀收許悠家犀悠奔曹公公聞許悠至乃倒屣絕食而迎之撫其背曰來吾事雖矣曹公乃用許悠之計絕袁紹後軍輜重紹軍大敗紹乃憤恨而死天下遂歸曹氏皆悠計也

虞坂

悠悠虞坂路欹斜遲日和風簇野花未省孫陽身歿後幾多騏驥困鹽車史記云李伯樂字孫陽善相馬行至虞坂之山坂有鹽車亦至此歇其駕車中有一馬乃龍馬而人不别用駕鹽車遂見伯樂乃嘶伯樂遂以所騎之馬換之乃行千里之跡也此謂自伯樂死後人多不别不知有幾足駿馬困於鹽車之下也

秦庭

楚國君臣草莽間吳王戈甲未東還包胥不動咸陽哭爭得秦兵出武關春秋云昔五千胥將吳軍攻楚國路至於郢有申包胥楚人也入秦乞兵救楚秦王不許包胥乃入秦庭倚牆大哭七日七夜聲不暫歇九頓首於地秦王感其志切乃發兵救楚於戰吳軍遂退楚國獲存包胥歸楚楚王封之五千戶包堅不受歸楚為有先人墳墓在楚地也夫申包者憂國誠堅請師志切慟秦庭之終疾遂干戈之解圍觀此之盡忠可知臣節也

延平津

延平津路水溶溶峭壁巍岑一万重昨夜七星潭底見分明神劒化為龍晋書太史云有紫氣一縷上衝牛斗間客張華曰此是寶劒之氣在豐城縣乃謂雷煥曰可掘而尋之此劒煥至豐城縣乃修做掘得石函函中有二寶劒煥乃送一劒與華而留一劒自佩後佩劒行至延平津其劒空而墮水後張華次子佩一劒亦至此其劒乃於水躍出似龍形其一劒在函中而化為龍二龍相逐皆沉於水故号神劒化為龍也夫非常之世即非常之士必遇非常之物此之至寶不可遇焉

金義嶺

鑿開山嶺引湘波上去昭回不校多無限鵲臨橋畔立適來將道過天河此水連湘江其源高故曰天河世說七夕鵲填天河故胡氏有斯句未見穿鑿之始不書表節之丈

瑤池

阿母瑤池宴穆王九天仙樂送瓊漿謾矜八駿行如電歸到人間國已亡史記云周穆王有八駿各有名稱皆日行千里穆王與西王母宴會四海奔逐不治國政宗廟荒廢歸至人間周國已破矣夫物類遇常者說也自古帝王甲士節儉致中以文武披化海偷為化於紫元祥瑞者非醴泉芝草

之分皆為然也

商郊

鬻轉商郊百草新殷湯遺跡在荒榛誰知繼桀為天子便是當時呪網人史記曰湯王姓姒名履字天乙未遇時至商郊見野人張網而呪之曰欲東來者入吾網中欲南來者入吾網中欲西來者入吾網中欲北來者入吾網中四維上下悉皆入吾網中而湯聞之失聲曰盡矣乃除其網四面只留一面而呪之曰欲東往東欲西往西欲南往南欲北往北欲上欲下四維八方一任所往吾取其犯命者矣天下聞之皆為湯王仁德四十餘國並歸於湯夏帝桀紂無道遂舉兵伐之湯自稱天子号殷武帝也

銅柱

一柱高標險塞垣南蠻不敢犯中原功成自合分茅土何事翻銜薏苡冤後漢書云伏波將軍馬援征南蠻於安南道立銅柱以為漢界而南蠻攝伏不敢浸漢為功成罷兵歸闕而援過南地瘴而有疾遂馱載南地薏苡子歸療疾彼賢臣讒譖援投蠻金以馱載歸援遂獲罪不得封侯矣此為援征蠻有功不得分茅列土而翻得罪譖援冤矣

關西

楊震幽魂下北邙關西蹤跡遂荒涼四知美譽留人世應與乾坤共久長漢書云楊震字伯起華陰人也為漢太守忠賢常謂帝曰臣恨生國外帝乃移關西退五百里令震居關內故号楊震關西四知者震常拿王密美後懷金與震用答漢恩云無人知震曰有天知地知子知我知四知遂不受金也

番禺

重嶺復嶺勢崔嵬一卒當關万卒迴不是大夫多辯說尉他爭肯築朝臺漢書云趙他為南越尉故曰尉他也自據南越獨稱天子不伏朝漢漢欲伐之為路阻險乃使大夫陸賈往說之令降他遂於蠻地逆築臺朝漢主至今見在番禺南邑府也大夫陸賈者楚人也漢帝以有辯詞常留左右今說趙他趙他乃信見陸賈賈乃下說詞尉他大悅乃築臺望漢帝乃拜他為越王陸賈為太中大夫也夫小不事大而春秋所誅善說者能成大事善謀者能立功是知一分之明言不役万夫之擧甲也

咸陽

一朝閻樂統群兇二世朝廷掃地空唯有渭川流不盡至今猶遶望夷宮 後語云秦始皇崩趙高謀立胡亥為帝号二世皇帝〻用趙高為丞相高欲專權恐人心不隨乃取苑中鹿進与帝以為馬帝曰鹿高曰馬而帝問左右左右皆隨高言是馬輒有言是鹿者高必煞之高遂專權縱恣左右無敢言者後天下乱盜賊起帝頻以盜賊事責高不治高懼誅乃令女壻閻樂領兵入宮煞矣兵遂至樂謂帝曰奉命取足下惟足下裁帝曰願為一郡王樂曰不可帝曰願封万戶侯樂曰不可帝曰願作一黔首樂曰不可揮劍進前帝自殺矣樂遂不掠宮殿也望夷宮乃秦王之宮在咸陽也夫帝王登位納籙承乾返衆為之混元致羣生於人壽遂使垂功下濟聲德昇聞何縱逸於奢華乃致危亡於宗社千兵咸至一死何逃也

高陽池

古人未遇即銜盃所貴愁腸得酒開何事山公持玉節等閑深入醉鄉來 晉書曰山濤字子簡為荊州牧荊土豪族有園池名高陽池子簡每遊焉故歌曰置酒酣酩酊倒載千戈歸時時能騎馬倒着白接䍦也夫尋興逸遊放情縱悍泛中山之九醞秦妙奇之八音詠醉嵬峩實為暢矣

瀘水

五月驅兵入不毛月明瀘水瘴煙高誓將雄略酬三顧豈憚征蠻七縱勞 蜀志云諸葛武侯五月驅兵征雲南〻瀘水五月渡之不得多瘴氣也武侯渡之其蠻地其瘴毒煞莫毛草生故曰不毛也武侯戰擒蠻王而問汝伏我也蠻王曰我不伏我失計為君擒之武侯乃放令歸治兵再戰又擒之如是七度後蠻乃叩頭曰某實伏將軍之神武故号七擒七縱謂武侯放而七度擒之也三顧者謂武侯昔居南陽先主三度自至武侯之家咨以當時之事武侯方起佐於先主故曰三顧也是三遇也夫勤節酬君盜陽去難展七擒之略酬三顧之恩毎觀作用之機實為英賢之事

云亭

一上高亭日正晡青山重疊片雲無万年松樹不知數若箇虯枝是大夫 秦始皇封禪於太山值其夜雨昏暗不知道路乃住軍不行至昏霧開乃見有五株松樹因封為大夫在雲亭也

細柳營

文帝鑾輿勞去声北征條侯此地整嚴兵轅門不峻將軍令今日爭知細柳營 漢書云文帝時遣周亞夫等三將將兵北伐帝曰勞軍於城外約到棘門徐厲營棘門將音樂迎帝〻至霸上霸上劉礼亦迎帝〻至細柳營細柳周亞夫乃閉營門弓令三軍嚴備而帝乃遣告云上親勞軍於細柳亞夫乃令門吏皆執銳弓持弩滿天子前驅至不得入前驅者曰天子且至軍門都尉曰軍中聞將軍之令不聞天子之詔也於是帝使人持節詔將軍亞夫乃傳令開門尉曰軍內不得驅馳天子乃按轡徐行至中營見亞夫亞夫揖帝曰介冑在身不拜亞夫命帝座而令三軍上自勞軍士尋莫悍驅馳勞訖帝出亞夫曰介冑之士不送帝乃歎曰此真軍也適來霸上棘門乃童兒戲也細柳地名乃周亞夫之營也條侯乃封周亞夫也夫軍法將身正不令而行將身不正雖令也不行周亞夫身正行令豈不峻哉

葉縣

葉公丘墓已塵埃雲薗崇墉亦半摧借問往年龍見日幾多風雨送將來 史記曰葉公𢘥好畫龍其門庭宇皆畫畫之後感得天為之現龍公見而驚懼失竟其不措矣是故子張云葉公好龍似龍非龍也乃真龍降而公驚失魂魄矣

射熊館

漢帝荒唐不解憂大誇畋獵廢農收子雲徒献長楊賦肯念高皇沐雨秋 漢書曰漢帝荒政治好畋獵田外田苗皆廢農收楊雄字子雲蜀人也有聞出之才任漢〻帝畋獵起射熊館而不農桑雄乃作長楊賦字高祖初定天下艱難之事退以諫帝〻覧之也夫帝道者在風㬉運至德流通使道冠三皇功逾五帝永隆鴻業廣與清蕩何荒政鼓特致諷言顯過也

潁川

古賢高尚不爭名行止由來動杳冥今日浪為千里客看花慙上德星亭 古史云潁川郡陳寔時高尚不仕便与諸子詁論道德之事感德星為之聚見太史官占曰陳寔之分野乃築亭於寔家陳之德義号曰德星亭夫德者上感星辰下服神道故曰災福一德也

八公山

符堅举国出西秦東晉危如累卵晨誰料此山諸草木盡能排難化為人 南史云東晉孝武時胡賊符堅稱秦於長安堅举国興兵伐晉先於長安賓舍而侯擄晉帝歸而封之堅甚那道安法師道安勸帝不令伐晉曰今牛斗鎮四星行渡皆在於南方翼軫之間又晉平日方越乃陛下之重臣乎陽公融帝弟皆

言晉不可伐况又侯王猛存日臨亡囑陛下曰臣死之後願陛下勿与南方構患令彼有謝安晉不可圖也堅曰秦強若泰山彼東晉弱如鴻毛也彼不伏於朕朕今滅之一同天下豈不美也乃牽兵伐晉晉謝安乃牽弟玄將兵八千拒之肥水玄乃謀曰彼有百万之衆今臨肥水當謂令退軍五里我過江而戰堅人卻奥侯我軍半渡而擊之且彼若揮軍而卻首尾不應後軍必謂前敗而走我乘而破之堅果許立渡而揮軍退後軍不知將道軍敗而走晉軍乘其便而擊之大破秦軍斬堅弟融射傷堅走是日南風吼於秦軍之上若交戰於擊鬬之声山煙木樹皆如人馬故論曰風鶩鶴唳盡為戰鬬之声草木山煙悉為人馬之狀晉自避賊南渡至此一百餘年北方雪積代之耻也

夾谷

夾谷鸎啼三月天野花芳草整相鮮來遲不見朱儒死空笑齊人失措年

杜郵

自古功成禍亦侵武安冤向杜郵深五胡煙月無窮水何事迁延到陸沉 文選曰平地而陷身為陸沉也後語云秦昭王以白起為將伐韓魏於伊闕斬二十四万又伐楚取冤郢復武郢郢燒夷陵宮以郢為南郡秦王封起為武安君君又攻魏於華陽北入圍大梁擒三晉將斬首十三万復与趙將賈偃戰坑趙卒三万人於河自是白起威震天下為秦攻城略地侵諸侯七十餘城十七年秦遂大霸後与趙將馬服子趙括戰於長平大敗以四十万降起起並坑之進軍圍趙邯鄲而軍粮不屬乃遣使告秦王請益軍粮滅趙秦王許之被原侯范雎知其滅趙功高位居於上乃謂昭王曰今趙軍雖破秦亦傷衆白起但為己身本使成功不能連為社稷憂万姓困於遠輸国內空虛臣恐楚魏乘虛攻秦願王釋趙且息万姓一二年復攻滅趙未晚王遂罷白起之兵後年復欲攻趙武安君諫曰不可王曰前以国虛民困君不量万姓之力求益軍粮而滅趙今秦人息民養兵士積粮食三軍二倍有倍於前而君曰不可也武安君奏曰長平之事秦軍大剋趙卒大敗不遂其時乘機破之今王發軍雖倍於前趙之備守者十倍矣趙自長平之後君臣憂懼上下同心早朝晏退崇飾子女四面出嫁結親燕魏連好齊楚積慮并心備秦為務其国實其城堅人心固以此觀之趙未可伐也王曰寡人已興師矣遣王陵伐趙陵戰敗王欲使武安君去起稱有疾不行王使范雎責之雎曰楚地方五千里帶甲軍百万人君前將軍十万人入楚一戰而拔鄢郢再戰而燒其宮廟三戰而屏楚王又韓魏二国興兵甚衆君將兵不能其半破之於伊闕斬首二十四万天下莫不震怒况今趙軍死於長平十已七八矣其国弱是以王發軍人數多趙国之衆願使君將而滅趙且君常以少擊衆取勝如神況以強擊寡武安君曰昔楚上持国大不恤而群臣妬功良臣遂百姓離心兵无鬬志又无倫守起所以得使引兵入深入韓魏二国爭使其力不齊故起得設將兵破之是故立功者計万刑勢何之有爭且秦滅趙軍於長平不遂此時乘其恐懼破之且宜捨之其今得耕稼以益孤如以益其衆治甲兵以益其強高壘後地以益其国而今伐趙拱其軍必不出戰圍其都必不剋攻其城必不捉兵久无功諸侯心生外起必至起見其害不見其利有病不能行應侯慙退告王王怒曰无白起寡人不能滅趙乎乃益發軍更使王齕將伐趙王陵圍趙數月不下頻戰不利武安君曰不取我計今果中矣秦王聞之怒自至見武安君王曰君雖病強起為寡人計而將兵戰之有功无功寡人願也如君不允寡人恨之武安君頓首曰臣強行无功得免於罪不行雖无罪不免誅然備大王聽臣愚計釋趙且養氏以觀諸侯之变而誅滅无道而令天下王業可定何先趙為先乎王必若決心於趙而致臣二人罪歸為天下笑願王深察巳聞明主愛其国忠臣愛其名寧伏受重誅不忍苟生為辱之將願大王察之王不荅而去於是魏信陵君矯奪晉鄙兵至楚王亦遣春申君將兵救趙並會邯鄲解圍秦軍大敗秦王謂應侯曰果為白起笑遂免武安君子大在迁於陰密白起病不能行而諸侯之兵攻秦患秦乃遣君使白起出留咸陽起西出咸陽十里至杜郵館應侯乃諧曰白起之迁其意怏怏不伏有餘言願王察之王遂賜起劍令自刎起遂將劍自刎秦人憐之多怨於范雎也此謂武安君功成名立不能退身至杜郵之禍也

柯亭

一宿柯亭月滿天笛亡人殁事空傳中郎在世无甄别爭得名垂尔許年 漢書云蔡邕小字伯皆宿於柯亭見竹一根有節或似龍鳳之交乃曰此好用作笛吹之果有龍鳳之音矣此竹不是邕之所别誰能别之中郎謂邕為漢中郎將也夫笛者声調邪織韻納邪音雖金石与燃莫可借也

綿山

親在激君召不來乱山重疊使空迴如何堅執尤人意甘向岩前作死灰 春秋云昔晉獻公有用後妻驪姫之言煞太子申生而復欲誅公子取年十七乃出奔有士五人從乃趙衰狐毛狐偃各子介子推等五人皆国士也隨公子重耳奔歷諸侯二十三年後獻公死惠公立惠公死德公立德公无道秦穆公乃遣兵送重耳歸晉乃煞德公而自立是謂文公立定而趙衰等從公在外危難歷險而多論功以子推一人不言功亦不言祿而亦未及推推乃曰獻公之子九人皆死惟文公一人獨存而命晉祚未絶也非文公誰彼二三子貪天之功以為己力我實恥之乃入綿山隱身不出文公頻召不得乃放火燒山恐子推令出子推乃抱樹而死之文公乃封綿山為介子推介寒食斷火三日為子推昔也

葛陂

長房迴到葛陂中人已登其竹化龍莫道神仙難積學尤

生自是不遭逢 史記云費長房仙人也行至葛陂之地乃投杖於水杖化為龍長房乘而登仙矣又神仙傳云費長房在市見壺公賣藥不二價常懸一空壺於樹上見跳入壺中人莫測之惟長房於樓上見之知是非常之人也乃日掃除公座進餌受之不謝如此積久公知長房篤信語曰日暮无人時使來長房如期使往公語房曰見我跳入長房效其言誠跳即入壺矣乃見有樓五色重門左右侍者數十人公曰我是仙人忝為天豐識而公多事統後見房不杀仙道与一竿竹遣長房乘之得歸到家後投竹於葛陂中乃化為龍者矣

鄧城

鄧侯城壘漢江干自為深根百世安不用三甥謀楚計臨危方覓噬臍難 史記云昔鄧侯據鄧城其臣三甥謀曰君今地居楚之上流方用而可李兵伐之不然必來攻鄧侯不用其計後果被楚王將兵伐鄧而滅之悔不用三生之計也

驌驦

行行西至一荒陂因笑唐公不見機莫惜驌驦輸令尹漢東宮闕早時歸 楚国有驌驦二馬左傳曰唐成公之馬號曰馬名止鷫似之也楚子常欲之唐公不与三年止之不得

歸国子常即余尹子從者自竊馬与之唐成公乃得歸国竊馬者謝之唐成公曰寡人之過彼物累身何忍至甚者也

柏舉

野田極目草茫茫吳楚交兵此路傍誰料五員入郢後大開陵寢撻平王 春秋云昔楚平王无道而趙相伍奢諫而被誅并子尚推少子員逃於吳後為吳相乃將兵伐楚〻平王已死昭王將兵戰子胥於此楚昭王軍敗伍子胥乃其郢闔昭王而開平王墓出平王屍骸鞭碎以報父兄之讎也後秦軍救楚子胥遂退也

緱山

緱山嶺翠孕仙靈古栢新松滿洞馨借問吹笙王子晉定從何處上冥 史記曰昔周靈王太子名晉有非常之相好吹笙後遊緱山夜闌月吹笙作鳳皇音鳳至王乃乘鳳昇仙 山在洛陽

塗山

大禹塗山御座開諸侯玉帛走如雷扶風謾有專車骨何事茲晨最後來 昔夏禹帝娶塗山氏女為后乃与諸侯會於此燕樂唯有扶風氏待強而其最後至帝乃呵而煞之使傳負以長戈斷其国也後魯公修造而掘得人脛骨一股車載之而問孔子孔子曰此乃扶風氏脛骨也昔扶風氏身長五丈時諸侯會於此山朝禹帝〻怪其後至而煞之於此今餘骨在也

豫州

策馬行行到豫州祖生寂寞水空流當時更有三年壽石勒尋為闕下囚 晉史云祖逖者晉豫州刺史遇胡羯乱於中原祖逖有當代之才在豫州治兵討方戰於石勒勒頻敗兵困勢窮逃竄无路而或有妖星現於分野逖夜觀之乃嘆曰天下欲使我守賊也而妖星現吾分野天若更与我三年壽我當生擒石勒也是歲逖死石勒後盛而稱帝号後趙矣故燕公張說才命論云當其時也天下与華夏兮何祭与戎羯兮何親此之謂也

博浪沙

嬴政鯨吞六合秋削平天下擄諸侯山東不是无公子何張良獨報讎 漢書曰張良家住韓国代代為韓相也秦始皇滅国而韓国亦滅良時年十九為国報讎欲謀煞秦皇良散家財結天下壯士募得三百餘人皆豪俠之士於博浪山候始皇東遊於此山下過良乃与壯仕在山上墜石打始皇車不中而中副

始皇怒使兵搜獲壯士而煞之張良乃逃走避難後遇黃石公授良兵法而佐漢王滅秦也當時山東六国公子不少而无報讎之心唯良獨為韓国者也

隴西

乘春來到隴山西隗氏城荒碧草齊好笑王元不量力函關那受一丸泥 後漢書曰時隴西太守隗囂據隴西稱天子及光武帝定天下而囂欲降其日有謀臣王元乃說囂曰可以將一丸泥東封函關此乃万代一時也柰何欲降囂納王元之言遂不歸光武光武乃使吳漢將兵伐之破而遂滅隗氏乃絕矣乃取隴西路伐公孫述乃滅天下遂歸光武定矣夫智小而言大者愚也言弱而志強者賢也故君子不言〻必有中苟言而似戲矣

白帝城

蜀江一帶向東傾江上巍峩白帝城自古山河歸聖主子楊虛共漢家爭 後漢書曰王莽時蜀郡太守公孫述字子楊乃武帝龍興述在蜀稱天子初有善相者謂述曰君若據蜀尽十二年矣其妻問述〻曰只十二年妻曰朝聞道夕死可矣況十二年乎述納其言奉号稱白帝乃遣王滿田戎將兵守據荊門菜

城守界号曰白帝城今在破口莫州也光武遣吳漢將兵從隴山路入蜀又使岑彭將水軍從江陵上伐之岑彭大破田戎等於荊門熱之吳漢破公孫述於新津天下遂定子楊乃公孫述也聖生謂光武帝也謂公孫述虛共光武皇帝爭戰也

灞岸

長安城外白雲秋蕭索悲風灞水流因想漢朝離乱日仲宣從此向荊州 魏史云王粲字仲宣長安人也有大才學後漢末中原大乱粲乃於灞水江岸嘆息遂乃南行至荊州投江南太守劉表於表門下為上賓粲在江南与表登樓宴樂乃作登樓賦思憶長安也已

濮水

青春行役思悠悠一曲汀蒲濮水流正見塗中龜曳尾令人特地感莊周 莊周賢釣於此水楚大夫上人徵之顧以境內貴之莊周但以持竿而釣略不顧焉楚大夫又堅而徵之莊周曰吾聞楚有神龜死已三年王將龜骨衣巾箱中常在廟堂之上其龜寧死留骨處貴寧生曳尾塗中耳楚大夫曰寧生曳尾塗中也莊周曰吾今曳尾塗中也故遠寵辱之憂保全生之志寧貧為賢哉

魯城

魯公城闕已丘墟荒草无由認玉除因笑臧孫才智少東

門鍾鼓祀鶢鶋 左傳曰臧孫有三不智作虛蕭縱逆祀之鶢鶋鶢鶋海中大鳥也伐鍾鳴鼓而祀之孔子謂之不智君臣門弱国乃丘墟卒致季氏之亂

房陵

趙王一旦到房陵國破家亡百恨增魂斷叢臺歸不得夜來明月為誰昇 後語云趙王遷被秦始皇使王翦將兵伐趙滅其国擄趙王遷於房陵囚也王被囚每見月夜乃悲恐思憶本国也初秦兵伐趙趙王使廉頗拒之趙王有寵臣郭開与頗有隙乃譖之王使樂乘代之頗恐奔魏後樂乘敗王乃使李牧將兵拒秦；兵頻敗秦乃陰使人多与趙主寵臣郭開金帛令毀將開乃譖云李牧欲反乃使趙葱顏聚代之牧不受譖王乃使巳斬牧秦始皇大發兵使王翦將兵伐趙大破葱等入邯鄲擄趙王歸秦囚將房陵矣趙氏遂絕矣

牛渚

溫嶠南歸輟棹晨燬牛犀渚照通津誰知万丈洪流下更有朱衣躍馬人 東晉史云成帝時蘇峻反攻破都城時武昌太守溫嶠率兵勤王討蘇峻等賊歸鎮武昌至牛渚灘治船水底常似有音樂之聲嶠乃以治水犀角照而看之其水深千万丈明見底下有人騎馬來去或朱或紫也至夜嶠夢見有人謂嶠曰幽冥有殊君何意相照也甚怨之嶠舊有齒痛是如齒痛而卒

廢丘山

此水雖非禹鑿開廢丘山下重縈迴莫言只解東流去曾使章邯自殺來 漢史云項王兵入秦秦遣章邯將兵二十万拒項王於此山下隔水而陣項王夜潛渡江到陣而進邯不意項王軍渡遂以二十万人倒戈而降後項王疑秦不降乃詐而坑之而不殺章邯邯之乃自殺矣

朝歌

長嗟墨翟少風流急管繁絃似寇讎若解聞韶知肉味朝歌欲到肯迴頭 史記云墨翟不好音樂常懷悲愍為少孤也行至朝歌縣翟問左右曰此是何處也左右曰前至朝歌城也翟乃迴車以其地名朝歌而不好樂也孔聖自大返有三月不知肉味為聞詔户之意重舜之王文也夫樂者正乎政治討被国風非怡情縱泆之宗也

谷口

一旦天真逐水流虎爭龍戰為諸侯子真獨有煙霞趣

谷口耕鋤到白頭 漢朝之子真隱於此至老也夫隱逸者消声煙水沌跡鋤耕避免發枇之名自取夫卑之至也

武陵溪

一溪春水徹雲根流出桃花片片新若道長生是虛語洞中爭得有秦人 史記云武陵溪水從桃源洞而流出在朗州也秦始皇時滅六国平天下勞役万姓北築万里長城民怨多逃避入山或有迷人入此澗洞中多有桃樹兒五穀逃人乃恣此或因此得道今傳桃源洞有仙謂秦人避秦亂得道今在也今武陵溪在朗州屬荊南也

流沙

七雄戈戟亂如麻四海無人得坐家老氏却思天竺住便將徐甲去流沙 七雄者後語云秦趙韓魏燕齊七国並稱王各率兵甲相持天下莊莊老子云中原兵革紛乱懷思天竺可居乃遂与徐甲遊天竺国至流沙不知所在矣左氏謂老子道人也徐甲弟子也

大澤

白蛇初斷路人通漢祖龍泉血刃紅不是咸陽將瓦解素

靈那哭月明中漢書云高祖布衣時醉欲龍興之際當秦末喪乱之始有一大白蛇於大澤當路行人不得過有人告於高祖高祖乃提劍往而看之乃從昇蹤毒高祖乃舉如揮劍而斬之其夜有素衣婦人於蛇死處哭之高祖問何故哭之婦人曰吾子是白龍也故秦氏欲滅其龍先現乃被高祖斬之音秦号金天氏乃金德王屬西方之位乃帝也漢高祖乃火德王火屬南方之位乃赤帝也白蛇死後秦遂滅於咸陽也素衣謂白衣婦人也夜哭於蛇也

傅岩

岩前板築不求神方寸那希據要津自是武丁安寢夜一宵宮裏夢賢人史記云殷湯武帝夜子孫被逆臣作乱帝道衰微至武丁帝夜夢天賜与賢人於傅岩板築求此人乃見一人姓傅名說形皃似夜夢中天賜者賢人乃載於車中而歸以為上相說乃致治天下大定帝業復盛於乃重興武丁曰和羹用汝為鹽梅大川用汝為舟檝元旱用汝為霖雨乃傅說之賢治也故千支云說感武丁謂傅說未達感帝夢見也夫用賢者不問微賤然取良能祗於呂望興周百里霸道皆因一箇以至窮隆也

澠池

日照荒城芳草新相如曾此挫強秦能令百二山河主便作鐏前擊缶人後語云秦昭王強盛乃遣使命趙惠王開會宴於趙王懼欲不赴又恐違秦王之命趙欲赴又恐秦王擄入咸陽城乃与羣臣論之藺相如廉頗皆勸王令赴趙王乃令藺相如為將將兵從王赴秦國頗与羣臣送王至河臨別頗奏曰王赴秦往返計可三十日如三十日不歸臣請立太子為王以絕秦望王許之使行至會燕樂秦王曰寡人聞趙王善琴請鼓之趙王乃為秦王鼓琴送酒秦御史乃書之相如耻之乃前曰趙王善鼓琴請秦王擊缶秦王怒不許是日相如缶進秦王王不肯擊相如乃按劍曰五步之內請秦王得相如請以頸血濺大王矣秦王左右欲殺相如相如張目叱之左右皆退秦王懼乃為擊缶相如乃召趙御史亦書記某月日秦王為趙王擊缶秦羣臣曰請以趙十五城為秦王壽相如曰亦請以咸陽為趙王壽秦終不能勝於趙趙立戰投兵待秦秦亦不敢動既趙歸還趙王以相如勲大拜為上卿似此謂相如能為挫秦昭王為趙王擊缶也

峴山

曉日登臨感晉臣古碑零落峴山春松間殘露頻頻滴酷似當初墮淚人晉書羊祜字叔子位至三公後卒是日聞祜喪者号慟相挽民皆罷市襄陽百姓常於峴山追祜生平遊想之地祜樂山水每風景必造其山後民追念於彼建廟立碑歲時祀焉杜預名曰墮淚碑民避其諱稱門戶為門屋改戶曹為辭曹其遺愛

有如此者

四皓

四皓忘機飲碧松石岩雲電隱高蹤不知俱出龍樓後多在商山第幾重前漢書高祖欲廢太子立戚夫人之子趙王呂后曰留侯張良善劃計合召良至上曰令易太子君不可安枕高卧也良曰臣難以口舌爭也有能致四人在商山即東園公綺里季夏黃公甪里先生謂之四皓今令太子里書原札迎之洒至士果見四人從太子眉鬚皓白衣冠甚偉上怪問曰各奏名姓上曰吾求公等不至今從太子何也陛下輕士臣等義不受辱故隱今太子仁孝天下莫不延頸而望上曰煩公調護太子遂出上目送之召戚夫人指示曰吾欲易太子四人為輔羽翼已成欲難動也戚夫人流涕帝為作楚歌其辭遍震不能盡錄不易太子者四皓之力也

滎陽

漢祖東征屈未伸滎陽失律紀生焚當時天下方龍戰誰為將軍作誄文漢書云高祖与項王戰敗乃足投滎陽城被項王圍晝夜急攻之時高祖粮尽奔走无路計窮欲降紀信曰臣形貌類王今信乘車夜出降楚必信之而抽軍既東信出降而圍解王可寬走歸漢矣王納其言立令紀信出降楚王果解圍祖乃奔走歸漢歸於王矣信遂死矣今即用是此言

胡曾詠史詩

此宋板詠史詩卷數與文獻通考合與四庫提要異昔年從文瀾閣鈔得一本不分卷詩之次序及註皆與此不同蓋別行之本故卷首無序亦不載註者名氏知此本甚秘可寶已 胡珽

跋

詩三卷卷五十首總百五十首首各有注卷端有著述及序者姓名四庫著錄謂前後無序跋亦不載注者姓氏胡珽後跋稱從文瀾閣鈔得庫本與此不同余案提要所引三注惟洞庭一條似與此合餘鉅橋渭濱二條云云是本均無其語蓋四庫所收名同而實異也此從宋本影寫原書先藏士禮居黃氏繼入琳瑯書室胡氏後爲吾友顧鶴逸所得卷首缺半葉此爲胡氏寫本疑在彼時即已如是今故人之墓久有宿草且聞藏書多散借瓻不得書罷黯然海鹽張元濟